未来世界煤炭工业发展趋势研究丛书

全球 CCS 技术商业化路径研究

A STUDY ON THE PATH TO GLOBAL COMMERCIALIZATION OF CCS TECHNOLOGY

聂立功　姜大霖 等　编著

3

煤炭工业出版社

·北　京·

图书在版编目（CIP）数据

全球 CCS 技术商业化路径研究 / 聂立功等编著 .-- 北京：煤炭工业出版社，2016

（未来世界煤炭工业发展趋势研究丛书）

ISBN 978-7-5020-5046-7

Ⅰ.①全… Ⅱ.①聂… Ⅲ.①煤炭工业—二氧化碳—废气排放量—研究—世界 Ⅳ.① F416.21

中国版本图书馆 CIP 数据核字 (2015) 第 295944 号

全球 CCS 技术商业化路径研究

（未来世界煤炭工业发展趋势研究丛书）

编　　著　聂立功　姜大霖 等
责任编辑　牟金锁　刘永兴　赵金园
编　　辑　杨晓艳
责任校对　李新荣
封面设计　北京至善至美文化传播有限公司
出版发行　煤炭工业出版社（北京市朝阳区芍药居 35 号 100029）
电　　话　010-84657898（总编室）
　　　　　010-64018321（发行部）　010-84657880（读者服务部）
电子信箱　cciph612@126.com
网　　址　www.cciph.com.cn
印　　刷　中国电影出版社印刷厂
经　　销　全国新华书店
开　　本　787mm × 1092mm 1/16　印张 16 1/2　字数 300 千字
版　　次　2016 年 11 月第 1 版　2016 年 11 月第 1 次印刷
社内编号　7897　　　定价 108.00 元

未来世界煤炭工业发展趋势研究丛书

本册编委会

主　　编　聂立功

副 主 编　姜大霖

编　　写　聂立功　姜大霖　毛亚林　王有勇
　　　　　李小春　许兆峰　杨晓亮　陈征澳
　　　　　刘昌义　翁维力　刘　杰　高志远
　　　　　柴　炜　孙海林　肖玲娟　黄　维

未来世界煤炭工业发展趋势研究丛书

丛书序

能源是经济社会持续稳定发展的产业基础和重要保障，是人类文明、工业科技演化进步的重要支柱之一。人类社会的发展和进步离不开对能源的需求，人类社会经济增长模式、生产生活方式的每一次重大改变都伴随着能源体系的变革。从能源结构来看，化石能源一直以来都占据着世界能源消费的主体地位，其开发利用催生和保证了两次工业革命和全球经济的发展繁荣，预计未来相当长一段时期化石能源仍将是全球能源体系中的主导力量与基础保障。

煤炭是世界上储量最丰富、分布最广泛的化石能源，在人类工业文明发展的进程中发挥了重要作用，当前仍是全球第二大能源品种，占全球一次能源消费的比重超过 30%。在经济全球化的大背景下，世界煤炭工业的发展呈现出布局国际化、生产集约化、产业多元化、市场一体化、利用清洁化与低碳化等态势。进入 21 世纪，世界政治经济版图发生着深刻而重大的调整，与此同时煤炭能源系统也正经历着深刻的转型变革。一方面，煤炭在世界经济社会发展中，特别是在许多欠发达国家和地区，凭借着储量丰富、供应稳定、价格相对低廉等优势，仍将拥有和发挥其基础能源的地位和作用；但另一方面，煤炭也日益面临着气候变化、生态环境影响和新能源迅猛发展等诸多挑战。目前，世界煤炭工业走到了发展的十字路口，煤炭行业必须客观剖析审视自身存在的问题，积极应对挑战并尽早提出未来可持续发展路线图。

神华集团有限责任公司是以煤炭生产、销售，电力、热力生产和供应，煤制油及煤化工，相关铁路、港口等运输服务为主营业务的综合性大型能源企业，是中国规模最大、现代化程度最高的煤炭企业和全球最大的煤炭经销商。为了积极应对新一轮全球能源革命和适应中国经济“新常态”，神华集团提出了“建设世界一流清洁能源供应商”与“清洁能源供应方案提供者”的战略目标，不断推进“安全发展、转型发展、创新发展、和谐发展”，致力于推动中国和全球煤炭行业的绿色转型。2013 年，神华集团有限责任公司与世界煤炭协会（WCA）共同委托神华科学技术研究院开展“未来世界煤炭工业发展趋势研究”项目，从关系煤炭行业长远发展的若干重大问题、重要技术方向入手，就中长期能源格局演变中的煤炭地位、煤炭绿色开采、煤炭低碳转化利用以及煤炭行业公共关系等不同层面和领域开展研究，以解答和应对社会各界对于煤炭行业的诸多疑虑，并为煤炭行业、企业的健康可持续发展提供思路与方向。两年多来，研究团队坚持定性与定量、宏观与微观、历史与现实、国际与国内、继承与批判并重并举的学术原则与科研方法，同国内外知名的大学和科研机构展开了紧密合作与深入探讨，于 2015 年底完成了该研究项目。

研究成果表明三点：首先，世界能源正在向供应多元化、开发绿色化、利用清洁化和低碳化方向发展，针对世界能源发展面临的诸多严峻挑战，变革传统能源开发利用方式、推动能源新技术应用、构建新型能源体系成为世界能源发展的方向。其次，在未来多元化的能源供应结构中，煤炭仍将在全球能源系统特别是在发展中经济体中占据重要地位，煤炭可以与新能源、可再生能源实现协同耦合发展，共同支撑和保障未来的全球能源安全和经济社会持续发展。再次，要实现绿色开采与低碳利用，煤炭行业既需要在先进开采技术、高效清洁转化利用技术、碳捕集与封存（CCS）技术等方面“硬实力”的突破，也需要有效的公共关系战略及管理模式创新等“软实力”的提升，通过建立社会营运许可（SLO）机制、拓展同利益相关方的沟通渠道等方式，不断改善煤炭的社会形象和公众认知。

在该项目系列成果的基础上，按照研究领域和内容划分，最终整理编辑出版本套（共四册）丛书，以飨读者。在全球推动可持续发展和联合国 2015 年后发展议程的倡议下，丛书出版者期望与社会各界共同探讨煤炭行业的绿色、低碳、清洁化转型的路径，为全球经济社会健康可持续发展做出贡献。

是为序。

中国工程院　院　士

神华集团有限责任公司　总经理

二〇一六年八月

未来世界煤炭工业发展趋势研究丛书

丛书前言

《未来世界煤炭工业发展趋势研究丛书》立足于全球能源变革规律和气候变化、环境治理等全球性议题，从煤炭行业的视角对世界煤炭工业未来的定位与发展方向展开了一次系统性、前瞻性研究和思考。本套丛书共分四册，分别从煤炭地位、煤炭行业形象、煤炭低碳化发展、煤炭开采等不同领域与视角进行分析研究。

《煤炭的前世、今生与未来——煤炭在世界能源格局中的地位》在系统分析了煤炭在世界能源格局中历史地位的基础上，对世界能源发展格局和主要能源生产和消费大国能源结构走势进行系统调研和梳理，深入分析影响世界能源尤其是煤炭生产和消费的各种因素及其相互关系，对煤炭在世界能源格局中的当今地位进行了研究。在此基础上，结合对相关国家、国际组织以及研究机构所发布统计数据和趋势预测结果的比较和验证，全面客观评价煤炭在全球经济社会发展中的贡献以及在环境、新能源和社会认知等方面面临的诸多挑战，全面分析预测 2035 年之前中国、印度以及世界能源格局的发展趋势和煤炭行业的未来走向，系统认识和评价煤炭在实现全球可持续发展及普通能源获取过程中的重要价值和潜力，对煤炭在世界能源格局中的未来地位进行了阐述，预测世界能源结构体系演进过程和战略转型，合理规划煤炭工业的发展路径，从而实现世界煤炭工业的全面协调、健康、可持续发展。

《世界煤炭行业公共关系战略实证研究》旨在针对当前煤炭行业在公共关系运行方面存在的问题与不足，通过案例分析和实证研究，评估社会公众的态度，构建有效的公关关系运作及传播平台，明确传播的渠道和执行者，提出煤炭行业参与全球能源治理和组织治理的公共关系策略，确立与利益相关者利益和价值取向相符合的行业政策，平衡各种利益，协调各种关系，为改善煤炭行业公共关系提供决策支持，持续提升煤炭在世界能源体系中的形象，推动世界煤炭工业的持续健康发展，为人类能源普遍获取和经济社会发展及应对气候变化作出应有的贡献。

《全球 CCS 技术商业化路径研究》是在应对气候变化、推进全球能源系统低碳化转型的时代背景下，探讨可实现化石能源尤其是煤炭转化利用过程中深度碳减排的重要技术路线—— 二氧化碳捕集与封存（CCS）技术的未来发展前景。该书从梳理分析 CCS 技术发展现状、问题及对比分析该技术的减排成本竞争力入手，在借鉴主要国家和国际组织 CCS 技术发展路线图成果的基础上，从技术研发示范、政策激励、商业模式等不同层面为CCS 技术商业化发展设计路线图。在共同应对气候变化的国际合作与全球行动中，煤炭相关产业结合 CCS 技术将日益发挥更加重要的碳减排作用，成为 2 ℃温升目标下实现煤炭行业低碳化转型发展的重要技术保障之一。

《世界煤炭行业社会营运许可研究》从水资源、环境、安全以及人权四个影响因素，来分析企业在获取社会营运许可（SLO）过程中可能优先遇到的问题，在国际非煤炭企业和国际煤炭企业两个维度下，分别选取正反两方面的案例进行对比分析，在此基础上总结得出企业从各个因素角度获取 SLO 的实践途径，并将这种实践途径绘制成煤炭企业获取 SLO 的技术路线图，从而为企业获取 SLO 提供建议，以最优化的方式来实现煤炭开采的最佳工业实践。煤炭开采业引入 SLO 机制，将使煤炭工业在全球尤其是在发展中国家，大大提升自身的环境友好和可持续发展能力，推动与保障煤炭行业的健康发展。

本丛书着眼于煤炭行业未来长期健康可持续发展，是多学科、多专业、多个团队采用开放式合作研究所取得的成果。神华科学技术研究院依托自身的科研力量，并在清华大学、北京大学、中国矿业大学、北京航空航天大学、中国科学院武汉岩土力学研究所等国内著名高校和科研单位，以及世界资源研究所、《经济学人》杂志等国际知名研究咨询机构的大力协作下共同完成了这部丛书。在此，谨向对丛书编写工作给予热情支持和帮助的单位和专家由衷致谢。课题报告中还借鉴、引用了大量其他研究机构的成果，文中均有相应标注，同时对兄弟研究单位及同行表达敬意。丛书即将付梓之际，编委会特别感谢时任世界煤炭协会（WCA）主席、神华集团有限责任公司前任董事长张喜武博士倡议开展此项研究，并一直给予关心和支持。WCA 秘书处亦为本研究工作提供了很多帮助和意见建议，在此一并致谢。

本丛书可供关注全球能源以及煤炭行业长远发展的管理者、从业者及科研人员阅读和参考，以期共同探讨并合力推进全球煤炭行业的绿色转型发展。同时，我们深知丛书内容涉及范围广、学科多，并涉猎诸多前沿技术，受编著者水平所限，书中不足与不妥之处在所难免，敬请读者批评指正。

《未来世界煤炭工业发展趋势研究丛书》

编审委员会

二〇一六年八月

前言 全球 CCS 技术商业化路径研究

工业革命以来，全球地表温度持续上升，1880—2012 年全球平均温度已经升高 0.85 ℃。政府间气候变化专门委员会（IPCC）研究发现，人类活动，特别是以化石能源大规模利用为主的能源活动，造成大气中以CO_2为主的温室气体浓度快速上升，是导致气候变暖的主要原因。应对气候变化、减少温室气体排放、实现能源系统的低碳化逐步成为全球共识。由此，碳排放问题日益成为化石能源可持续利用所必须面对的长期而艰巨的挑战。化石能源当前和未来相当长时期之内仍会是人类主体能源（占世界一次能源供给的 80% 以上），其消费量仍将有所上升，在诸多低碳发展技术路径之中，大幅降低化石能源开发利用过程中的温室气体排放具有重要意义。碳捕集与封存（CCS）技术可实现化石燃料利用过程的CO_2近零排放，可以在为经济发展提供稳定、经济能源供应的前提下，既降低碳排放总量，同时显著控制总减排成本。因此，CCS 技术是未来一段时间化石能源资源低碳化利用的重要技术选择之一，是人类能源结构从高碳向低碳、零碳直至负碳转变的过渡技术，与节能、提高能效、发展替代能源共同组成全球经济低碳化发展的重要技术组合。

鉴于 CCS 技术在完成全球碳减排目标过程中的重要地位，为了实现2 ℃温升目标，未来几十年将是 CCS 项目发展的关键时期。必须从现在开始积极部署 CCS 技术，尤其是推进其商业化运营、实现技术落地，以使该技术在未来低碳经济、低碳产业中占据一席之地。作为一项新兴技术，CCS 研发与部署投资巨大，对能源政策、气候政策等外部政策环境高度依赖，实现该技术的商业化运营面临重重障碍与挑战。在上述背景之下，开展 CCS 技术商业化路径的研究具有很强的迫切性和现实意义。

区别于其他研究机构侧重于对 CCS 各个环节的技术进行研究，本书研究内容更侧重于 CCS 技术全流程的系统化设计与商业化推广。研究成果包括 5 篇，其主要内容与逻辑思路如下：

第 1 篇：CCS 技术及示范工程的现状与发展趋势评估，主要结合 IEA、GCCSI、CSLF 等研究机构的研究成果，对 CCS 技术及项目进展的现状、发展趋势、主要障碍进行评估，并对 CCS 的技术特点和总体发展给出了概貌。

第 2 篇：CCS 技术的成本竞争力分析，主要结合典型案例，分析 CCS 技术成本的构成，并将此与其他温室气体减排技术进行比较，评估 CCS 技术的成本竞争力，是论证 CCS 技术商业化推广可行性及路径设计的主要依据。

第 3 篇：主要国家 CCS 技术的发展路线图对比分析及设计思路，对主要国家的 CCS 技术路线图进行比较分析，总结各国及地区 CCS 技术发展的现状、特点及目标，对中国等国家设计 CCS 技术发展路线图将有所借鉴与启示，为全球和主要国家 CCS 技术商业化的前景分析与路径设计提供参考。

第 4 篇：中国 CCS 技术发展路线图，结合中国 CCS 技术和项目的发展现状，以及碳减排政策趋势，为中国 CCS 技术的发展设计一份路线图。中国作为全球最大煤炭生产与消费国，同时也是第一大碳排放国，CCS 技术对其实现经济低碳可持续发展具有特殊重要意义；此外，中国的 CCS 技术发展路径对于全球 CCS 技术推广应用，以及实现全球煤炭产业的可持续发展，也将具有重要的示范和带动效应。

第 5 篇：全球 CCS 技术的商业化路径，从评述 CCS 技术特点、评价其减排潜力与竞争力入手，梳理分析影响与制约其商业化的主要因素，进而在不同减排情景下，对该技术的商业化路径进行设计与分析，最终为 CCS 技术能在低碳经济中占据应有的市场空间、发挥较好的减排潜力提出建议。

研究过程中借鉴、引用了大量其他研究机构的成果，文中均有相应标注，在此对兄弟研究单位及同行表达敬意。图书编著过程中得到WCA秘书处的大力支持，在此对他们的帮助一并表达谢意。中国科学院武汉岩土力学研究所李小春研究员、中国 21 世纪议程管理中心全球环境处张九天处长、张贤副处长以及中国科学院工程热物理所的高林研究员、全球 CCS 研究院中国区代表林千果教授等 CCS 领域知名专家为编写组提供了大量的资料与建议，在此对他们的付出表示感谢。感谢许兆峰、杨晓亮、陈征澳、刘昌义、翁维力、刘杰、高志远等年轻专家及参与课题工作的几位博士实习生，正是大家的共同协作、辛勤劳动才将本书呈现给公众。

CCS 技术属于前沿科技，尚存在诸多不确定性与待解决难题，为其设计商业化路径更是一个富有创新性的课题。研究过程中，作者们力争科学、全面、客观地评价 CCS 技术的作用与潜力，以期商业化路径设计更具可行性。但水平与时间所限，疏漏与不足之处在所难免。欢迎各位读者和专家批评指正。

CCS 技术的商业需求源于全球气候变化问题的凸显，其商业化进程也严重依赖着国际气候协议和集体减排行动的进程。可喜的是，本书付梓之际，刚刚结束的巴黎气候大会（COP21）通过了一份迄今最为雄心勃勃的气候协议，这对于 CCS 技术的商业化发展无疑是一个重大的外部环境改变。期待日后有机会同更多同行合作，进行深入研究，共同推进 CCS 技术向商业化不断发展，努力实现煤炭行业的低碳化转型发展。

本册编委会

二〇一六年八月

目　次

第 1 篇　CCS 技术及示范工程的现状与发展趋势评估

第 2 篇 CCS 技术的成本竞争力分析

第 3 篇　主要国家 CCS 技术的发展路线图对比分析及设计思路

第 4 篇 中国 CCS 技术发展路线图

第 5 篇 全球 CCS 技术的商业化路径

第 1 篇

CCS技术及示范工程的现状与发展趋势评估

本篇主要对CCS技术和项目的发展现状、发展趋势及其障碍进行了系统梳理和分析。介绍了CCS技术概况，回顾了近些年来全球和主要地区的CCS项目、示范工程的规划、建设和运营情况，对推动和阻碍CCS项目发展的因素进行归纳和分析。分别梳理了发达国家、发展中国家应对气候变化、减缓碳排放以及推动CCS技术发展的相关政策，分析各国碳减排政策的特点和效果。国际合作作为应对气候变化和促进CCS技术扩散的重要渠道，本篇专门对其机制、制度框架等进行了分析。最后，论述了区域知识共享、知识产权保护、公众认知和参与等对CCS技术发展和示范应用的潜在影响。本篇给出了CCS技术发展现状的全景式描述，是之后各篇研究的基础和背景。

1 CCS 技术及示范工程概述

1.1 CCS 技术简介

1.1.1 背景

大气监测结果表明，大气中 CO_2 浓度正在增加，工业化以前的 CO_2 浓度只有 280 ppm（政府间气候变化专门委员会——Intergovernmental Panel on Climate Change，IPCC，2007a），而目前大气中 CO_2 浓度已接近 400 ppm。大气中 CO_2 浓度的提高增强了温室效应，加剧了全球变暖。全球平均温度在 20 世纪上升了大约 0.74 ℃，温度的增长速度也在这一期间加快（IPCC，2007）。

尽管全球气候变化的长期趋势尚存在一定的争议和不确定性，但气候变暖和温室气体减排无疑已经成为全球关注的热点问题，也已成为全球经济、社会发展不得不面对的重要议题。

在所有 CO_2 的排放源中，与化石能源燃烧相关的 CO_2 排放占排放总量的近 60%。据国际能源署（IEA）的统计：在 2011 年，全球来自化石能源燃烧的 CO_2 达到 31.6 Gt 左右。其中，随着中国能源消费的持续增长，中国的 CO_2 排放量快速增加：1990 年中国与化石能源利用相关的 CO_2 排放仅为 2.4 Gt，2000 年约为 3.1 Gt，而 2010 年则达到了 8.241 Gt，占全球排放总量的 24.6%。在这些化石能源中，世界范围内蕴含量最丰富的能源品种为煤炭，全球有 70 多个国家有存储量可供工业开采，仅 2011 年全球燃煤电厂排放的 CO_2 就达到了 9.0 Gt 左右（IEA，2012b）。2000—2009 年，煤炭消费增长远超所有非化石能源的增长总和（IEA，2012b）。

在这一气候形势和发展需求下，2010 年 12 月，《联合国气候变化框架公约》缔约方大会第 16 次会议（COP16）批准了一项不具法律约束的承诺，呼吁至 2050 年之前，将全球平均温度上升限制在 2～3 ℃以内（2 ℃温升目标）。依据这一控制目标，2050 年前全球

CO_2 排放的总空间在 14.0 Gt 左右（IEA，2008）。基于 2 ℃温升目标，一旦能效提升和低成本的能源技术应用接近饱和，则 CCS（Carbon Capture and Storage，碳捕集与封存）技术将更具竞争力。图 1－1 中显示，在最低成本减排方案中，CCS 技术对减排的贡献占 19%，这超出了可再生能源减排贡献，并且是核能减排贡献量的 3 倍（IEA，2010）。任何主要的温室气体减排措施都将为现有的以及未来的化石能源发电、能源密集产业和温室气体减排项目增加显著的投资成本。IEA 预计，如果不推广 CCS 技术，实现 2050 年 50% 的减排量所需的成本比推广 CCS 技术要高出 70%。因此 CCS 技术作为一种能够减少由于利用化石能源产生的 CO_2 排放量的工程方法，将是全球应对气候变化的重要选项之一。

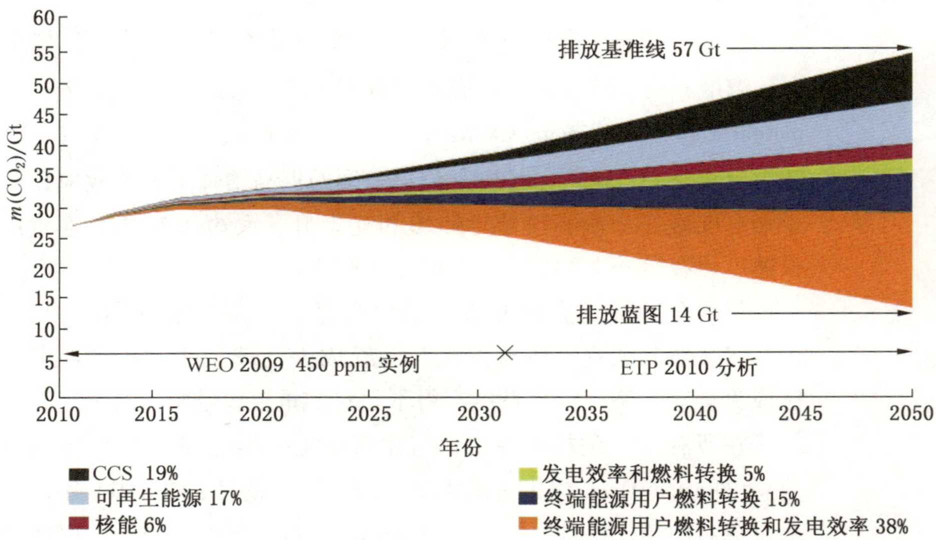

图片来源：IEA（2010a，p75）

图 1－1 2050 年前全球可利用 CO_2 减排手段及其贡献

在此背景下，CCS 技术与煤炭资源转化利用的结合将是未来煤炭工业实现低碳发展的重要战略方向。

1.1.2 CCS 技术主要内容

CCS 技术通过捕集排放的 CO_2，并将其封存在地下深部，使之与大气长期隔离。CCS 技术由以下三个主要阶段组成：

（1）捕集：即从化石燃料燃烧和其他工业过程产生的废气中分离、捕集出 CO_2。目前应用最广的三种捕集方法是：燃烧前捕集、燃烧后捕集和富氧燃烧捕集。

（2）运输：CO_2 被捕集后，将被压缩并运输到合适的地点进行地质封存。目前，已经实现通过管道、船舶和公路槽车等方式进行 CO_2 运输。CCS 技术广泛推广所需要的运输规模远大于目前形成的规模。

（3）封存：CCS 技术流程的最后阶段是把 CO_2 注入深部地下岩层，通常在 1 km 或更深的深度。在这一深度，温度和压力可以使这些 CO_2 保持在一种密实的流体状态。目前，许多封存的技术是较为成熟的，但在描述深部盐水层的场地特征，模拟和预测 CO_2 在地下的长期活动，以及 CCS 技术在巨大空间和时间范围内的监控和验证流程等方面仍然存在许多的不确定性。

1.2 捕集技术

CO_2 捕集主要针对工业领域尤其是电力领域。在工业领域，如钢铁行业、水泥行业及其他化工行业，每年都会产生大量的 CO_2 气体。为了捕集这些 CO_2 气体，根据不同的要求，需要对生产过程排出的废气进行吸附提纯。在电力领域，特别是化石燃料发电领域，排放的 CO_2 气体正逐年增加。针对电力领域的 CO_2 捕集，主要有三种技术选择，如图 1－2 所示。下面对燃煤发电领域中的 CO_2 捕集技术应用情况进行详细说明，主要包括燃烧后捕集、燃烧前捕集及富氧燃烧捕集。

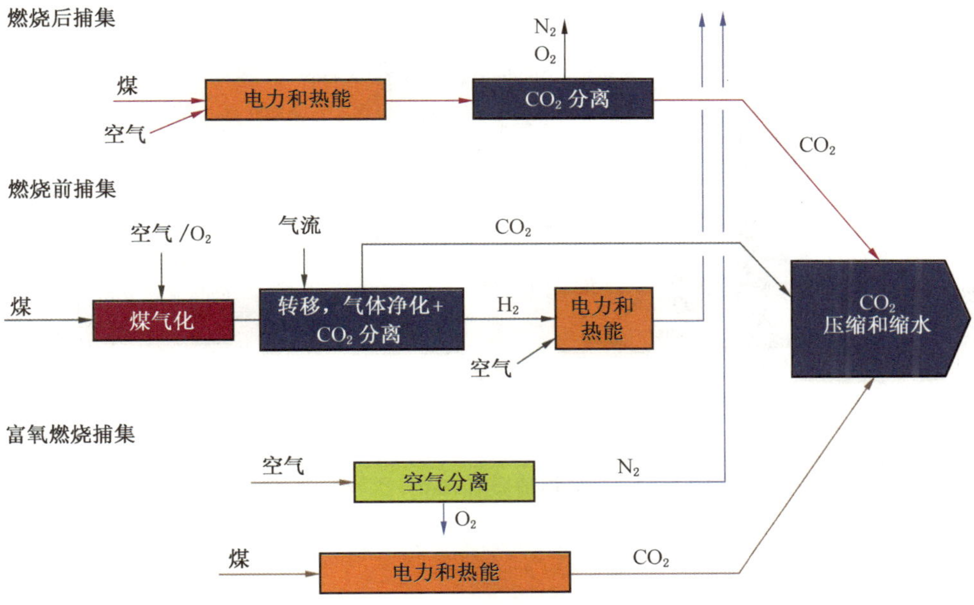

图 1－2 燃煤电厂 CO_2 捕集的技术方案

1.2.1　燃烧前捕集

1. 简介

燃烧前捕集是指在化石燃料燃烧发电前，先通过纯氧气气化产生以CO和H_2为主要成分的合成气，然后利用水煤气变化将CO与水蒸气反应产生CO_2和H_2，最后再从合成气里捕集CO_2的过程。燃烧前捕集主要用于以煤气化为基础的整体煤气化联合循环发电系统IGCC（Integrated Gasification Combined Cycle）和多联产系统。由于变换后的合成气中CO_2浓度可达15%～60%（干基），可使用化学溶剂法、物理溶剂吸收法或物理吸附法分离CO_2。物理溶剂对CO_2和合成气中的H_2S具有很强的选择吸收性，可同时进行脱硫脱碳处理，所以燃烧前捕集一般采用物理吸收法。

图1－3为燃烧前捕集的IGCC流程示意图，由两部分组成：煤的气化与净化部分和燃气—蒸汽联合循环发电部分。第一部分的主要设备有气化炉、空分装置、煤气净化设备（包括硫的回收装置）；第二部分的主要设备有燃气轮机发电系统、余热锅炉、蒸汽轮机发电系统。

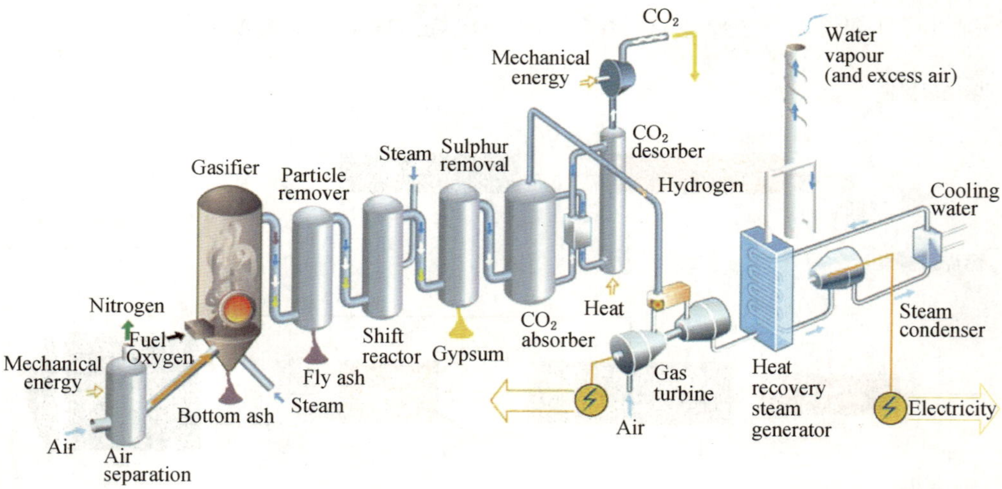

图1－3　燃烧前捕集的IGCC流程示意图

2. 技术优点

（1）综合技术经济性较强。在三种CCS技术中，燃烧前捕集的IGCC系统能耗相对较低，供电效率相对较高，发电成本增幅相对小。

（2）污染物排放量小。燃烧前捕集系统在 SO_2、NO_x、颗粒物、汞等污染物的排放量有明显优势。

（3）IGCC 系统用水量较少。与同等规模的 PC（传统燃煤锅炉）电厂相比，IGCC 电厂用于冷却用途的水量减少 33%。这是由于 IGCC 电厂生产的约 2/3 电力都来自于燃气轮机，1/3 来自于汽轮发电机，而只有汽轮发电机才需要冷却水。用水量少，对用水量属于重大选址难题的地区，是一个显著的优势。

（4）IGCC 系统生成副产品。在采用高温气化技术时，原料剩余的灰渣是一种类似玻璃的不会渗析的废渣。这种废渣可用于生产水泥或屋面瓦，或作为沥青填缝料或集料。而且，这种废渣易贮存和运输。

3. 技术发展障碍

（1）系统复杂，建设部署成本高。IGCC 电厂建设成本比 PC 电厂昂贵，相对 PC 电厂的成本竞争力较弱。同时由于 IGCC 系统部署受到了一些限制，建设电厂时需进行大量工程设计工作并投入大量开发成本。

解决这一问题的方向：建立能最大程度减少项目前工程设计成本的标准化设计。美国电力研究协会（Electric Power Research Institute，EPRI）的 Coal Fleet For Tomorrow 项目通过发展 Coal Fleet IGCC 用户设计基础规格（UDBS）来改善这方面的不足。

（2）煤的气化炉及煤气的净化系统技术的成熟度。提高技术是降低成本的最有利方法之一。在整个 IGCC 系统中，燃气轮机、蒸汽轮机和余热锅炉的设备和系统均已十分成熟且商业化多年，因此 IGCC 发电系统能够最终实现商业化的关键是煤的气化炉及煤气的净化系统。具体来说，对 IGCC 气化炉及煤气的净化系统的要求是：

① 气化炉的产气率、煤气的热值和压力及温度等参数能满足设计的要求；

② 气化炉有良好的负荷调节性能，能满足发电厂对负荷调节的要求；

③ 煤气的成分、净化程度等要能满足燃气轮机对负荷调节的要求；

④ 具有良好的煤种适应性；

⑤ 系统简单，设备可靠，易于操作，维修方便，具有电厂长期、安全可靠运行所要求的可用率；

⑥ 设备和系统的投资、运行成本低。

（3）电厂效率与发电成本问题。减少能耗，提高电厂效率是各种技术所面临的共同问题。

美国电力研究协会（EPRI）和美国能源部（DOE）已经确认了一个有潜力把 IGCC 效率（带有捕集）提高到与目前不附带捕集的 IGCC 技术相匹配或超越水平的 IGCC 技术开发路线图（Schoff，2011），可以通过一些技术增强方案来提高

IGCC 系统效率（图 1-4）。

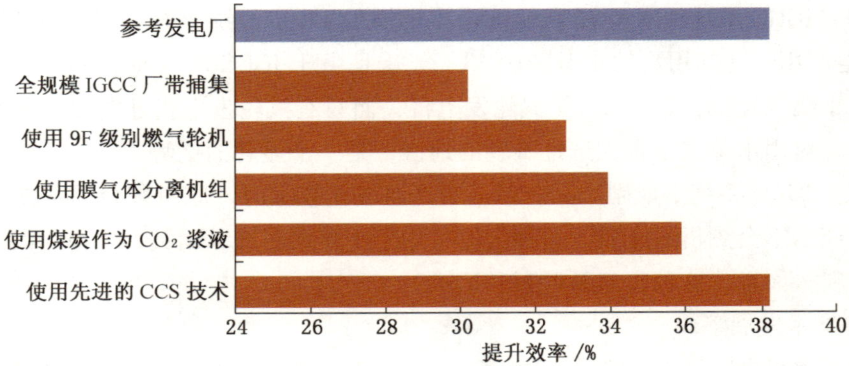

图 1-4　IGCC 技术提升效率方式

4. IGCC 技术的发展方向

IGCC 技术一系列新进展有：

（1）更为高效的高温气体颗粒物脱除系统。

（2）燃烧温度更高的燃气轮机。

（3）设计用于燃烧高氢气浓度合成气的燃气轮机（用于配备 CO_2 捕集设备的 IGCC 电厂）。

（4）工作寿命远长于之前开发的气化炉燃烧器。

（5）以美国能源部（DOE）所资助的最新研究和开发成果为基础，发展出的先进耐火材料。

（6）采用专利启动燃料进行的无硫启动程序。

（7）能够在更高压力下运行的更大气化炉（用于提高效率）。

（8）采用活性炭床来脱除汞。

（9）合成气湿化及稀释气体的增强应用，如来自空分装置的氮气，以降低燃气轮机的燃烧温度，从而减少 NO_x 的生成量。

（10）能够更好耐受腐蚀性环境的制造材料。

1.2.2　燃烧后捕集

1. 简介

燃烧后捕集技术是在燃料被完全燃烧后，从烟道尾气中移除 CO_2 的技术。主要的捕集方法分为以下 3 种：吸收法、吸附法和薄膜法。其中吸收法为最先进的技术。

吸收法：把 CO_2 吸收进另一材料的体相，例如溶解的 CO_2 分子进入一种液体溶液。

吸附法：在固体表面上有选择的吸附 CO_2 分子。吸附剂从烟道烟气中有选择地吸收 CO_2，然后通过降低压力和（或）增加温度来释放吸附的 CO_2 使吸收剂再生。吸附法的优势是再生所消耗的能源能够低于相对的吸收溶剂。

薄膜法：通过薄膜材料有选择地渗透从烟道烟气中分离 CO_2。如同吸收剂一样，薄膜法也是有潜力提供低能耗的一种方法。

燃烧后捕集（MEA）技术流程图，如图 1－5 所示。吸收法主要有 CO_2 脱除和吸收剂再生两个基本流程构成。在吸收塔内，自塔顶喷入的化学吸收溶剂与自塔底向上流动的烟气接触并与其中的 CO_2 发生化学反应，反应产物与吸收溶液流入塔底作为富液待处理，而脱除了 CO_2 的烟气则自塔顶排出。在再生塔内，富液自塔顶喷淋而下，被塔内上升的低温蒸汽加热，富液中吸收溶剂与 CO_2 的反应产物受热分解，释放出 CO_2，同时也实现了吸收溶剂的再生，释放出的 CO_2 经过冷凝分离后即可获得高纯度 CO_2。

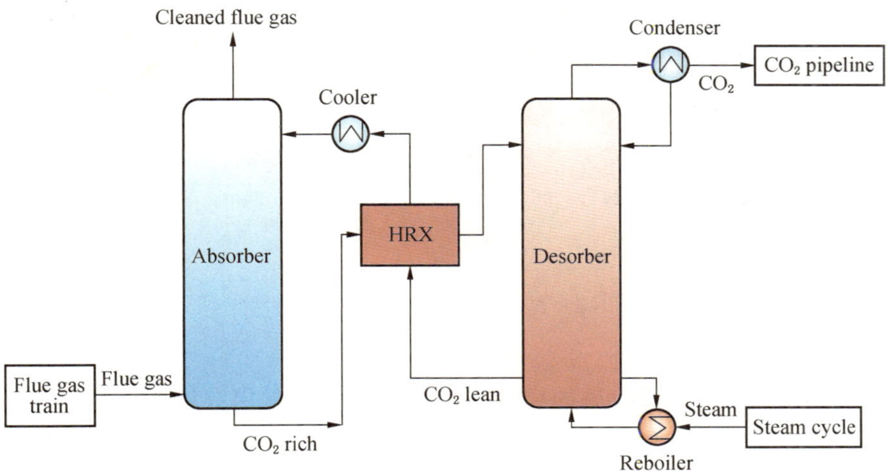

图 1－5 燃烧后捕集（MEA）技术流程图

2. 技术优点

与现行工业技术融合度高，燃烧后捕集能够从现有的电厂改装，给予了现有电厂选择捕集或不捕集的潜在灵活性。

3. 技术发展障碍及方向

（1）CO_2 捕集规模小。基于化学吸收法的常规燃烧后碳捕集技术相对成熟，但捕集规模相对较小，商业上应用这些技术需要更多的工程设计从而放大规模。在燃煤电厂进行的大规模测试已经证实，吸收技术的商业化应用是可行的。

（2）吸收剂的再生。吸收剂的再生直接影响着系统的能量消耗。电耗则根据烟气来源的不同而略有差别：当用于燃煤电厂时，能量消耗为0.06～0.11 GJ/t；若用于燃气电厂，则由于烟气中的 CO_2 浓度相对较低，电耗相对高一些，为0.21～0.33 GJ/t（IPCC，2005）。在用于常规煤粉电厂脱碳时，化学吸收脱碳系统的总能耗使电厂效率下降了30%。

图1－6为美国电力研究协会的研究数据，研究对象为使用粉河盆地（Powder River Basin）煤种的新建595℃燃煤电厂，目的是研究一种减小氨水溶剂再生耗能的改进方法及潜力（Dillonetal.，2010）。图1－6的最后一栏（“增加先进的超超临界锅炉”）显示，把蒸汽温度增加到705℃配合一种先进的氨溶剂，可以大幅度增加CCS电厂的净效率。

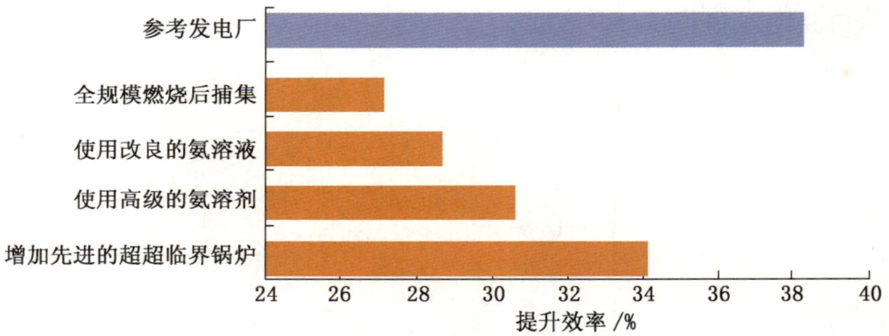

图1－6 燃烧后捕集技术提升效率方式

（3）副产品产生和吸收塔的腐蚀。燃烧后捕集是利用有机碱、氨，在一种水溶液中与烟道烟气中的 CO_2 发生反应，反应产生的某些副产品成分将导致吸收剂损失和吸收塔的腐蚀，引起运行成本增加。以氨为基础的燃烧后捕集技术需要对这一领域增加研究和了解。

1.2.3 富氧燃烧捕集

1. 简介

富氧燃烧捕集技术是使用 O_2 与再循环烟气的混合物作为助燃剂进行燃烧，以提高燃烧排放气中的 CO_2 的浓度，从而有利于从烟气中回收利用 CO_2 的技术。富氧燃烧基本流程图，如图 1－7 所示，主要组成部分如下：

（1）空分系统（ASU）。这个系统从空气中将 O_2 分离出来并提供给燃料燃烧，现在最可行的商业技术就是深冷空分技术（Cryogenic Air Separation，CAS），即低温精馏的分离方式。

（2）锅炉岛。这个系统的组成部分与传统空气燃烧电厂几乎相同。

（3）CO_2 纯化压缩系统（CPU）。该系统将富含 CO_2 的烟气经过冷凝、纯化、压缩等一系列操作最终达到大规模 CO_2 储运的要求。这一系列操作主要是低温冷凝分离的物理过程，将烟气经过多次压缩和冷凝，以引起 CO_2 的相变，从而达到从烟气中分离出 CO_2 的目的。为了避免烟气中水蒸气在运输过程中发生相变造成对管道的阻塞，以及与其他成分结合生成对管道或瓶罐产生腐蚀作用的有害物质，故需要将烟气中的水分脱除到 ppm 量级。

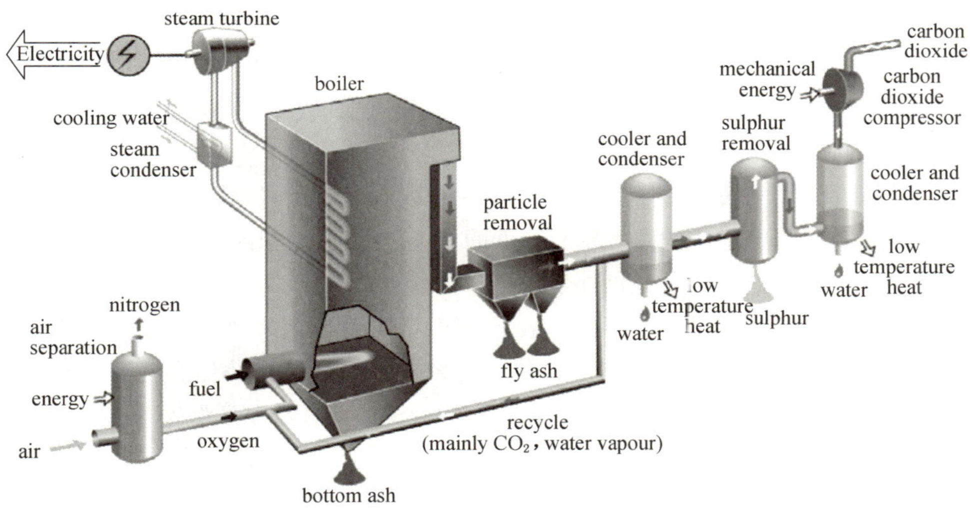

图 1－7　富氧燃烧基本流程图

2. 技术优点

（1）降低锅炉热损失。排烟损失是现代电站锅炉热损失中最重要的一项，约为 4% ~6% 。这部分能量损失主要来源于热烟气的排放。在富氧燃烧锅炉中，由于近 70% 的烟气用于再循环，会导致排烟损失显著降低。

（2）同时适用于新建和改造机组。富氧燃烧技术是建立在现有的燃煤锅炉系统基础上的，通过选择合适的循环烟气比例，其炉内辐射和对流传热可与原先的空气燃烧锅炉相近，仅需对空气预热器和烟风系统做少量改造，新增的空分系统和压缩纯化系统也可独立布置，因此该技术适合于现有电厂的改造。

对于新建电厂，可以通过减小锅炉尺寸、空分 - 锅炉 - 压缩纯化系统热耦合设计和酸性气体共压缩技术等进一步降低系统的投资和运行成本。

（3）污染物协同脱除。富氧燃烧技术可捕捉燃煤电厂排放的 90% 以上的 CO_2，实现温室气体减排。与此同时，由于引入了烟气冷凝器、酸性气体共压缩纯化等技术，NO_x、SO_x、颗粒物等的排放都可以控制在 10 ppm 以下，较现有最好的燃烧污染物控制技术（MACT）的排放降低一个量级，因此，该技术同时也是一种近“零”排放燃煤发电技术。

3. 技术发展障碍及方向

（1）能量消耗。富氧燃烧技术增加了空分系统和 CO_2 纯化压缩系统，其中压缩设备的能耗大大增加了整个系统的电耗，导致整个电厂发电效率的降低和发电成本的增加。为了减少能耗进行的研究方向主要有：

① 全系统集成及优化。热集成主要包括将空分系统和 CO_2 纯化压缩系统中压缩设备所产生的压缩热作为热源供应给其他需要吸热的部件，减少不必要能源消耗，提高热效率。系统优化指通过静态或动态模拟仿真软件，确定达到最佳热效率时的运行条件及运行参数。

② 寻找新型富氧燃烧碳捕集流程。正在开展研究的全富氧燃烧过程以及 MILD 富氧燃烧过程均具有更高的热效率和较低的成本。同时，加压富氧燃烧技术也是很有开发前景的，虽然它的研究仍处于初级阶段。

（2）燃烧过程。富氧电厂虽然是在传统电厂的基础上发展起来的，但是其炉内燃烧气分已经发生了比较明显的变化，这将导致炉内燃烧特性和传热特性的变化，关于富氧燃烧炉内燃烧特性和传热特性的理论研究和小型实验室规模试验研究得出的结论是远远不够的，我们现在更需要示范性试验研究以及工厂规模试验研究的结果，为未来的商业化运行提供有效的运行经验。这些经验主要包括：

① 电厂运行模式的平稳切换。考虑到温室气体排放法规的不确定性，未来电厂可能需要具备在空气燃烧模式与富氧燃烧模式切换运行的能力。当电厂启动、停工，高峰期用电需求，以及辅助设备故障时，这种运行模式转化能力也是一个重要的优势。目前，运行模式的切换已经可以成功实现，但是在启动时相互耦合的子系统的控制仍存在问题。

② 新型富氧燃烧器设计及性能测试。对于燃烧器的设计，目前主要关注的地方：火焰稳定性、碳转化率及污染物控制性能。另外，在单个富氧燃烧器的实地性能测试之后，进一步研究更大的燃烧器和多个燃烧器的配置问题。

③ 腐蚀及材料选择。在富氧燃烧模型下，烟气中 SO_2 和 NO_x 的浓度增加，所以在烟气通道的特定地点需要进行高温腐蚀测试以及低温腐蚀测试，从而为换热器

材料选择提供依据。

④ 飞灰和结渣问题。在西班牙召开的第三次富氧燃烧大会上，飞灰和结渣问题被重点提出。需要研究的问题包括：在高浓度 CO_2 环境中，飞灰的相变、凝固、粒径分布、元素富集，以及结渣层的形成机制和与碳颗粒的反应。

未来适用于发电的富氧燃烧技术提升效率的方式，如图 1-8 所示。然而，富氧燃烧和化学循环燃烧两者的优势可能很难同时实现。虽然如此，化学循环燃烧联合一种先进的超超临界蒸汽涡轮机循环，很可能更适合于补偿在 CO_2 提纯装置和回收风扇中增加的辅助电力。(EPRI，2011a)。

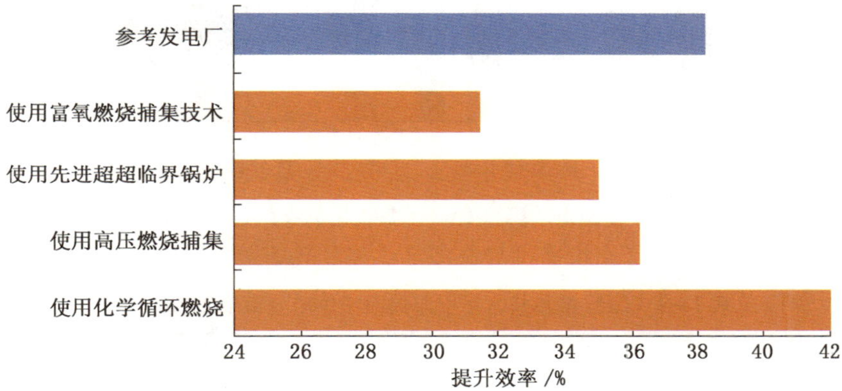

图 1-8 富氧燃烧技术提升效率方式

1.2.4 技术经济性比较

1. 技术性比较

如图 1-9 所示为中英煤炭利用近零排放合作项目（NZEC）报告中中国电厂

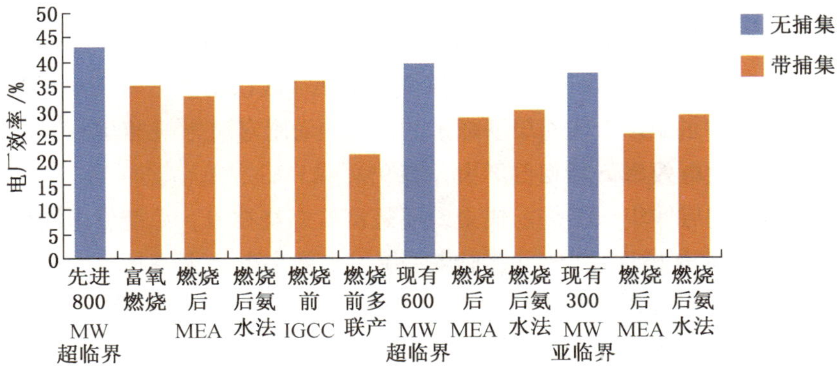

图 1-9 中国电厂实施 CO_2 捕集前后的电厂效率（LHV）

实施 CO_2 捕集前后的电厂效率（LHV）。如图 1－10 所示为美国国家电力技术实验室（NETL）报告中美国电厂实施 CO_2 捕集前后的电厂效率（LHV）。表 1－1 总结了采用燃烧后捕集、燃烧前捕集、富氧燃烧捕集 3 种 CO_2 捕集技术所引起的系统供电效率下降的幅度。

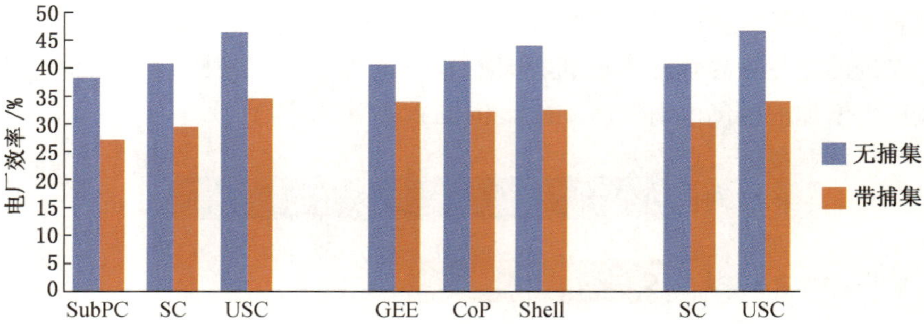

图 1－10　美国电厂实施 CO_2 捕集前后的电厂效率（LHV）

表 1－1　CO_2 捕集技术所引起的系统供电效率下降的幅度　　%

捕集技术	燃烧后捕集			燃烧前捕集		富氧燃烧捕集	
技术类型	亚临界	超临界	超超临界	干煤粉气化炉（Shell，TPRI）	水煤浆气化炉（GEE，Cop）	超临界	超超临界
系统供电效率绝对下降幅度	11～12	11.3～12.3	10.8～11.8	7.1～11.3	6.6～9.1	10.4	8.3～12.3
系统供电效率相对下降幅度	29～31	28～31	25～26	16～26	16～22	27	19～26

采用燃烧后捕集技术，亚临界、超临界、超超临界机组效率都下降了 11%～13%；采用燃烧前捕集技术，使用水煤浆气化炉的 IGCC 系统下降了 6% 左右，而使用干煤粉气化炉的 IGCC 系统却下降了约 9%；采用富氧燃烧捕集技术，超临界和超超临界机组供电效率下降相差不大，在 9%～11%。

无论采用燃烧后捕集、燃烧前捕集，还是富氧燃烧技术，系统发电净效率相对下降幅度都很大（达 15%～32%）。捕集系统供电效率下降主要是源于捕集能耗的增加：采用燃烧后捕集和燃烧前捕集，发电系统的能耗上升主要源于 CO_2 压缩电耗和溶剂再生热耗；而采用富氧燃烧捕集技术，发电系统的能耗上升主要源于空分单元电耗和 CO_2 压缩电耗。

2. 经济性分析

IEA 综合调查了 8 个机构对发电行业使用不同 CCS 技术下的技术经济性分析。其中选择电厂地点包括美国、欧盟及中国，具体机构如下：

卡内基梅隆大学 - CMU（Rubin，2007；Chen，2009；Versteeg，2010）

中欧煤炭利用近零排放合作项目 - NZEC（NZEC，2009）

二氧化碳捕集项目 - CCP（Melien，2009）

美国电力研究协会 - EPRI（EPRI，2009）

全球碳捕集与封存研究院 - GCCSI（GCCSI，2009）

温室气体实施协议 - GHGIA（Davision，2007；GHGIA，2009）

美国国家能源技术实验室 - NETL（NETL，2008；NETL，2010）

麻省理工学院 - MIT（MIT，2007；Hamilton，2009）

主要选取的是近五年发表的关于新建大规模示范初级 CCS 技术电厂的相关数据，即存在某些技术上的过设计和欠优化。分析数据过程中，对这些数据进行了再处理，主要是标准化分析方法，统一成本范围，成本转化到相同年限，以及统一经济结构参数和标煤价等，使结果具有可比性，削弱单个项目特定因素的影响，重点关注不同 CCS 技术之间的成本差异。用于对比的经济性指标包括静态投资成本（不包括建筑期利息等动态成本）捕集情况下静态投资成本相对于未捕集情况下静态投资成本的增长率，发电成本及捕集情况下发电成本相对于未捕集情况下的增长率，以及 CO_2 捕集成本。

如图 1 - 11 所示为 3 种技术未使用 CO_2 捕集以及捕集后的静态成本比较。如图 1 - 12 所示为 3 种技术未使用 CO_2 捕集以及捕集后的发电成本比较。表 1 - 2 总结了 3 种技术的 CO_2 减排成本、静态成本增长率以及发电成本增长率。

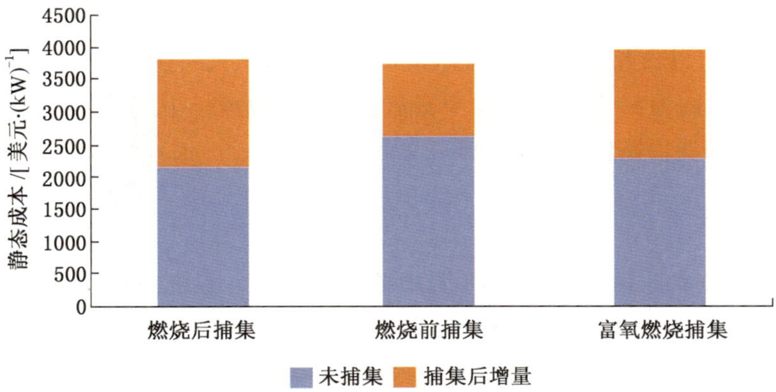

图 1 - 11　CO_2 捕集技术静态成本比较

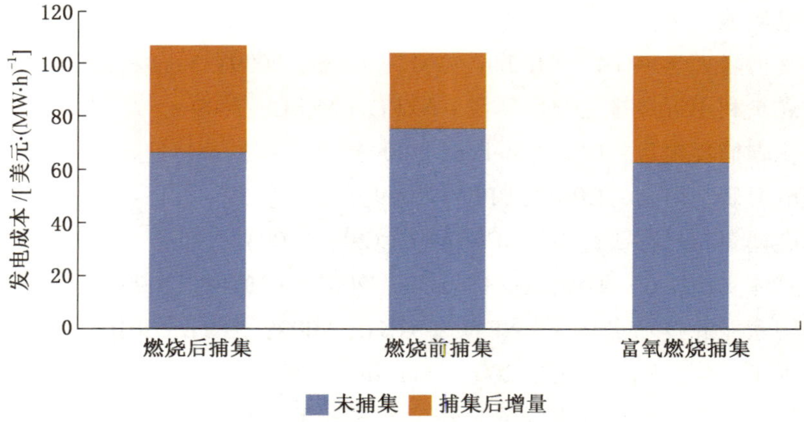

图1-12 CO_2 捕集技术发电成本比较

表1-2 CO_2 减排成本、静态成本增长率以及发电成本增长率比较

技术类型	燃烧后捕集	燃烧前捕集	富氧燃烧捕集
CO_2 减排成本/(美元·t^{-1})	58	55	52
静态成本增长率/%	75	44	74
发电成本增长率/%	63	39	64

分析结果表明，三种不同方式CCS捕集技术的静态成本和发电成本相差不大：静态成本的平均水平大约在3800美元/kW（数据适用于OECD国家，在中国的成本略低一些）。值得注意的是，研究中不同电厂和不同煤种对成本的影响是非常大的，具体的数据可以参考IEA报告；发电成本的平均水平大约在105美元/(MW·h)。CO_2 减排成本大约为55美元/t，其中富氧燃烧略有优势。从静态成本增长率与发电成本增长率来看，燃烧前捕集的增长率较小。

1.2.5 未来发展前景

任何一项技术的发展前景都离不开对技术障碍、融资问题以及法规障碍的综合考量。作为一种减少碳排放的可能方式，要让碳捕集这种技术真正商业化，除了技术本身需要取得大的突破，投融资体系的建立与完善和政府的支持也十分重要。

单从技术层面上看，三种 CO_2 捕集技术各有优缺点：燃烧后捕集技术目前是最成熟的，可以对旧电厂进行改造，并且可以随时停用 CO_2 捕集设备，切换到不

捕集 CO_2 的运行方式，但是捕集能耗也是最高的，此外，其水耗也是最高的，因此，燃烧后捕集技术的供电效率低，发电成本高。相比之下，燃烧前捕集 IGCC 技术系统能耗低，供电效率高，水耗也是最小的，不过这种技术不适用于现有电厂改造，且系统复杂，建设部署成本较高。综合技术经济性比较，富氧燃烧技术具有一定的优势，这种技术不仅可以应用到新建电厂，也可用于旧电厂改造。不过，由于改变了原炉膛内部的燃烧环境，其性能还有待进一步验证。

从 CO_2 捕集技术的选择来说，燃烧后捕集成本虽然相对高，但是可用于现有电厂改造，因此对于常规煤粉电厂存量较大的国家来说，燃烧后捕集是比较理想的 CO_2 捕集技术。燃烧前捕集技术和富氧燃烧捕集技术综合性能更优，这两种技术的主要差异在于，燃烧前捕集技术只能应用于新建电厂，而富氧燃烧捕集技术还可用于旧电厂改造。在目前相关法规和政府激励政策未出台的前提下，富氧燃烧捕集技术能够给予电厂选择捕集或不捕集的灵活性。所以，从短期来说，富氧燃烧捕集是潜在最佳的 CCS 技术选择。

如果从长期的角度来看，随着各国对污染物排放标准的日趋严格，以及水资源的日趋紧张，技术日渐成熟的 IGCC 燃烧前捕集作为对环境友好的 CO_2 捕集系统，优势会更加明显。

对三种技术的研究都已经步入商业化示范规模，这也正说明，任何一种捕集技术并没有绝对的优势。三种技术都需要在大型化、降低能耗和成本等方面加强研发并选择重点方向进行示范。随着各项技术的进步及相关法律的出台或者政府相应的政策刺激，任何一项技术都有可能为最佳选择。

1.3 运输技术

CCS 项目，需要通过某种方式将 CO_2 从排放源运输到封存地点。可供选择的运输方式包括管道运输、船舶运输以及在此基础上建立起来的共享运输网络。

1.3.1 管道运输

管道运输在绝大多数情况下是陆上长距离大规模 CO_2 运输最经济的方式。当今，仅有美国建设了 5000 km 左右的 CO_2 管道，主要用于强化石油开采（EOR）。在美国，EOR 的工业实践已经有近 40 年的历史，目前每年通过管道运输的用于 EOR 的 CO_2 超过 65 Mt，积累了丰富的管道运输工作经验。

预计到 2020 年，用于支持在美国进行 CCS 推广需要的管道基础设施规模的范围将达到 8000 ~ 21000 km(5000 ~ 13000 英里)，到 2050 年大约达到 35000 ~ 58000 km (22000 ~ 36000 英里)(Dooleyetal.，2009；ICF International，2009)。在欧洲，预计到 2020 年管道规模将达到 2300 km 左右，2030 年达到 15000 km，2050 年达到

22000 km（Neele，et al.，2010）。

1.3.2 船舶运输

虽然大部分 CO_2 运输主要利用管道，但是船舶运输也是一种可替代管道的选择。CO_2 船舶运输已经投入利用，但仅处于很小的规模。船舶运输具有一定灵活性，在捕集量不稳定的地方，船舶运输是一种不错的选择。船舶运输可以为几个不同的碳源或枢纽服务，并且运输到不同的封存点。船舶运输在以下两种类型的项目中发挥重要作用：

（1）在管道项目和基础设施规划和建设期间启动船运，推广 CCS 技术。

（2）当排放源靠近海岸或者内陆航道时，或者排放源与埋存点距离较远时。

1.3.3 共享运输网络

CCS 的全面商业化推广将依赖一种复杂的运输基础设施，通过利用管道和船舶的方式将多个 CO_2 排放源与多个 CO_2 封存点连接起来，形成一个运输共享网络。

（1）建立网络的优势。与点对点系统相比，共享运输网络可节省超过 25% 的支出，具体情况取决于网络的规模（McKinsey，2008；Mikunda，et al.，2010）。共享运输网络的建立可显著减少未来 CCS 项目的投资障碍，提高当地 CCS 推广速度。

（2）建立网络的困难。当建立一个超大流量的管道网络时，面对的一个主要困难是初期大量投资带来的财政风险。

1.3.4 成本比较

ZEP（Zero Emission Platform，2012）针对示范 CCS 电厂，分析了各种运输方式的投资成本和运营成本。表 1－3 为捕集量为每年 2.5 Mt CO_2 的示范项目的点对点运输模式成本调查结果。表 1－4 为用于一个碳源集群为每年（1～2）Mt 范围的共享运输网络的成本调查结果。

表 1－3　点对点 CO_2 运输成本估算（示范阶段）

距离/km	180	500	750	1500
岸上管道/(英镑·t^{-1})	5.4	n/a	n/a	n/a
离岸管道/(英镑·t^{-1})	9.3	20.4	28.7	51.7
船舶（含液化）/(英镑·t^{-1})	13.5	14.8	15.9	19.8

表 1-4 共享运输网络 CO_2 运输成本估算（商业推广期）

距离/km	180	500	750	1500
岸上管道/(英镑 · t^{-1})	1.5	3.7	5.3	n/a
离岸管道/(英镑 · t^{-1})	3.4	6	8.2	16.3
船舶（含液化)/(英镑 · t^{-1})	11.1	12.2	13.2	16.1

结果表明，岸上管道和离岸管道单位运输成本在商业推广期间会明显低于在示范阶段期间（显著减少 60% ~70%），岸上管道运输成本低于离岸管道运输成本。在示范阶段，在不考虑短距离（低于 200 km）运输成本的情况下，船舶运输成本低于离岸管道的运输成本。在商业推广期，运输的数量在每年（1 ~2）Mt 的范围时，对于 1500 km 或少于 1500 km 的距离来说，船舶运输比管道运输要昂贵得多。

1.4 封存技术

1.4.1 封存现状

将从工业过程中捕集的 CO_2 封存到地质层是 CCS 技术链的重要组成部分，同样也是一个巨大的项目挑战。每个地质封存点都是独特的，因而在作最终决定之前，需要数年的时间和大量资金用于广泛的场地勘察，对场地进行筛选。此外，提高公众对地质封存技术的认知、获得公众的认可也是地质封存技术应用所面临的重大挑战。

目前，多种地质封存方式，包括深部盐水层、枯竭油气田和 CO_2 提高石油采收率（EOR）等，被规划或应用于 CCS 项目中。其中将 EOR 作为一种 CO_2 封存方式的潜力正在增长，除了在北美等传统地区外，在其他地区，如拉丁美洲、中东、中国，也在应用和发展 EOR 技术。在全球范围内正在运营的和已经宣布的 CO_2 地质封存项目组成了一个投资组合，实现这个投资组合，就能够解决国际上规定的推广 CCS 项目这一目标所带来的挑战。国际能源署的路线图不断发展，在 2015—2017 年确定足够的、可盈利的封存地点，进而促进 CCS 项目能够在 2020 年成功广泛运营。

1.4.2 CO_2 提高石油采收率（EOR）的意义

对 CO_2 EOR 作为一种永久封存人为排放的 CO_2 的方式进行的研究和应用在过去几年内显著增加，主要是因为即使没有相关的政策激励，这种方式依然可以商业化应用，获得利润。持续的高油价使 CO_2 – EOR 对运营商更具吸引力，因此对 CO_2 的需求量增加了，反过来，可能增加捕集技术的基础设施建设，并推进该技术的发展。

对于 EOR 捕集 CO_2 技术，目前已有一定的认识：

（1）目前在陆地上最容易实现 CO_2 封存的技术是 EOR，因其现有的法规和基础设施相对齐备，且 EOR 是目前最有成本效益的选择。

（2）在油田中注入 CO_2 有超过 30 年的历史，人们从长距离 CO_2 管道运输中积累了许多经验教训。

（3）对于利用 EOR 封存 CO_2，必须考虑一些实际的问题。例如，我们需要对 CO_2 的埋存范围、可能移动的距离，以及其他可能的影响变化进行分析和监测。

相关的研究所目前正在从技术、监管和商业等多角度来分析评估 EOR 的潜力，以及对 CO_2 封存的影响。

1.4.3 监控测量和风险管理验证

在 CO_2 的长期封存过程中，风险管理是一项重要内容。地质方面的风险包括：潜在渗漏、诱发地震和地面位移，以及对环境、资源的潜在影响。

由于更多的项目接近最终投资决策，与封存相关的风险评估和风险管理过程已经成熟。在最终投资决策这个阶段，必须提供描述测量监测核证（MMV）过程的详细运营计划。正在发展的项目可以从已经运营和接近运营的项目（例如 Sleipner 项目、国际能源署温室气体计划的 Weyburn – Midale CO_2 封存与监测项目、InSalah 项目和 Gorgon 注入项目）的风险管理计划和 MMV 过程的知识传播中获得一些有益经验。

2011 年底，英国能源与气候变化部发布了苏格兰电力财团的 Longannet CCS 项目和德国意昂集团在英国的 Kingsnorth CCS 项目的前端工程和设计（FEED）研究。这份材料包括风险评估和减排研究，并且将许多报告提供给全部 CCS 项目开发商以及感兴趣的其他各方，以传播这些 FEED 研究的知识。风险登记表确定了排名前 50 位的风险，并且评估他们是否继续或关闭。由苏格兰电力财团报告的 CCS 特定的 5 个得分最高的示范风险分别是：①关键项目未被批准或未能与预期相符；②技术规模逐渐扩大的挑战；③公众对项目的负面反应；④运营 CO_2 的挑战；⑤离岸运输系统对 CO_2 流速的敏感性。

在加拿大，Quest CCS 项目（在 2012 年实现 FID 并将在 2015 年开始运营）有一个基于风险的 MMV 计划，该计划对项目的风险管理框架至关重要。该计划完全集成了广泛的封存场地特征、监测设计、定期评估与业绩审查，以建立积极保障和控制响应并反馈该项目的信息。

挪威 DNV 公司在 2011 年中期启动了 CO_2 风险管理（CO_2 RISK MAN）联合工业项目，以开发一个公共可用的指导文件。该文件将有助于为新兴的 CCS 产业提供有效的风险管理。该项目应在 2012 年中期完成，并涵盖 CCS 系统从定义和选址到运营和停止，以及处理 CCS 各个环节的危险管理的所有阶段。该项目涉及的各种类型的利益相关者（工业和专家、监管机构、风险管理专家）来定义一个共同基础，以利于所有 CCS 利益相关者更有效地沟通和协商风险管理。这项研究将补充 NETL（2011a）发表的《二氧化碳地质封存的风险分析和模拟的最佳实践》以及由英国健康安全局（Harper，et al.，2011）发表的《二氧化碳主要危害潜力的评估》。

2 CCS项目进展现状及发展趋势分析

2.1　CCS项目进展概况

2.1.1　发展历程

1. 2013年前项目运行情况

CCS大型项目在2009—2012年数量基本保持不变，其中，处于运行阶段项目的数量始终保持在8个；处于建设阶段项目的数量一直在增加，每年的净增量为2个。受各种因素的影响，每年都会有CCS项目被搁置、延迟或者撤销，但是这种态势呈递减的趋势，如图2－1所示。

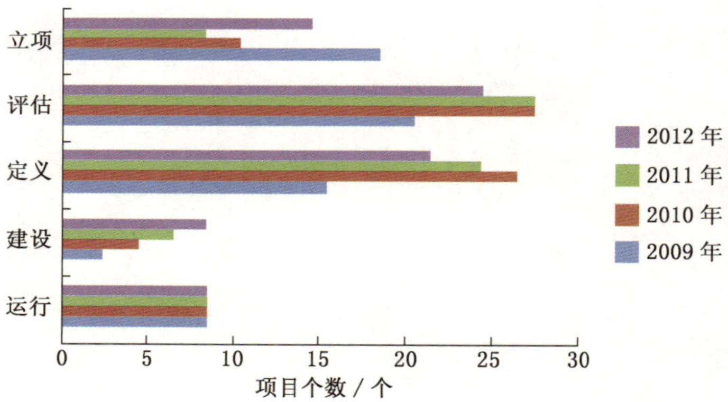

图2－1　2009—2012年大型项目变化

2. 2013年项目进展概况

与2012年相比，全球CCS大型一体化项目的数量增加了3个，取消了13个，总数为65个。虽然大型项目数目减少，但是运行的项目增加了4个，而且全世界CCS项目的发展更加趋于均衡，发展中国家CCS项目发展势头良好。

新增的 3 个项目均位于发展中国家，分别在中国、巴西和沙特阿拉伯。有 12 个大规模项目正在运营，有 8 个正在建造中，运行的项目是历年来最多的，2012—2013 年大型项目变化图，如图 2－2 所示。发展中国家发展迅速，中国目前有 12 个 CCS 项目，项目数量仅次于美国。

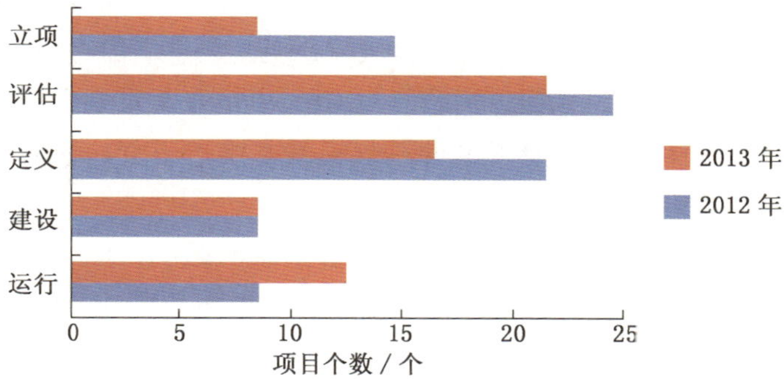

图 2－2　2012—2013 年大型项目变化图

3. 发展趋势分析

2010—2013 年全球 CCS 项目进展，如图 2－3 所示。总体来看，近年来全球 CCS 项目的发展呈现出以下趋势和特点：

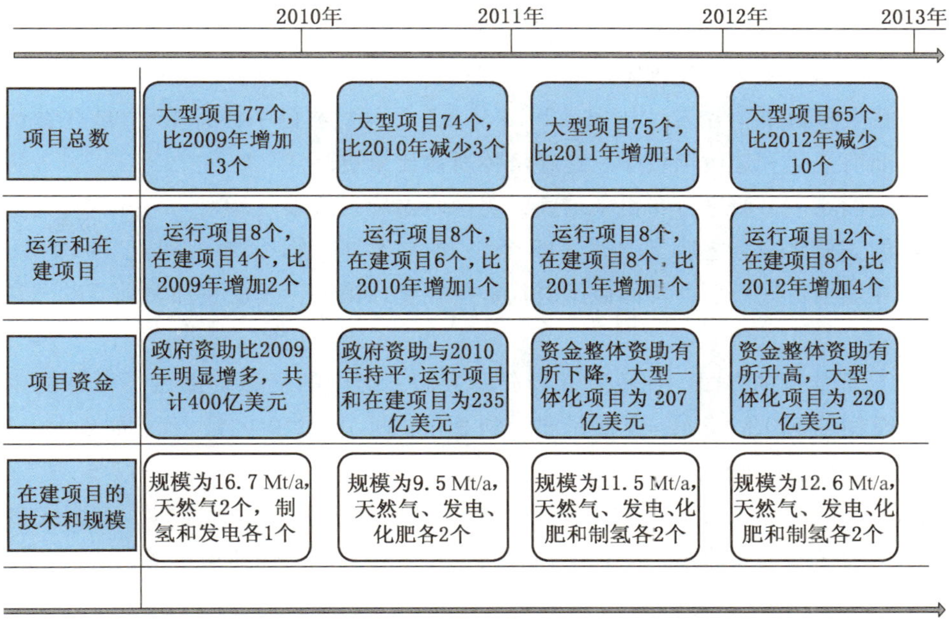

图 2－3　2010—2013 年全球 CCS 项目进展

（1）项目总数在 2010—2012 年基本保持不变，一直在 75 个左右，由于一批大型项目被延迟或者撤销，2013 年大型项目数量减至 65 个，但是运行项目和在建项目一直在增加，表明经济效益在 CCS 项目中的位置更加重要。

（2）从商业化和示范项目来看，其数量在 2010—2012 年中一直保持不变，示范项目在 2013 年增加了 4 个。随着政府对示范项目资助的不断加大和碳排放压力的增大，虽然 CCS 项目商业化面临着各种风险，但其数量增加的趋势不会改变。

（3）从政府资助来看，尽管各国政府对 CCS 项目非常重视，但是受经济危机的影响，全球 CCS 项目受到政府资助的总规模基本维持不变，而对大型项目的投资规模日益增加。

（4）从项目规模和技术变化来看，受多种因素的影响，CCS 项目的规模一直在变化，总的趋势是单个规模变小，数量增多，由此可以看出 CCS 项目面临的可变成本和风险在增大。

2.1.2　地区分布

全球的 CCS 项目空间地区分布呈现“西多东少，北多南少”的格局，发达经济体与不发达经济体两极分化严重，发达国家的 CCS 项目占了全球 CCS 项目的一半以上，2013 年发展中国家 CCS 项目进展较快，几乎占到大型项目总数的三分之一。

1. 发达国家

数量方面。由于发达国家市场环境成熟、政府财力支持和公众积极参与，目前 CCS 项目大多数集中在发达国家。2013 年 65 个大型项目中，有 46 个是在发达经济体，而商业化和建设项目中发达经济体所占比重更高。

发达国家中，数量分布也不均衡，美国所占项目最多（20 个），占所有大型项目总数的三分之一，之后是欧洲（15 个）、加拿大（7 个）、澳大利亚（4 个）。在运行和在建项目规模上，美国以绝对优势排在全球第一，其次是加拿大、欧洲和澳大利亚。

（1）资金资助方面。在政府资金资助方面，美国的资金资助占了全球的一半以上，总额约 520 亿美元，其次是澳大利亚和新西兰（210 亿美元）、加拿大（160 亿美元）、欧盟（160 亿美元）。

（2）捕集技术方面。发达国家大部分使用的是燃烧前捕集技术，美国大多数项目使用的是燃烧前捕集技术。燃烧后捕集技术和富氧燃烧捕集技术在欧盟使用的较多。

（3）封存技术方面。各国选择的封存技术差异明显，美国和加拿大主要采用 EOR 技术实现 CO_2 的封存，而欧洲和澳大利亚则全采用深部盐水层等实现地质封存。

（4）运输方面。发达国家几乎全部通过管道运输 CO_2。

2. 发展中国家

发展中国家经济基础和实力与发达国家相比都比较薄弱，政府的资金大部分用于改善人民的生活，再加上公众应对全球气候变化问题的意识不强，因此，在 CCS 项目推广和运作上，无论数量和进度上发展中国家与发达国家都有不小的差距，但是，随着发展中国家的经济发展，其对 CCS 项目的关注和投入正不断增强。

发展中国家有 CCS 大型项目 19 个，运行项目 2 个，在建项目 1 个，数据表明发展中国家有着良好的发展趋势。但由于发展中国家 CCS 项目起步较晚、资金有限，因此，其 CCS 项目数量上与发达国家相比还有不小的差距。

CCS 项目在发展中国家的分布也很不均衡。近年来，中国经济快速增长，其碳排放量不断上升引起了世界的广泛关注，由此中国政府和企业加大了对 CCS 项目的投入，项目数量 12 个，占发展中国家总量的 75%；其次是中东地区，有 3 个 CCS 项目，中东的石油开采业发达，CO_2 提高石油采收率技术在该地区被重点应用；此外，韩国有 2 个，非洲有 1 个，南美洲有 1 个。在发展中国家中，2 个运行项目分别在阿尔及利亚和巴西，1 个在建项目在中东地区。

3. 发达国家与发展中国家的比较（表 2 – 1）

从表 2 – 1 可以看出，发达国家在运行项目的数量上远远超过发展中国家。在碳捕集技术和封存技术上，发达国家与发展中国家相似。燃烧前技术占据绝对优势，其次是燃烧后技术、工业分离技术和富氧燃烧技术。

表 2 – 1　发达国家与发展中国家运行和示范项目比较总表　　个

经济体		发达国家	发展中国家
数量	示范项目（运行、建设）	17	3
	规划项目（定义、评估、立项）	29	16
捕集技术	燃烧前	26	10
	燃烧后	10	3
	富氧燃烧	3	2
	工业分离	6	4
封存技术	深部盐水层	22	9
	EOR	23	10
运输方式	管道运输	46	16
	轮船运输	0	3

在运输方式上，发展中国家与发达国家不同的是前者有3个CCS项目采用轮船方式进行运输。

4. 发展趋势分析

从CCS项目全球分布来看，主要具有以下发展趋势和特点：

（1）发达国家和发展中国家有着明显的两极分化，发达国家在未来将继续领跑全球CCS项目与技术的发展，但是出于环境和减排压力的驱使，发展中国家发展动力和压力日趋增大。

（2）发达国家和发展中国家内部也极不平衡，发达国家中的美国在CCS项目发展的各方面都领先于其他各国，中国则是发展中国家中未来发展CCS项目的重要地区。

（3）随着技术示范发展，捕集技术不断进步成熟，技术路线将呈现更加多元化的趋势。

2.2　CCS运行项目及在建项目简介

在建项目和运行项目是CCS项目的两个不同发展阶段，运行项目是在建项目的发展目标，而在建项目是为项目的运行做前期准备。

运行项目的目标是运营、维护和成本调整，在CCS项目商业化运行过程中，资产管理、业务改进和运营及技术维护是运行阶段的主要工作。在建项目目标是详细设计与建设，详细工程、建设、电厂试运行、设立经营组织是在建阶段的主要工作，大型示范活动则是技术与一个完整系统的集成，以证实在具体应用中的可行性及为商业化做预备。

2.2.1　捕集技术

大型CCS项目捕集类型分布，如图2－4所示。在运行项目和在建项目中，燃烧前捕集技术占主导地位，20个大型CCS项目中，有15个应用了燃烧前捕集技术，应用燃烧后捕集技术的项目有5个。富氧燃烧技术仍处于试验阶段。在运行项目中，有10个项目使用了燃烧前捕集技术，有2个项目使用了燃烧后捕集技术。在在建项目中，有5个使用了燃烧前捕集技术，有3个使用了燃烧后捕集技术。

2.2.2　运行时间

12个运行项目中8个项目是在2000年以后开始运行的，4个项目是在2000年以前开始运行，最早的一个项目在1972年就开始运行了。而在建项目几乎是在2014年和2015年开始规划运行的。

从以上分析可以看出，CCS项目虽然被提出很早，但是大规模的运行是在近两

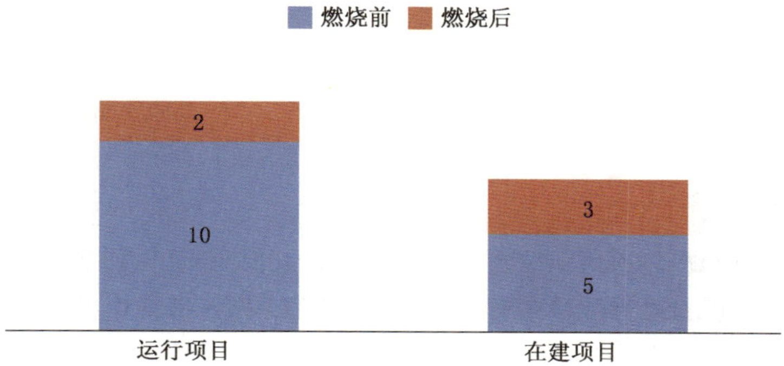

图 2-4 大型 CCS 项目捕集类型分布图

年，这与碳排放压力的不断增大和技术的逐渐成熟有关，从在建项目的投产时间来看，CCS 项目越来越受到认可，将会成为未来解决碳排放问题的一个主要途径。在建和运行项目进展节点图，如图 2-5 所示。

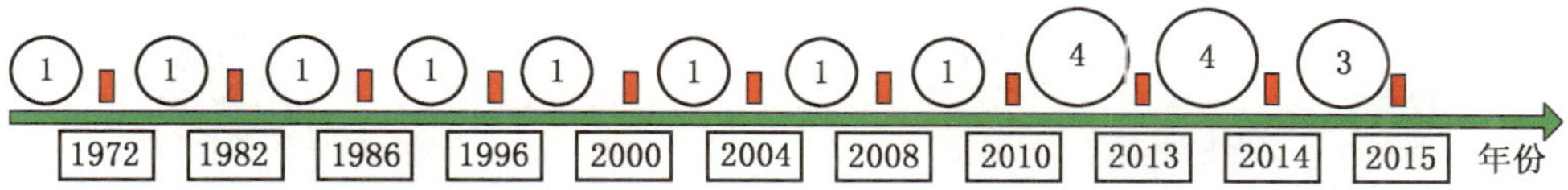

图 2-5 在建和运行项目进展节点图

2.2.3 行业分布

在运行项目中，天然气行业占了绝大部分，12 个运行项目中有 9 个是以天然气捕集设施为主，有 2 个化肥生产和 1 个制氢。

在在建项目中，有 2 个天然气捕集设施，2 个化肥生产，2 个发电，1 个制氢和 1 个石油提取。如图 2-6 所示。

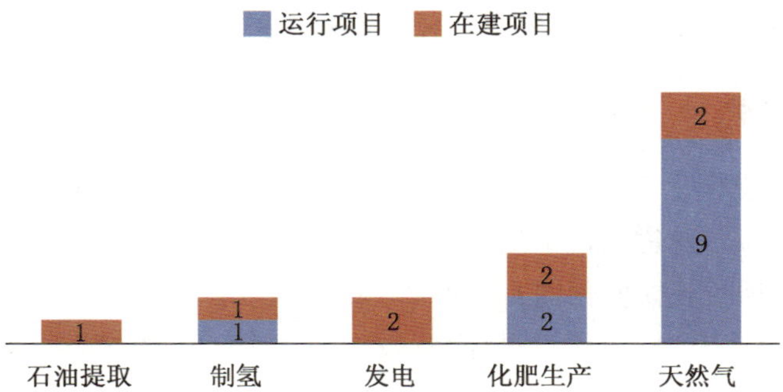

图 2-6 大型项目数量分行业分布

从以上分析可以看出，运行项目是以天然气加工为主，在建项目则呈现出多样化，表明随着技术的成熟，碳捕集设施向成本小、实用处大的方向发展。然而，与煤电排放 CO_2 占很大比重相比，煤电 CCS 项目较少，这与愿景相差甚远。

2.2.4 封存类型

在运行项目和在建项目中按封存类型划分，主要有 EOR 和盐水层地质封存两种类型。具体来说，运行项目中有 9 个 EOR 封存类型，有 3 个深部盐水层封存类型；在建项目中有 5 个 EOR 封存类型，有 3 个深部盐水层封存类型。运行项目和在建项目封存技术分布图，如图 2－7 所示。

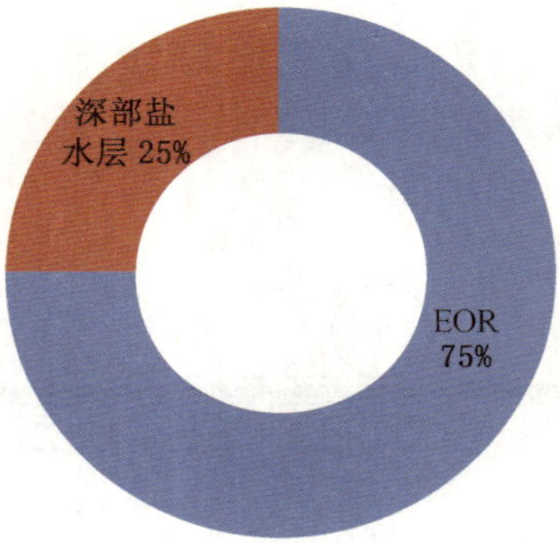

(a) 运行项目

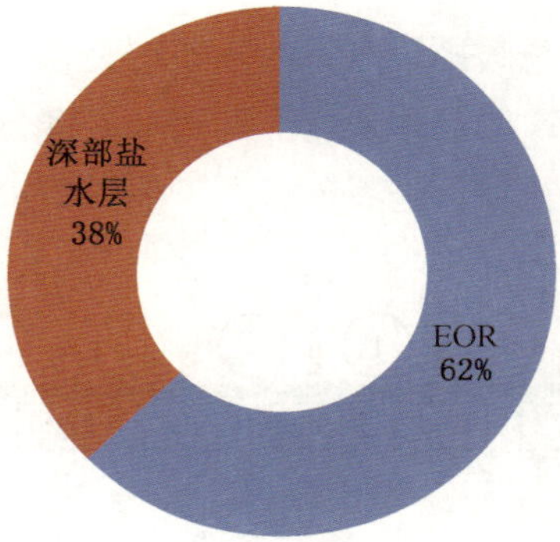

(b) 在建项目

图 2－7 运行项目和在建项目封存技术分布图

以上数据可以表明，在封存类型中，相对于深部盐水层，EOR 以其成本优势占了项目的绝大部分，因此，中短期内提高石油采收率（EOR）将很可能仍然是潜在封存的一种普遍形式。长期而言，随着技术的成熟，作为 EOR 的补充，深部盐水层将为 CCS 项目的封存提供另外一个重要的途径。

2.2.5 项目规模

运行项目在规模上表现得参差不齐，最大的规模是 8.4 Mt/a，其次是 7 Mt/a，最小的是 0.6 Mt/a。在建项目中最大的规模为 3.5 Mt/a，最小的规模为 0.8 Mt/a。运行项目和在建项目规模变化图，如图 2－8 所示。

从图 2－8 可以看出，运行项目间隔较大，从 1972 年跨度到 2013 年，而且规模也是相差较大，从最大的 10 Mt/a 到最小的 0.6 Mt/a，说明运行项目虽然进入到运作阶段，但是并未普及。而在建项目则表现比较平稳，大多数都在 2 Mt/a 左右，

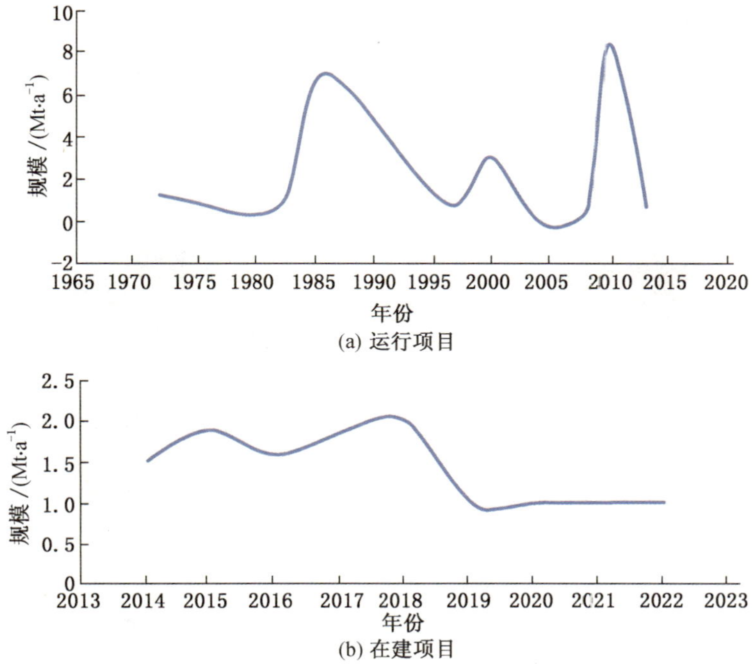

图 2－8 运行项目和在建项目规模变化图

说明规模在这个点左右特别集中。

2.2.6 运输方式

在运行项目和在建项目中，几乎所有的项目都是通过管道进行运输。管道通常是大量运输 CO_2 成本最低的选择，也是一种在陆地上和海里都成熟的技术。但是，管道在陆地上和海里成本是不同的，二者相差一倍以上。

随着运输距离的增加，运输成本会增加一倍以上，因此，包括运行项目和在建项目在内的所有项目，在 180 km 以下的项目占的最多，占所有项目的 75% 以上，因此，运输项目的成本成为 CCS 项目的一个重要考虑因素，预计 2015 年以后的项目运输距离也都会在 180 km 以下。

2.2.7 资金来源及分布结构

项目类型上，政府直接拨付给大型 CCS 示范项目的资金中有 77% 分配给了发电项目，剩余的则主要分配给石油及化肥工业（14%）、煤气化领域（5%），如图 2－9 所示。

碳捕集技术上，CCS 发展的早期阶段，燃烧前捕集技术受到强有力的支持，其中 46% 的资金分配给此类大型示范项目。然而，政府的资金正在逐渐转向富氧燃烧捕集（18%）及燃烧后捕集技术（33%），如图 2－10 所示。

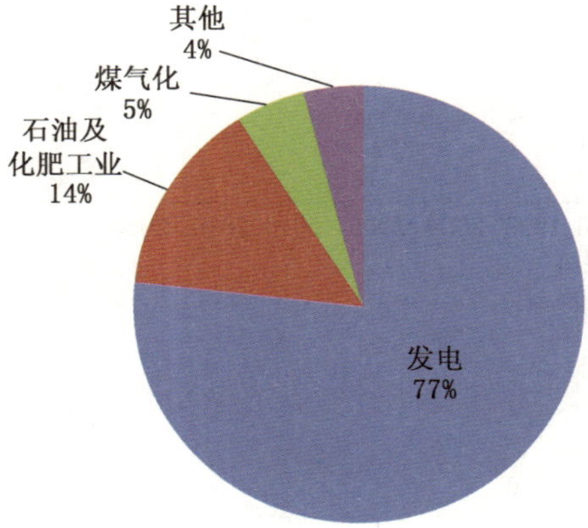

图 2－9　政府资金分行业分布

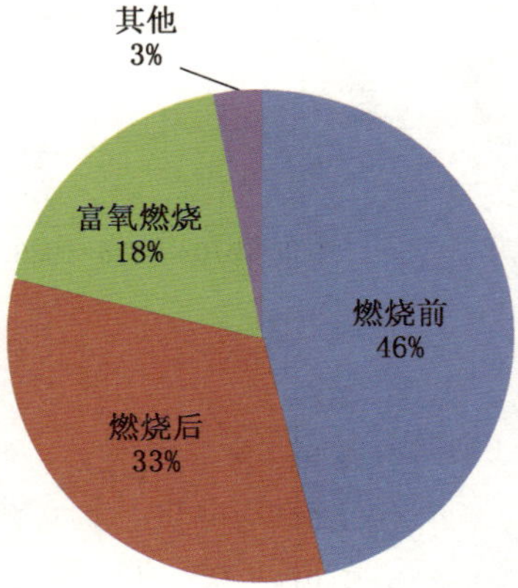

图 2－10　捕集技术上政府资金分布

资助种类上，除了政府直接资助外，税收措施也是直接提供资金支持的一种形式。例如，美国联邦政府为投资者在清洁煤项目方面提供了公司所得税减免，税收抵免规模达到 31.5 亿美元。英国早期的大型 CCS 示范项目税收减免占总项目投资金额的近 18% 左右，超过 41 亿美元，而大部分的税收减免计划集中在美国。此外，还有未广泛实施的优惠上网电价或电力购买协议，以便为涵盖电厂的 CCS 额外成本提供保证。一个高成本的大型 CCS 示范项目可能需要与公众财政支持措施结合。CCS 项目资助类型，见表 2－2。

表 2－2　CCS 项目资助类型

公共部门	资金资助
	税收抵免
	贷款担保
	优惠股权
	优惠债务
私营部门	赞助股权
	机构股权（基础设施基金、退休基金、养老基金等）
	赞助债务（资产负债表融资）
	商业债务
多边机构与出口信贷机构	优惠债务
	信用担保

以上分析表明，政府直接资助仍然是现阶段 CCS 项目资金来源的主要渠道，但是税收和其他有关资助的政策也占了较大比例。政府资助的项目主要是发电项目，这是因为发电是碳排放集中且规模巨大的行业，在发展中国家，资助发电的 CCS 项目也是最多的。在碳捕集技术上，燃烧前捕集是接受资助最多的项目，但是各国政府对燃烧后捕集和富氧燃烧捕集技术资助的力度正在逐步加大。

2.3 障碍与挑战

2.3.1 资金资助

上述 CCS 项目资金来源表明，运营 CCS 项目需要大量的政府拨款，并减免部分项目的税收，利用电价补贴来帮助支付高额的捕集运行成本，采用贷款担保等激励措施来帮助降低 CCS 项目高额投资成本和运行成本。政府资金延迟或者不足将会造成项目的搁置或者取消。

（1）竞争性的公共资助计划延迟，下一阶段开发的资金不足。

① 2010 年墨西哥水泥集团二氧化碳捕集工厂项目因没有被第二期政府资金选定被搁置。

② 2011 年澳大利亚 Coolimba 电力项目缺少进一步投资被取消。

③ 2011 年美国 BoiseWhite 造纸厂和 CEMEX 水泥项目因竞标美国能源部第二阶段资助失败后都被搁置。

（2）中期至长期内政府的财政资助的不充足和其使用权的不确定。

2010 年美国伊明赫姆 CCS 项目考虑暂缓。

2.3.2 政策和法律问题

CCS 项目投资巨大，而且没有现有的政策法规可以遵循。现有的成功案例证明，在充分的政策制定和经济驱动力作用下，CCS 项目才能完全进入商业化阶段，政策法规的缺乏以及不确定性都会导致 CCS 项目被迫中止。碳减排政策和监管的不确定性，以及国家碳减排立法的缺乏等，都可能造成项目变更或致使项目被取消。

2.3.3 成本和价格问题

从经济上考虑，项目的成本太高和二氧化碳价格的不确定性，也会影响公司在项目投资上的信心。此外，由于 CCS 项目是一个新兴的领域，人才缺乏也是 CCS 项目面临的一个难题。

2.3.4　商业环境问题

全球金融危机会带来可用信贷量的减少和更加严格的贷款条件，导致一些大型一体化CCS项目必须重新优化其投资，但同时保留涉及较小规模的示范或研究创新项目。

全球金融危机（GFC）导致能源企业重新优化其投资，如2010年英国伊明赫姆CCS项目拥有者重新优化投资，2011年全球经济危机发生后美国Freeport煤气化项目被取消。此外，投资环境不成熟也严重影响项目的推进，如2010年荷兰的埃姆斯哈文纽昂马格南项目由于商业和环境原因暂缓，2010年波兰的Kedzierzyn汽电共发生电厂项目投资困难。

3 各国 CCS 扶持政策及碳减排主要政策分析

3.1 CCS 主要扶持政策分析

在项目发展过程中，良好的政策和法律环境对项目的推动起着至关重要的作用。因而，CCS 的示范和广泛推广需要及时并且稳定的政策支持和法律保障。纵观各国 CCS 的发展现状，政府政策如碳价、技术支持、管理机制、激励机制以及公众参与等对于投资决策有着重要影响。此外，建立 CCS 法规制度能够提高商业确定性，保证有效的管理工作，目前已有国家制定了相关的法律法规，从而为项目的规范性进展提供保障。在此有必要对各国 CCS 的主要扶持政策进行梳理和分析，从而为下一步 CCS 项目在全球范围内的推广提供借鉴。

3.1.1 发达国家 CCS 主要扶持政策基本情况

发达国家作为 CCS 项目的最早发起者，相关的支持政策和法律制度也比较完善，对其 CCS 主要相关政策进行分析有着重要意义，表 3-1 列举了几个发达国家对 CCS 的扶持政策。

表 3-1 发达国家主要扶持政策

国 家	CCS 主 要 相 关 政 策
澳大利亚	发布了一份题为《加强澳大利亚能源未来的基础》的能源政策白皮书（2011 年底） ETS 预计将于 2015 年 7 月 1 日开始 ETS 将从 2015 年 7 月开始与欧盟的 ETS 相联系，一个完整的双向链接应不迟于 2018 年 7 月
加拿大	发布《2015 年减少来自燃煤发电的二氧化碳排放的电力条例》的草案（2011 年底）

表 3-1（续）

国家	CCS 主要相关政策
欧盟	到 2012 年 10 月 2 日为止出售 2 亿配额以支持 CCS 项目 欧盟 ETS 第二阶段结束（2012 年 12 月 31 日），第三阶段启动（2013 年 1 月 1 日） 欧委会发布欧盟 2030 年气候变化和能源政策框架绿皮书，同时发布了欧盟可再生能源进展报告和欧洲碳捕集和封存技术进展文件（2013 年 3 月）
日本	积极促进其双边抵消信用机制
荷兰	发布了《能源报告》（2011 年）
挪威	发布了一份关于气候变化行动的白皮书（2012 年） 提高了碳税税率
俄罗斯	发布了《俄罗斯联邦到 2020 年期间的气候法律原则》（2011 年）
西班牙	成立了可持续经济碳基金（2011 年末） 成为 CDM 信用（CERs）的第二大购买国
瑞典	提高了其能源税和碳税（2011 年） 在 2012 年底之前开发一份到 2050 年的碳中和路线图
英国	发布了《碳计划》（2011 年） 发布了《支持 CCS 在英国推广》的 CCS 路线图（2012 年） 苏格兰发布了《发电政策声明》（2012 年）
美国	环保署发布了新建燃煤电厂排放性能条例（2012 年中期） 奥巴马总统坚决支持清洁能源标准（2012 年 3 月）
韩国	国民大会通过了 2015 年开始实施的 ETS 法律（2012 年 5 月） 价值 GDP（2009—2013 年）2% 的资金承诺扶持“绿色”发展

3.1.2 发展中国家 CCS 主要扶持政策基本情况

近年来，发展中国家对发展 CCS 项目日益重视，逐步通过政策支持手段推动国内 CCS 项目的示范和推广。选取若干个主要国家的相关政策进行分析，见表 3-2。

表 3-2 发展中国家主要政策

国家	CCS 主要相关政策
巴西	里约热内卢的 ETS 将开始于 2013 年，在 2012 年被推迟 探索全国的 ETS 继续成为一个主要的 CDM 成员

表 3－2（续）

国家	CCS 主要相关政策
保加利亚	根据欧盟的 ETS 担保减损，在第三阶段（2012 年）自由分配发电厂的津贴到 2020 年（2011 年）发布《保加利亚国家能源战略》
中国	加强能源密度目标（2012 年 5 月） 实施 ETS 试点（在地区层面），2013 年启动 国家发改委（NDRC）发布国内碳补偿市场规则（2012 年） 探索国家 ETS，2017 年启动
印度	公布了根据《国家气候变化行动计划》启动“第九任务”的意向 公布了结合交易工具的工业能源效率目标（2012 年中期） 国家清洁能源基金（来自煤炭税）
印度尼西亚	探索一种国家 ETS
墨西哥	通过了《气候变化普通法》（2012 年） 探索一种国家 ETS
罗马尼亚	根据欧盟 ETS 免费配额分配向处于第三阶段的电厂提供减损担保（2012 年）
南非	2012 年财政预算（2012 年）公布了碳税白皮书 探索 2013 年开始实施碳税的可能性 2011 年 10 月，内阁批准了《国家气候变化回应政策》，确定了 CCS 作为南非近期 8 个旗舰项目之一
特立尼达和多巴哥	发布了《国家气候变化政策》（2011 年中期）

3.1.3 当前 CCS 相关政策的整体特征分析

政策与法律环境是 CCS 开发中的一个重要量度。目前，CCS 相关政策开发已经得到了很多国家的重点关注，内容主要集中于三个方面：碳价格、发展 CCS 的技术水平以及必要的监管基础设施。在 CCS 开发的整个阶段中，既需要完善的框架立法，也需要二级法规指导实施工作。值得注意的是，CCS 法规已经开始在 CCS 示范与推广过程中发挥重要作用，如欧盟国家已经完成了正在进行的 CCS 示范计划或至少已经开始开发其 CCS 法律法规进程。概括来说，与 CCS 相关的政策有以下几个特点：

（1）相关政策多以法律条例和白皮书的形式发布，与前几年相比，政策支持更为深入和明显，如政府财政支持，在吸引私营企业推动 CCS 项目的商业化的过程中发挥了重要作用。

（2）碳税与 CCS 有着直接的关系，碳税是 CCS 项目接受项目资助的主要来源，而发达国家征收碳税的政策制定比较成熟，这与成熟项目都在发达国家的现状相吻合。

（3）碳排放交易体系作为国内或是区域内以排放限额为核心的交易体系，是推动CCS项目发展的一个重要因素。多数发展中国家正在通过积极探索建立碳排放交易体系促进CCS项目开发。

（4）发达国家相关政策的制定一直处于最前沿水平，以欧洲成员国为代表，加之美国、澳大利亚近年实行的联邦级监管活动，发达国家的监管体系规范正在稳步建立。同时，一些发展中国家在政策议程中也或多或少的取得了进步，但仍处于借鉴和探索阶段。

（5）整体而言，政策的不确定性仍然是发展CCS项目的一个主要风险，碳定价机制的建立、监管环境和激励措施成为项目投资者做出投资决策的重要判断标准。相比而言，发达国家在这方面的支持比较稳定，发展中国家多数持观望态度。

3.2 各国碳减排主要政策分析

从某种程度上说，碳减排政策的力度直接体现各国的减排意愿，是CCS发展的基本背景和前提。

3.2.1 发达国家碳减排政策基本情况

碳减排政策在推动CCS项目中发挥重要作用。发达国家特别是北欧国家碳减排政策起步较早，经验比较丰富，政策规定明确具体，且基于各国国情制定的政策也各有特点（表3-3）。

表3-3 发达国家碳减排主要政策

国家	碳减排主要政策
芬兰	对除运输燃料之外的所有能源产品征收碳税，是世界上第一个实行碳税政策的国家（1990年） 能源税改革后，碳税融于能源税中，构成碳-能源税（1994年） 2003年芬兰的碳税税率约为18欧元/t CO_2，其税率基本在一段时间内保持不变，最近两年有所提高，2008年能源税率平均增加了9.8%，碳税税率增加了13%，已接近20欧元/t CO_2，一直保持至今 未采取大幅度的碳税豁免政策，仅对在加工过程中被用作原材料的能源产品可以免除能源税
荷兰	荷兰将碳税作为环境税的一个税目提出，至此荷兰成为世界上最早对 CO_2 排放征税的国家之一，并根据欧盟的碳税计划几度进行了调整（1990年） 碳税系统改革，碳税融合于能源税中，称作能源调节税（1992年） 开始对包装材料征收碳税，旨在提高包装废弃物的回收利用率（2007年） 采取了一系列税收优惠政策

表 3－3（续）

国家	碳减排主要政策
丹麦	1991 年通过碳税法律制度，于 1992 年 5 月生效 先后将征税对象指向家庭能源消费品和工商业能源消费品，是世界上第一个同时对家庭和企业征收碳税的国家
瑞典	1991 年引入了碳税和硫税 对私人用户征收全额碳税，而对工业用户减半征收，对公共事业机构则免征碳税
挪威	1991 年开始，挪威通过立法形式引入碳税制度
爱尔兰	首次施行碳税政策，为 15 欧元/t CO_2（2010 年） 新联合政府将碳税提高了 33%，即 20 欧元/t CO_2（2011 年）
日本	2012 年 10 月日本出台了一项碳税政策 政府计划将此项税收收入用于投资清洁能源和节约能源工程
美国	美国没有全国性的碳税政策，只有个别州实施了碳税或开展碳排放交易 2006 年 11 月，科罗拉多州的玻尔得市是首个征收碳税的地方。该市向所有房屋所有者和商业组织征收本市的地方碳税。玻尔得市的居民根据其用电度数来支付此项费用 2008 年 5 月，加利福尼亚州的九个市同意征收碳税，税率为 4.4 美分/t CO_2 2010 年 5 月，马里兰州的蒙哥马利县通过了首个市县级别的碳税政策
加拿大	2007 年 10 月 1 日，魁北克省开始对石油、天然气和煤征税 2008 年 7 月 1 日，不列颠哥伦比亚省实行碳税政策
法国	2013 年 7 月法国政府正式宣布于 2014 年开始征收碳税
澳大利亚	2011 年通过碳税法案 2012 年 7 月 1 日澳大利亚联邦政府制定碳价格，对工业排放主体和政府机构中的理事会等选定的化石燃料所释放的 CO_2 每吨征收 23 澳元的碳税 2013 年澳大利亚联邦政府拟决定取消碳税转换为碳排放交易计划（即 2014 年 7 月 1 日起，澳大利亚将废除每吨 24.15 澳元的固定碳税，而采用每吨介于 6～10 澳元的浮动碳税） 澳大利亚政府提出的关于废除碳税的 11 个法案在联邦众议院获得了通过，但还需要联邦参议院表决（2013 年 11 月）

3.2.2 发展中国家碳减排政策基本情况

发展中国家总体来说对于碳减排政策持观望态度，因而多数未建立完善且明确的碳减排机制（表 3－4）。

表3-4　发展中国家碳减排主要政策

国　家	碳　减　排　主　要　政　策
中国	计划于2013年在6个地域陆续实行碳排放权交易制度，到2017年扩大至全国 2013年11月26日，上海正式启动碳排放交易 承诺到2020年将单位GDP CO_2 排放量削减40%～45%，到2030年减少60%～65% 碳税或2017年左右出台，拟每吨 CO_2 征收10元人民币 提出2030年左右排放总量达到峰值，并力争尽早达峰
印度	2010年7月1日出台了一个全国性的碳税政策，对国内出产和进口到印度的煤炭征收每吨50卢比的碳税（1.07美元/t），并许诺到2020年将在2005年的基础上削减20%～25% CO_2 排放量
新西兰	新西兰从2010年7月开始实施碳排放交易机制，拟实现到2020年将本国温室气体排放在1990年的基础上减少10%～20% 2013年宣布下调其2020年的碳排放目标

3.2.3　当前各国碳减排政策整体特征分析

（1）在政策发布时间方面，发达国家实施的碳税政策比发展中国家要早，而且分布比较集中，主要为北欧国家。

（2）在政策实施主体方面，发展中国家中目前实施碳税的主要是经济发展水平比较高和碳减排压力比较大的国家。发达国家因为具备良好的经济环境，绝大多数早已开始实施碳税或碳交易政策。

（3）在税率征收方面，碳税价格不断提高；征税种类从碳能源税到航空税等不断扩大；征税对象从企业扩大到个人；征税的地域范围逐步扩大，从局部地区扩展到全国范围。

（4）在规范性方面，发达国家起步较早，多数对该项政策持支持态度，发展中国家近几年开始试行，而且实施力度比较大。

4 CCS 国际合作现状分析

众所周知，没有一个国家能在气候变化的巨大挑战面前独善其身，也没有一个国家能单独承担应对气候变化的重任。尽管目前气候谈判陷入僵局，但国际社会在继续推动气候谈判问题上仍然存在最基本的共识（气候谈判不能崩盘，因为谈判崩盘没有赢家）和政治意愿（气候变化是全人类面临的共同挑战，世界各国需协力共同应对）。在全球气候变化的严峻挑战下，作为减排潜力巨大的单个技术——CCS 日益受到国际社会的关注和重视。正如应对气候变化需要国际合作，CCS 的发展同样离不开国际合作。基于 CCS 的投资规模以及非经合组织国家化石燃料使用的预期增长，为了实现《哥本哈根协定》中将 21 世纪全球气温升幅控制在 2 ℃以下的减排目标，国际密切合作是必不可少的重要一环。

4.1 CCS 国际合作现状

目前，在全球范围内大量和 CCS 有关的活动正在进行，且数量日益增多。经过多年的实践和探索，围绕 CCS 展开的国际合作不断深化。从合作所覆盖的范围来看，CCS 国际合作在全球、区域、多边和双边都取得一些新的进展。

4.1.1 新的国际气候合作机制初步形成

《联合国气候变化框架公约》（UNFCCC）和《京都议定书》是应对气候变化国际合作的法律基础，但两部法律文书因自身先天的制度缺陷导致实施的现实困境。2011 年，UNFCCC 第 17 次缔约方会议决定到 2015 年建立一个新的国际气候变化机制，并于 2020 年实施。2013 年 11 月 23 日，华沙气候变化大会经过长达两周的艰难谈判和激烈争吵，最终达成“各国在（预计新框架确立的）2015 年末第 21 届缔约方会议（COP21）前，尽早做好自主减排‘贡献’的准备工作”。新的国际气候变化机制不再把缔约方分为具有减排义务的发达国家和不具减排义务的发展中国家，未来发展中国家也要逐渐承担减排指标，包括中国、印度、巴西等新兴发展中大国更要承担一定的量化指标。可以预见的是，无论是发达国家还是发展中国家，未来 CO_2 的排放都将是有价的，都将面临严峻的减排压力。无疑，作为减排潜力最大的单个技术，CCS 的国际合作开发和商业化推广前景看好。

在这一新合作机制下，各项相应的法律和监管框也不断完善和健全。2010 年 12 月，在维持海洋封存方面有争议的情况下，墨西哥坎昆大会通过了《地质构造中碳捕集与封存（CCS）作为 CDM 项目》的协议，承认“认识到地质形式 CCS 是实现大会最终目标的有关科技，并有可能成为减少温室气体排放的潜在手段之一”。这是《坎昆协议》中为数不多、富有突破性的成果之一。将 CCS 作为一项重要的温室气体减排技术纳入 CDM，为发展中国家获得发达国家的资金帮助和技术支持提供了新的法律保证。标志着进入了一个发达国家与发展中国家把在全球推广 CCS 作为一个主要的减排选择的、令人兴奋的新时代。此外，在异常敏感的 CO_2 封存以及核实和监测问题上，所有拥有 CCS 示范项目的《保护东北大西洋海洋环境公约》缔约方都已批准 2007 年的修正案。而允许把捕集的 CO_2 注入海底地质层下的《伦敦协议》2006 年修正案并不需要批准，已在 2007 年自动生效。允许 CO_2 跨境运输的《伦敦协议》2009 年修正案尽管没有达到法定数目的缔约方的批准，但对目前大型一体化项目的跨境运输影响不大。这为消除 CCS 封存的地域限制扫清了道路。

4.1.2 欧盟和北美的区域性合作依然走在世界前列

2011 年 7 月，欧盟制定的在欧盟范围内鼓励 CCS 发展的行动指南（以下简称“CCS 行动指南”）正式生效；2012 年 12 月，欧盟批准了多哈气候变化大会《京都议定书》第二承诺期。在 CCS 法案的推动下，欧盟继续完善 CCS 监管框架，并推动欧盟成员国将其转换到国内立法。目前，欧盟大部分成员国已经完成了转换，余下的少部分成员国也已经开启开发 CCS 法律法规的进程。

为推动 CCS 的大规模实施，欧盟委员会于 2005 年与几十家欧洲能源企业、非政府组织、研究机构、学界和金融机构共同建立零排放平台（ZEP）。该平台与能源密集型产业密切合作，为欧盟政策制定者如何推进 CCS 大规模部署提供一系列建议。

同时，北美碳封存一体化也取得新进展。北美建立了包括美国 43 个州、加拿大 4 个省共 350 多个组织的七个区域性碳封存合作倡议，比较各种 CCS 项目的优势，为不同区域提供最佳方案。

2012 年 5 月 1 日，美国、加拿大和墨西哥三国能源部联合发布了北美地区适合碳封存操作地点的图册。图册对碳排放来源和具备不同地质特点的封存点进行梳理，为提高石油采收率（EOR）和解决汇源匹配提供准确的数据信息。

4.1.3 有关 CCS 的各种国际组织和国际论坛在多边舞台上异常活跃

尽管国际气候谈判陷入僵局，但是有关 CCS 的各种国际组织和国际论坛在提供资金、健全法律和监管机制以及推动清洁能源计划等方面的合作非常频繁。主要国际组织和国际论坛多边合作状况，见表 4－1。

4.1.4 CCS 的双边合作也蓬勃发展

尽管引领 CCS 前进的主力是发达国家，但要实现减排目标，需要加强依赖化石燃料的发展中国家 CCS 能力建设。包括欧盟、澳大利亚、挪威和英国政府在内的许多国家在促进发展中国家能力建设方面做出了努力。

中国目前是全球最大的温室气体排放国，也是大型一体化项目数量最多的发展中国家（11 个）。中国这一独特的身份吸引了发达国家对中国清洁能源技术的大量投资，并与中国在 CCS 领域展开密切合作。2005 年，欧盟与中国建立“气候变化伙伴关系”，此后二者相继发起中欧煤炭利用近零排放合作项目（NZEC）、中欧碳捕集与封存的合作行动（COACH）、中欧碳捕集和封存监管活动支持项目（STRA CO_2）、中欧地质埋存潜力评估项目（Geo Capacity）等。这些项目涉及 CCS 发展政策、捕集技术、封存评估等多个领域，为中国 CCS 发展提供了资金、技术等方面的支持。此外，中国也与美、加、澳、日等发达国家建立了各种 CCS 合作关系，如中美清洁能源中心、中意 CCS 技术合作项目、中澳 CO_2 地质封存合作项目（CAGS）等。

4.2 CCS 国际合作存在的不足

尽管 CCS 国际合作取得了一定的成就，但合作的广度和深度不够，合作的动力不足，而且合作的前景并不乐观。

4.2.1 国家间的合作举步维艰

首先，发达国家减排的政治意愿下降且矛盾重重。受集体行动逻辑①的影响，《多哈系列协议》虽然从法律上确定了《京都议定书》第二承诺期于 2013 年开始

① 由于国家理性（利益）与人类理性（利益）之间存在冲突，任何集体行动都不可避免地面临同一困境：集体行动中，那些理性的、国家利益至上的成员不会自动行动起来，主动增加集体利益。这样的个体一旦增多，使得集体其他成员意愿度降低和集体获益减少，最后导致整个集体的行动难以开展。

表4-1 主要国际组织和国际论坛多边合作状况

国际组织/论坛	内容	时间	协议/成果
G8	CCS资金、技术和政策	2005年	首次承诺资助CCS
		2006年	首次承诺资助CCS
		2007年	首次承诺资助CCS
		2008年	承诺到2010年支持启动20个大规模的CCS示范项目，到2020年广泛推广
		2009年	重申2008年承诺 加速与CCS技术开发和推广相关的政策、监管、激励措施的制定
		2010年	承诺建立低碳和气候友好经济
		2011年	未提及CCS
国际能源署(IEA)	CCS法律和监管问题	2007年	《二氧化碳封存的法律问题：更新和建议》
		2008年	建立国际CCS监管网络
	CCS监测和风险评估	2004年	建立CCS监测网络
		2005年	建立国际风险评估网络和井孔完整性评估网络 开发监测选择工具箱
	CCS政策和财政支持	2012年	发布首份清洁能源进展报告，要求各国为大规模CCS示范项目加快政策和财政支持
	CCS技术路线图	2013年	发布了2013年版本的《碳捕集与封存(CCS)技术路线图》报告
清洁能源部长会议(CEM)	11项清洁能源动议	2010年	“全球能效挑战”动议：促进高能效家用电器的普及，制定楼房和工业用建筑节能标准，加速智能电网的建设，推广电动汽车，以及与发展中国家分享节能减排经验 “清洁能源供给”动议：碳的捕集、储存和使用，太阳能、风能、生物质能和水力发电
亚太清洁发展和气候伙伴关系(APP)	通过技术合作促进清洁技术的开发、应用和转让	2006年	通过了关于建立新伙伴计划的宪章、联合公报和行动计划三个重要文件 在钢铁、铝业、水泥、发电、煤矿等八个领域成立了相应的工作组 澳、美分别承诺提供7500万美元和5200万美元支持各种环保节能计划
碳收集领导人论坛(CSLF)	促进成员国及国际社会在CCS领域开展交流与合作	2003年	通过《碳收集领导人论坛宪章》，促进有关国家在碳收集技术方面的合作
		2009年	呼吁哥本哈根气候大会考虑将CSS技术纳入可能达成的新全球协议 发达国家有必要通过技术转让、资金支持等多种形式帮助发展中国家发展和推广CCS技术
		2011年	《公报》宣布启动发展中国家能力建设倡议并资助12个项目 美国能源部(DOE)的3个项目出现在CSLF网站的年度项目组合上，向全球社区提供最新进展
主要经济体能源与气候论坛(MEF)	主要发达国家和发展中国家能源技术合作	2009年	启动一个全球伙伴计划以加强国际合作，推动向低碳和气候友好技术转型，同时在全球加快推广部署清洁能源技术

实施，但是日本、加拿大、新西兰、俄罗斯等国接连从第二承诺期中脱离，加入美国的行列，而近来日本、澳大利亚等更进一步降低了其减排目标。欧盟虽然原则上同意加入《京都议定书》第二承诺期，但是在成员国债务缠身、民众强烈反对以及政府态度消极的影响下，在2015年前修建12个大规模CCS试验项目的承诺和在2020年前将CCS技术完全商业化运作的目标很可能难以兑现和完成。受福岛核泄漏的影响，欧洲一些国家正在关闭核电厂，新建燃煤电厂，在减排问题上出现严重倒退。

出于国家经济利益和人类共同利益优先度的权衡考虑，大国之间进行着激烈的气候政治经济博弈。欧盟主导的《京都议定书》国际气候模式不断受到美国的冲击。美国在气候外交中奉行单边主义，不仅拒绝批准《京都议定书》，而且为了避免被边缘化，美国还分别发起了“氢能经济国际伙伴计划”“碳收集领导人论坛”“甲烷市场化伙伴计划”“第四代国际论坛”“再生能源与能源效益伙伴计划”等游离于联合国气候变化谈判之外的合作机制。

广大发展中国家正处于工业化、城镇化快速发展阶段，发展经济、改善民生是发展中国家当前的首要任务。再加上在技术可靠性、经济可行性与环境安全性方面还有待提高，发展中国家普遍对CCS持一种观望态度。

近年来，发展中国家内部开始产生分歧，经济发展迅速的发展中大国、小岛屿国家联盟、石油输出国组织（OPEC）、热带雨林国家等各有自身利益，难以形成应对发达国家主导和控制的国际气候谈判的统一战线。特别是小岛屿国家联盟，他们对发展中大国无约束的CO_2排放并能够获得更多的国际援助资金和技术尤为不满。

发达国家过去两百多年工业化所排放温室气体是造成当前全球气候变化的主要原因，而发展中国家则是气候变化不利影响的最大受害者。因此，《联合国气候变化框架公约》规定，发达国家一方面要大幅度量化减少其温室气体排放，另一方面要向发展中国家提供资金、转让技术和支持其能力建设。然而，一直以来，发达国家在履行这些义务方面进展缓慢。

CCS是一个技术密集型的项目。尽管CCS捕集、运输和封存三大环节应用的技术都源自一些已成熟的技术，如化学工业的捕集技术、石油开采中的提高采收率技术，但是要将这些技术应用于不同的工业系统，已有的成熟技术还需经过或多或少的改进。而且，在降低能耗、成本和提高安全性等方面也亟待关键技术的创新和突破。然而，迄今为止，应对气候变化的国际技术转让基金和国际技术开发与转让机制都没有取得实质性进展。一方面，许多仍处于工业化初期的发展中国家依靠一己之力无法承担自主研发和使用CCS技术的重任，亟需发达国家技术的援助和转让。另一方面，发达国家作为CCS核心技术的拥有者，以保护知识产权为由，为向发展中国家转让CCS技术设置重重障碍。

CCS是资本密集型的低碳技术，从立项到运行需要大量的资金投入。目前，CCS的发展主要依赖政府公共资金和私人投资。此外，国际金融机构，如世界银行（WB）、欧洲投资银行（EIB）和亚洲开发银行（ADB）等提供的优惠贷款以及出口信贷机构的资金支持也是CCS重要的资金来源。然而，CCS在世界范围内普遍存在着巨大的资金缺口，且缺乏明确的投融资机制。2012年，根据哥本哈根大会和坎昆大会的决议所设立的联合国绿色气候基金（GCF）正式启动。但发达国家承诺的资金总量仅为数十亿美元，至2020年能否达到每年1000亿美元的目标还存在不确定性。

不仅如此，发达国家还力图把发展中国家捆绑在一起承诺减排。发达国家认为发展中国家的温室气体排放正在快速增加，如果发展中国家不参与全球减排行动，将抵消发达国家为减排所做出的各种努力。在具体的气候谈判中，发达国家把发展中国家承担明确具体的减排义务以及进行相应的减排行动，作为提供国际资金和技术援助的前提条件。发展中国家适当减排行动（NAMA）和基于新市场机制（NMBMs）就是在这一背景下产生的。受能力和经验的限制，发展中国家在国际制度设计过程中处于从属和学习的地位，无法有效地参与国际规则的制定。

4.2.2 将CCS纳入清洁发展机制（CDM）还存在诸多挑战

首先，由于规模庞大，CCS项目可能会“排挤掉”其他类型清洁发展机制项目。根据预测，短期内CCS技术的广泛应用可以在2008—2012年使每年清洁发展机制的0.38 Gt的组合信用额增加一倍多。

其次，从2005年向CDM的执行理事会（EB）提议开始，CCS是否应该纳入CDM机制的问题就一直备受争议。各国出于本国利益的考虑，对CCS纳入CDM机制褒贬不一。因为大部分CCS项目目前都处于示范阶段且未做长期性能表现的考察，因此大多数环保组织对CCS被纳入CDM机制的看法并不乐观。这些不同态度和意见会削弱甚至破坏该协议的权威性，妨碍该协议的贯彻和实施。

最重要的是有关专家指出，由于CCS目前尚无一项合法的基准线方法学，进入碳市场的实际减排量难以准确计算，CCS纳入CDM在项目边界、持久性、渗漏、可持续发展性四个方面存在严重障碍。对于那些有资质可以申请的CCS项目，这意味着要通过一系列非常严格的环保测试以及相关的风险评估，在最终获得CCS核证减排量（CERs）之前，还有很长的路要走。此外，CCS在正式作为CDM项目开发前，项目的执行准备和机构的能力建设还都需要相当长时间，不可能马上发挥作用。CCS纳入CDM面临的具体障碍和应对措施，见表4-2。

表 4 – 2 CCS 纳入 CDM 面临的具体障碍和应对措施

问题	具体障碍	应对措施
项目边界	CCS 捕集、运输、封存等过程产生间接排放	项目基准线应该考虑到“捕集”或“储存”的 CO_2 并不代表减排量，而排放“避免”才应该是减排量
持久性	不能保证所有储存在地质库中的 CO_2 都能永久性地不泄漏出来	要使用持久性期望值高的封存储层，尽可能减少潜在的泄漏风险 监测的时限应当从注入和入计期以外延长到封存点关闭后，项目开发商应当在同一规定的时限内继续监测 在计入期中发生泄漏，要在当年的基准线中扣除这个泄漏量；在入计期后发生泄漏，要明确相关权责的分担
渗漏	上游排放（捕集、运输和封存 CO_2 所需的额外能源）和下游排放（EOR 和 ECBM 导致化石能源消费）	上游排放应当视作渗漏，并且逐个案例计算 下游排放是否应该计算在渗漏之内，目前还没有定论
可持续发展性	很难说明 CCS 项目是否满足了“可持续发展性”	造成一定的环境风险，通过可靠的监测方法和风险防范措施来解决 与封存的大量温室气体相比，所增加的能源消耗对减缓气候变化的贡献是微不足道的

4.2.3 碳交易市场和碳价格无法助力 CCS 融资

《京都议定书》的生效催生了国际碳交易体系。2005 年 1 月 1 日，由 27 个欧盟成员国组成的碳交易体系（EU – ETS）正式运作。它是世界上首个多国参与的碳交易体系，也是全球最大的碳交易体系。其他主要碳交易市场有英国排放交易体系（UK – ETS）、澳大利亚国家信托（NSW）和美国芝加哥气候交易所（CCX）等。此外，中国、日本、印度、南非、韩国和中国台湾等国家和地区也在积极筹建国家碳市场。

目前而言，研发和示范阶段的 CCS 项目仅靠政府公共资金，还不可能使 CCS 项目变得经济可行，要实现 CCS 项目商业化，还需要市场来筹集巨额资金。把 CCS 纳入国际碳交易市场有助于解决 CCS 项目融资问题，有助于转移、开发与推广 CCS 技术，以提高和促进减排行动的成本效益。然而目前，世界上不存在统一的国际碳交易市场，各区域性碳交易市场的管理规则不尽相同。而且，现存的碳交易市场是一个政治支撑的市场，它的发展受制于国际气候政治。目前，除了欧盟减排态度依然坚定之外，其他碳交易市场的未来不确定性极大。

稳定且具有吸引力的碳价是保障 CCS 投资的关键。近年来，受金融危机影响，世界各国经济普遍衰退或发展放缓，工业排放也大幅度降低，这导致碳价格连年下跌。目前，欧洲碳价格已经从2008年7月的28.73欧元/t的峰值震荡下跌到2013年4月的2.63欧元/t，这是2005年EU－ETS成立以来的最低价。碳价格长期低位徘徊让EU－ETS处于崩溃的边缘，也令投资商热情大减。CCS技术处于早期阶段，如果没有适当的减排激励机制，较低的市场价格不足以促进对CCS项目的投资。

总之，在全球气候变化的严峻挑战下，为了实现《哥本哈根协定》中将21世纪全球气温升幅控制在2℃以下的减排目标，围绕CCS展开的国际合作在全球、区域、多边和双边领域都取得了一定的进展。但是，在妥善处理国家利益与人类共同利益之间的辩证关系、尽早排除CCS纳入CDM机制的障碍和建立健全全球碳金融体系等方面，CCS的国际合作面临诸多挑战，前景堪忧。

5 CCS 区域知识共享现状分析

CCS项目系统复杂、技术和资金密集，对于早期示范而言，开展恰当的知识共享活动可以高效地与广大利益相关者沟通，传递项目的经验和教训，有助于其发展和推广。

知识共享主要包括知识提供者与使用者之间的信息共享、知识共享和经验共享，还涉及两者之间诸多互动过程中的合作。无论是对于提供者还是使用者，知识共享都是双赢——知识的使用者可以在前人经验教训的基础上继续发展；知识的提供者可以在相关领域主导市场、赢得信誉，还可以在与使用者之间的交流中改进思路，获得收益。此外，知识共享不止共享“知识产品”，它还是连接人们的纽带。通过直接（比如面对面的回答问题、利用数字化网络技术等）或者间接（比如各种正式编写的报告、公开出版的著作等）的互动方式，知识共享为知识提供者与使用者之间的合作提供了重要的桥梁和平台。

5.1 CCS 区域知识共享现状

为了提高公众对 CCS 的理解、推动 CCS 商业化进程、培育全球 CCS 研究团队和强化 CCS 风险管理，世界上的许多国家和地区，包括北美、欧盟、澳大利亚和中国等，纷纷发起 CCS 知识共享倡议。世界主要国家或地区知识共享情况，见表 5－1。尽管知识共享的形式、内容和机制各有不同，但是所有公共财政资助的 CCS 示范项目参与知识共享已成为一种普遍现象。

目前，知识共享框架以区域为单位蓬勃发展，在项目技术研发、工程建设、相关政策法规、跨国/区域合作模式和机制等方面建立了具有战略性的机制和框架。一些发达国家和地区已开发出了不同成熟度的知识共享框架，其他地区正在以这些框架为基础设计自己的知识共享框架。在这些知识共享机制和框架中，欧盟委员会和全球碳捕集与封存研究院（GCCSI）开发的知识共享框架，较好地满足了项目开发商和CCS利益相关者的特殊需求，已被用作未来构建区域知识共享的设计模板。

此外，在项目开发商之间的合作方面，一些国家、地区和国际组织把“受资助的CCS示范项目需共享从项目实践中获得的关键经验和重要教训”的知识共享条款纳入正式的资助协议中。在利益相关者之间的知识共享方面，以GCCSI为代表的国际研究机构区分、定义不同的利益相关者，通过各种渠道和方式，向各种利益相关者有针对性地提供基于事实的、更集中的数据、信息和知识，满足不同CCS利益相关者的需要，并将这些利益相关者联合起来，共同推进知识、信息合作以及CCS商业化的向前发展。

表5-1 世界主要国家或地区知识共享情况

国家、地区或国际组织	知识共享法律、协议	知识共享的主要内容	知识共享成果
澳大利亚	以GCCSI的知识共享框架为基础	细化受资助项目的知识共享方案，将知识共享方案的资金包括在前期可行性研究的启动资金中 在知识产权保护范围内，受资助的项目开发商同意分享项目提纲、分析报告并设置知识共享专业工作人员	
加拿大		受资助CCS项目需向政府提供每季度最新的信息和年度进展报告，同时参与知识共享框架的制定和实施	加拿大自然资源部的内部资源库 建立加拿大碳管理部门(CMC)
欧盟	《欧洲CCS示范项目网络协议》	欧委会欧洲能源复兴计划（EEPR）资助的所有CCS项目开发商要积极参与知识共享的主题研讨会，并按照一系列的知识分类定期向公共网站和外部网站提供最新的知识、发布信息和说明情况 每年召开咨询会议，邀请欧委会官员、欧洲零排放化石燃料发电厂技术平台（ZEP）、欧盟成员国代表、CCS示范项目组、研究组织、非政府组织、国际组织和其他利益相关者参与讨论平台进展情况，并确保在CCS项目网络活动中产生的最有用的知识能够有效共享	2010年11月，欧盟碳捕集与封存（CCS）技术示范的支持平台—CCS项目网站正式启动（http://www.ccsnetwork.eu/）
荷兰	荷兰国家研究和创新计划CATO-2	构建包括企业、研究机构、高等院校和其他非政府组织在内的CCS知识共享网络	

表 5-1（续）

国家、地区或国际组织	知识共享法律、协议	知识共享的主要内容	知识共享成果
英国	CCS 示范项目招标的知识共享协议	参与示范项目的专家交流 项目技术性总结报告 技术考察和工作借调 专门的研讨会 高校学生实习	
美国		能源部通过启动清洁煤技术和清洁煤电厂计划共享信息、资源 能源部下属的国家能源技术实验室（NETL）制定知识共享倡议	NETL 官方网站：www.netl.doe.gov/ 数据共享网站：http://en.openei.org/wiki/Main_Page
全球 CCS 研究院		要求受其资助的项目要提供项目报告、案例研究、方法、文件和公众情况说明书等综合内容 争取获得其他一些示范项目的资源和信息，并将其放入专门的知识管理库 同一些 CCS 机构或者政府签署正式的知识共享协议	最先进的、基于 Web 的网络共享平台：http://www.globalccsinstitute.com

5.2 CCS 区域知识共享存在的不足

尽管区域知识共享现已取得很多重要的进展，但是一些老问题和新挑战依然影响它的发展。

5.2.1 知识共享的不对称和分散化

知识在国家、地区和组织等知识主体之间的分配是不对称的。目前，发达国家如加拿大、澳大利亚、荷兰、英国、美国以及欧盟拥有较成熟的区域知识共享机制和框架。而大多数发展中国家的知识共享机制和框架还处于分散孤立状态或者开发的早期阶段。建立以全球 CCS 项目开发商与利益相关者的需求为导向的全球 CCS 知识共享体系，必须将发展中国家尤其是新兴经济体纳入知识共享体系。

5.2.2 已有的知识共享机制和框架还有待进一步完善

一方面，各项目开发商共享的大量数据和信息虽然是科研机构第一手资料的重要来源和政府制定政策的重要依据，但是在大多数情况下，这些数据和信息的透明度和开放度较小，而且公布的数据和信息一般都经过了调整和修改，已经不再是“原汁原味”的初始数据和信息。此外，各项目开发商提供的数据和信息应用的衡量指标、采集方法有所不同，相对独立、缺乏统一标准的不同项目的数据和信息往往不具可比性，而难以整合成有价值的参考资料。

另一方面，作为知识共享框架中的重要组成部分，早期 CCS 示范项目的经验、案例研究和其他实验性的内容为未来 CCS 项目的更进一步发展提供借鉴和指引。但是各个项目的经验往往具有很强的个案性，不具有普遍性。

5.2.3　知识共享机制的最大挑战是保护知识产权问题

CCS 是一个技术密集型的项目，从 CO_2 的捕集、运输到封存，每个环节都涉及不同的技术，每项技术都涉及知识产权的问题。知识产权对 CCS 技术研发和推广具有两重性——既为技术创新提供动力，又有可能成为技术推广的障碍。

目前，国际上仍缺乏有效的促进国际技术转让的机制。拥有先进 CCS 技术的发达国家出于各种因素考虑，在履行《联合国气候变化框架公约》及《京都议定书》中向发展中国家转让技术的义务和承诺方面进展缓慢。

为了增强与利益相关者的沟通，传递项目的经验和教训，所有公共财政资助的 CCS 示范项目参与知识共享，已成为一种普遍现象。一些发达国家和地区已开发出了不同成熟度的知识共享框架，其他地区正在以这些框架为基础设计自己的知识共享框架。然而，由于知识共享的不对称和分散化、已有知识共享机制不完善和国际技术转让机制难产等问题的存在，CCS 区域知识共享仍有很长的路要走。

6 CCS 公众参与现状分析

公众参与是环境保护的一项基本原则②，也是 CCS 项目管理的重要组成部分。虽然公众参与不是决定 CCS 项目成败的唯一因素，但是对于许多 CCS 项目来说，它对于创建和谐的项目运行环境至关重要。除少数获得批准的、地理位置偏远或在私人用地上进行的 CCS 项目外，所有的 CCS 项目都必须争取当地主要利益相关者的信任和支持。

随着各种 CCS 项目的规划和实践，CCS 公众参与的重要性显得越来越突出。对于 CCS 项目开发商来说，公众参与既是机遇也是挑战。一些项目开发商开展了积极的公众参与实践，顺利地获得了利益相关者的认可和支持，但也有很多项目因为公众反对而被迫延期、修改甚至终止。尽管各地公众参与的策略和方式各有不同，但是尽早开展公众参与活动，投入时间、金钱和努力加强与当地主要利益相关者之间沟通和理解，争取公众认同和信任，是项目开发商普遍的共识。目前，大部分 CCS 项目都有针对性地引入或者正在开发各类型的与利益相关者交流互动的公众参与战略。

6.1 CCS 公众参与现状

经过多年的实践，项目开发者已经能够妥善地处理与当地主要利益相关者的关系。项目开发商主动召开听证会、座谈会，或者通过网站、媒体、海报、宣传单发布各种有关 CCS 的信息，并给持不同意见的利益相关者提供参观、调研等的交流平台，了解他们的各种疑虑和满足他们的利益诉求，以及时化解公众负面情绪，避免恶意抵制行为发生。同时，考虑到公众对 CCS 的认知较少，项目开发商积极通过与技术专家、研究机构和非政府组织等的合作，为公众

②1992 年 6 月，联合国环境与发展大会通过的《里约宣言》明确规定："环境问题最好是在全体市民的参与下，在有关级别上加以处理。每一个人应当能适当地获得公共当局所持有的关于环境的资料，包括在其社区内的危险物质和活动的资料，并应有机会参与各项决策进程，各国应通过广泛提供资料来便利及鼓励公众的认识和参与。"

宣传普及有关CCS的基本知识和提供基于事实的、可信的、公开的信息源。主要项目的公众参与方式，见表6-1。

表6-1 主要项目的公众参与方式

项目名称	所采用的公众参与方式	收效与成果
Barendrecht项目（荷兰）	召开正式的听证会 项目公布一年后，在大型购物中心设立信息中心 网站宣传及新闻发布会 国家部长进行私人访问	因缺乏当地人的支持而长期延误，最后被取消
瓦卢拉项目（美国）	召开分组座谈会 给公众提供项目相关信息 项目现场参观	开发商修改场所选址方案后，消除社区居民的抵制情绪
未来电力项目（美国）	强调经济发展远景 与当地居民面谈并普及项目相关知识 召开公众听证会	当地居民因得益减少而拒绝项目的修订方案
奥特韦（Otway）项目（澳大利亚）	正式的社会科学评估以及双向协商会议 成立社区居民咨询小组 选派社区公众联络人	获得当地大力支持
詹姆斯敦项目（美国）	召开社区会议 提供CCS相关信息 CCS专题讨论会 媒体宣传	仍有部分居民强烈反对
卡森项目（美国）	联合国家和地方官员召开简报会 为社区主要团体、组织召开简报会 强调项目效益	
拉克（Lacq）项目（法国）	提早与政府监督机构共同召开简报会 召开公共磋商会议 项目现场参观 与当地居民召开单独会议及信函交流 市政当局专题讨论会 进行公众调研	项目顺利运营
CO_2Sink凯钦（Ketzin）项目（德国）	公开报告 网站宣传 野餐、现场参观	受到社区居民支持

表 6-1（续）

项目名称	所采用的公众参与方式	收效与成果
特纳斯卡开拓者项目（美国）	与当地社区代表共事 提供可靠可信的信息 持续关注利益相关者的变化	项目顺利进入定义阶段
PurGenOne 项目（美国）	强调项目效益 公众社会价值取向调研	回应反对者安全疑虑的修订方案被当地接受
ROAD 项目（荷兰）	受训项目技术人员与利益相关者进行平等的交流	
QUEST 项目（加拿大）	社区调研 召开公众听证会 兑现社区反馈的承诺	项目顺利进入建设阶段
COMPOSTILLA 项目（西班牙）	通过 CIUDEN 了解当地社区、政策制定者、媒体等不同利益相关者的情况 把技术人员、学术界和媒体代表组成的“交流组”整合到项目管理中 对特定人群提供不同的信息和制定不同的交流对策 培训项目技术人员 组织访问和现场参观	

各国政府也制定明确的国家减排政策和中长期减排目标，投入巨额的公共资金支持 CCS 技术攻关和 CCS 项目的运行。欧盟、美国、澳大利亚、加拿大、挪威等政府间组织或国家都制订了相应的减排规划，在各领域开展 CCS 技术的理论、试验、示范和应用研究，并已在一些项目上有了成功的实例。目前，各国也在推动 CCS 项目评估、审批和监测的法律法规的制定和执行，为 CCS 商业推广提供严格、有效的财政体系、监管框架和责任机制。政府的这些工作有力地改善了公众对 CCS 风险的认知和疑虑。

此外，针对公众对 CCS 技术的认知和支持，各国政府、研究机构和国际组织已经开展了很多的研究和调查。国际能源署（IEA）、世界资源研究所（WRI）、美国能源部（DOE）、澳大利亚联邦科学与工业研究组织（CSIRO）以及全球碳捕集与封存研究院（GCCSI）等机构在这一领域做了大量工作，进行了很多重要的早期研究。2012 年 8 月，GCCSI 尝试编制了第一套教育材料，将有关 CCS 和低碳技术的资源整合到中小学的教学课程中。这种可大规模实施的创新教育方式，对于推广和普及 CCS 具有积极作用。尽管目前仍面临很多问题，但是澳大利亚已率先将这些资源融入到学校的 CSIRO 的可持续发展项目——“碳小孩”，通过教师的教育教学活动，帮助学生了解更多关于气候变化和低碳技术的知识，鼓励学生参与相关的科学研究。目前，GCCSI 正着手扩大该资源在其他国家的推广应用。

6.2 CCS 公众参与存在的不足

CCS 公众参与仍然面临很大的挑战，这些挑战对 CCS 商业化推广的影响日益突出。

首先，CCS 自身的束缚。尽管 CCS 在未来减排贡献中潜力巨大，但政治家们对其巨额的资金投入和能源消耗颇有异议；与可再生能源相比，它也很难获得环保非政府组织的支持；捕集、运输尤其是封存技术的安全性以及对环境的长期影响更容易招致公众的疑虑和恐惧。

其次，公众认知差异带来的挑战。在能源与全球气候变化问题的认识上，普通公众的一般认知还处于较低水平。对于作为应对全球气候变化的重要工具之一——CCS，公众或者不知道或者知之甚少。再加上企业追求利润最大化，会对社会造成负外部性，致使公众对 CCS 商业化行为信任度进一步降低。近来一些环境事件频发，更使公众对项目开发商的负面印象不断加深。在某种程度上，这些问题也导致公众对有利于 CCS 发展的政府规划和项目开发商实践的支持相对较低。

规划中的大型 CCS 示范项目中的部分公众参与活动缺乏互动性和连贯性，一些项目在立项、评估、定义或者运行的不同阶段分别遇到不同程度的阻力，详见表 6-2。而且，不同地区项目开发商的重视度亦有所差异。与欧洲、北美发达国家相比，目前发展中国家 CCS 项目数量较少，公众参与未得到足够的重视。随着未来 CCS 在更多发展中国家的推广，开发适合发展中国家 CCS 公众参与的战略需求将更加强烈。

表 6-2　CCS 项目不同阶段的主要阻力

项目阶段	阻力分析
立项	公众的漠不关心或者误解 地方政府相关部门的决策和相关法规 媒体和环保非政府组织的立场和倾向
评估	公众、各类关注团体的利益诉求和抗议 地方政府的相关部门和法规的修改与调整 媒体舆论的导向和环保非政府组织的意见反馈
定义	协调主要利益相关者的要求与项目规划之间的差距
建设	公众和各类关注团体新的利益诉求 媒体、环保非政府组织防范和应对各种风险的要求
运行	对规划执行的监督 对违法行为的投诉 直接利益相关者的补救诉求 兑现社会责任和其他承诺

最后，缺少理论与经验的支撑。目前，对 CCS 社会科学研究的发展仍处于早期阶段，可供利用的案例研究较少，主要以总结早期 CCS 示范项目的经验为主，仍处于“边做边学”的状态，不具全球性，尚未开发出普遍适用的 CCS 公众参与战略。未来这一工作仍将继续。

要达到 CCS 减缓温室气体排放的效果，增强公众对 CCS 的认识和参与是必不可少的。经过多年的实践，在政府、项目开发商和研究机构的联合努力下，CCS 的公众参与战略已初具成效，有力地促进了项目的建设和发展。但是，未来还需要在消除 CCS 自身的束缚、弥合公众认知差异以及加强理论和经验研究等方面做更多的工作。

7 本篇主要结论

就当前的实际而言，CCS 是实现碳减排目标的一个重要途径，而突破技术障碍是其真正走上商业化道路的前提。

对 CCS 技术的发展现状进行评估，大致可以得出以下结论：

（1）单从技术层面看，燃烧后捕集技术适用性更好，而且技术工程方面已经得到较好发展，不存在难以克服的技术障碍；而相比之下，燃烧前捕集技术已经过了示范项目的验证，但富氧燃烧仍处于技术发展的早期阶段，发展前景仍待观察。

（2）从经济层面看，三种不同方式 CCS 技术成本差异较小，富氧燃烧和燃烧前捕集技术略有优势，但这种成本优势受不同电厂和不同煤种的影响很大。目前，对于三种技术的研究将步入大规模一体化示范阶段，这也从某种角度表明：任何一种捕集技术都还不具备绝对的优势，随着各项技术的进步以及相关法律的出台或者政府相应的政策刺激，任何一项技术都有可能成为商业化推广的可能性。

（3）从运输和封存技术的现状看，结合现有的技术和项目情况，CCS 的全面商业化推广将很可能依赖一种复杂的运输基础设施，通过利用管道和船舶的共享网络与许多 CO_2 排放源一起连接到封存点，但该复杂运输网络的构建还需面临一系列风险。而最易于实现 CO_2 封存的技术是 EOR，因为与其配套的法规和基础设施均已较为齐备。但检测技术和风险评估系统的发展还相对迟滞，这将成为阻碍 CCS 长足发展的一大障碍。

（4）从 CCS 项目的发展进程来看，近三四年间大型项目的数量基本保持不变，但随着碳排放压力的不断增大和技术本身逐渐趋于成熟，示范项目一直在缓慢增加。目前而言，政府资助仍是项目推行的主要资金来源，但政府资助 CCS 项目的规模受全球经济的影响较大，近几年低迷的经济态势使得资助规模受到了较大的限制。从各国 CCS 项目的发展状况看，发达经济体要显著地领先于发展中经济体，可以预计发达国家在未来一段时间内仍将继续领跑全球 CCS 项目的发展。但随着发展中国家能源消费和 CO_2 排放量的增加，环境压力逐步加大，其发展 CCS 的动力也会日益增强。但有一点需要指出的是：虽然各国在这个过程中均表现出较强的政治意愿，以推动全球 CCS 的发展，且很多国家也正在采取或计划采取积极的行动，助力其发展，但是成本高昂、资金短缺、效益低下仍然是 CCS 项目实现商业化的最主要障碍。

（5）CCS 项目的发展除了需要依托自身技术的发展及项目运行的设计外，外部环境的好坏亦会直接影响 CCS 项目的推进速度和最终成效。相比较而言，发达国家（主要集中在北欧和美洲）实施的碳税政策比发展中国家要早，为碳减排技术的发展提供了政策法律支持，因而相对而言其 CCS 技术和项目的发展速度也相对领先于其他地区。发展中国家近年面临越来越大的环境压力，碳排放压力日益增大，已引起了各国政府的重视，大多数国家已经对碳税政策做出规划，这将为 CCS 技术和项目的发展创造更有利的环境。在碳减排共识的促进下，有关 CCS 的国际合作和区域知识共享机制也在不断完善，但仍然面临很多现实问题，这都有可能成为 CCS 发展的障碍。

参考文献

[1] 马小军，黄全胜．气候变化：国际制度前景堪忧［N］．学习时报，2007－11－26.

[2] 国际能源署（IEA）．二氧化碳捕集与封存：碳减排的关键选择［M］．能源与环境政策研究中心（CEEP）译．北京：中国环境科学出版社，2010.

第 2 篇

CCS技术的成本竞争力分析

本篇主要是对CCS技术碳减排成本的深入研究。CCS技术作为一种减缓温室气体排放技术得到了长足的发展，但减排成本过高仍严重制约着该技术大规模商业化发展的进程。针对现有CCS项目，通过典型案例研究，对CCS技术全流程各环节分别进行经济技术评价，得出其碳减排效益与成本。进一步与包括水电、太阳能、风能等其他CO_2减排技术进行综合比较，分析CCS技术的减排成本竞争力。在此基础上对CO_2强化石油开采（CO_2-EOR）的减排效益和经济效益进行技术经济评价，可以看出CCS技术结合CO_2-EOR的减排成本相较大多数可再生能源的减排路线更具成本有效性，进而提出CO_2利用技术对于弥补CCS技术的高成本劣势，推动CCS向商业化应用发展具有重要意义。本篇对CCS技术的减排成本竞争力分析的结论，为CCS商业化路径的设计提供了支撑和依据。

8 CCS 技术经济分析方法及工具

8.1 技术分析

8.1.1 能效分析

能源效率（简称能效）是指在能源利用中，发挥作用的能源量与实际消耗的能源量之比。从工程的角度看，能效是指生成的产品与所消耗的总能源量之比。

以煤为原料的产品主要有电、热、化工产品等，相应的就可用发电效率或供电效率、热效率、产品煤耗等能效指标来标识各技术的能效水平。

发电厂通常采用发电效率或供电效率来评价发电机组能效水平：

发电效率
$$\eta_e^{out} = \frac{e_{out}}{E_{in}} \tag{8-1}$$

其中，e_{out}为机组电力输出；E_{in}为能量输入，通常为燃料的低位热值。

供电效率
$$\eta_e^{grid} = \frac{e_{grid}}{E_{in}} \tag{8-2}$$

其中，供电量e_{grid}是指电厂实际上网电量，等于发电量减去厂用电。厂用电一般使用厂用电率来衡量，即

$$\eta_e^{used} = \frac{e_{out} - e_{grid}}{e_{out}} = 1 - \frac{e_{grid}}{e_{out}} \tag{8-3}$$

燃煤电厂发电效率和供电效率受机组主蒸汽参数及机组容量影响较大，中国现有最先进的1000 MW超超临界机组的发电效率不超过45%，2010年中国火电机组按机组容量统计的发电效率和供电效率见表8－1。

通常采用热效率$\eta_h = \frac{H_{out}}{E_{in}}$来表示供热机组能效水平，其中$H_{out}$是机组的供热负荷。

表8-1　2010年中国火电机组效率

单位装机容量/MW	发电效率/%	供电效率/%
平均	39.6	37.1
6<容量<100	36.8	33.8
100<容量<200	37.4	34.3
200<容量<300	38.6	35.3
300<容量<600	39.8	37.2
600<容量<1000	40.9	38.7
1000	43.9	41.9

对于纯供热机组来说，蕴藏在煤内的能量基本上都转化成了热，所以其热效率很高，通常在90%以上。而对于热电联产电厂来说，虽然也有总热效率的概念，但它未区分热和电的能量品质，仅表示热电厂能量的输出与输入的比例关系，并不能与纯发电机组的发电效率和纯供热机组的热效率进行直接比较。通常，可用热量法、实际焓降法、做功能力法等进行热电煤耗的分摊计算，再分别计算各自的发电效率和供热效率。

同样对于煤化工企业，可采用单位产品标煤耗量 $C_{used}=\dfrac{Coal_{used}}{Product}$ 来描述能效水平。其中，$Coal_{used}$ 为煤的消耗量，$Product$ 为生产的产品。前面所述的燃煤电厂也可采用此种方法，即用发电煤耗（产生单位电量所消耗的标煤量）来标识发电机组的能效水平。

能效分析相对简单，在获得生产过程的基本物质能量平衡基础上即可进行，无需特殊分析工具。因此，能效分析已成为各工厂的常态化工作。

8.1.2 "火用"分析

在传统的能效分析中，仅能体现能源量的利用程度，而无法区分能源品质。为了评判能源品质的高低，引入了"火用"的概念。"火用"是指当系统由一任意状态可逆地变化到与给定环境相平衡的状态时，理论上可以无限转换为任何其他能量形式的那部分能量，即系统的最大可用能。"火用"可用式（8-4）进行计算：

$$Ex=(H-H_0)-T_0(S-S_0) \tag{8-4}$$

其中，H 为系统焓值；H_0 为环境焓值；T_0 为环境温度；S 为系统熵值；S_0 为系统熵值。

在可逆过程中，不出现能的贬值变质，所以"火用"的总量守恒；但在不可逆过程中，不可避免地发生能的贬值，部分"火用"将"退化"为不可用能，即

成为“火用”损失。因此，在进行“火用”分析时，必须计入各项“火用”损失，才能保持“火用”平衡，即

$$Ex_{in} = Ex_{eft} + Ex_{loss} + Ex_{out} \tag{8-5}$$

其中，Ex_{in}是系统供给“火用”值；Ex_{out}是系统出口“火用”值；Ex_{eft}是有效“火用”；Ex_{loss}是“火用”损失。

与能效定义类似，“火用”效率指有效“火用”与供给“火用”的比值：

$$\eta_{ex} = \frac{Ex_{eft}}{Ex_{in}} = 1 - \frac{Ex_{loss} + Ex_{out}}{Ex_{in}} \tag{8-6}$$

“火用”效率从量和质两个方面分析能量的利用情况，比能效方法更加深入地揭示能源有效转化程度和利用效果。进行“火用”效率分析时，依据分析目的和要求不同，可将系统分解成详细程度不一的子系统，并在建立各子系统质量和能量平衡的基础上，分析计算各子系统“火用”损失及总系统的“火用”效率。总体来说，“火用”分析计算比较复杂，需对系统有深入了解，通常在对系统进行改进时使用。

8.1.3 能值分析

不同种类、不同性质的能量具有不同的质量，且有很大的等级差异。例如，前面所述热电厂产生的 1 J 电能和 1 J 热能是不一样的，在对系统进行能量分析中不能直接将它们相加减。为了解决这个难题，美国生态学家 odum H. T. 提出了能值的概念：一种流动或储存的能量中包含的另一种类别的能量的数量。因各种资源、产品或劳务在形成过程中均直接或间接地来自太阳能，故在实际应用中多以太阳能为基准，用太阳能焦耳（sej：Solar Emjoule）为单位来度量不同类型能量的能值。

能值转换率即形成每单位物质或能量所含有的另一种能量之量，它是衡量能量等级的尺度。能值分析中常用太阳能值转换率，即形成每单位物质或能量所含有的太阳能之量，单位为 sej/J 或 sej/g。用公式可以表达为

$$\text{A 种能量(或物质)的太阳能值转换率} = \frac{\text{应用的太阳能焦耳}}{\text{1 J(或 1 g) A 种能量(或物质)}}$$

通俗地讲，能值转换率就是每焦耳某种能量或每克某种物质相当于由多少太阳能焦耳的能值转化而来。能量的能值转换率越高，表明该能量的能值越高，亦即在能量系统中的等级阶层越高。在能量转化链中，随着能量流动和转化，能量数量逐步减少，能质逐渐增高，能值转换率增加。例如，在太阳能→原木→煤炭→电的简单能量转换链中，能量从低等级的太阳能转化为较高质量的生物质能，再传递、转化为更高质量、高密集的化学能和电能，太阳能值转换率是不断增加的：电能 >

煤（化学能）> 原木（有效能）> 太阳能（表 8 – 2）。

表 8 – 2　常用能量及物质的能值转换率

名　称	能值/(sej · J^{-1})	名　称	能值/(sej · J^{-1})
太阳能	1	原油	5.40×10^{4}
风能	1.5×10^{3}	天然气	4.80×10^{4}
雨水化学能	1.80×10^{4}	原木	3.20×10^{4}
雨水势能	1.00×10^{4}	褐煤	3.70×10^{4}
海浪能	3.00×10^{4}	煤炭	1.06×10^{4}
潮汐能	1.70×10^{4}	水泥	3.30×10^{10}
河水化学能	4.10×10^{4}	玻璃	8.40×10^{8}
水电	8.00×10^{4}	塑料	3.80×10^{8}
火电	1.60×10^{5}	钢及钢材	1.40×10^{9}
表土层损失能	7.40×10^{4}	铝及铝材	1.60×10^{10}
原煤	4.00×10^{4}	铜及铜材	6.80×10^{10}

根据各种资源（物质、能量）相应的太阳能值转换率，可将不同类别能量（J）或物质（g）转换为统一度量的能值单位（sej）。这样，能值分析可以把难以统一度量的各种物质流、能量流和经济流（不论是自然资源，还是商品、劳务，甚至信息和教育）转换成同一标准的能值，并以此进行定量评价和分析。近期，能值分析已扩张应用到一般工业系统中。

8.2　经济分析

经济分析主要是根据现行的财务制度、税务制度和现行的价格，对建设项目的费用和效益等经济状况，进行测算和分析的一项研究工作。通过经济分析，定性、定量地判断建设项目在经济上的可行性、合理性及有利性，从而为投资决策提供依据。

工程经济分析一般分 5 个阶段：即设计备选方案、估计现金流量、折算等值成本、不确定性 – 风险分析、多方案比较和选择。工程项目各年的费用和效益不尽相同，应将其折算为同一基准年的价值，选定以下方法分别计算不同的经济指标。

8.2.1　净现值

将项目计算期内各年的经济净效益流量，用社会折现率折算到项目建设期初的现值之和，称为净现值“*NPV*”，即

$$NPV = \sum_{t=1}^{n} (B - C)_t (1 - i)^{t-1} \tag{8-7}$$

其中，B 为经济效益流量；C 为经济费用流量；$(B-C)_t$ 为第 t 年的经济净效益流量；n 为计算期，以年计；i 为社会折现率。

净现值是反映项目对社会经济净贡献的绝对量指标。从经济分析的角度看，净现值结果等于或大于零的项目是可以被接受的；值越大，表明该项目所带来的经济效益越大。

8.2.2 内部收益率

内部收益率（*IRR*）是指能使项目在计算期内净现值等于零时的折现率，即工程方案做到盈亏平衡时的折现率，即

$$NPV = \sum_{t=1}^{n} (B - C)_t (1 - IRR)^{t-1} = 0 \tag{8-8}$$

内部收益率是从资源配置角度反映项目经济效益的相对量指标，表示项目占用的资金所能获得的动态收益率，反映了资源配置的经济效率。项目的内部收益率等于或大于社会折现率时，表明项目对社会经济的净贡献达到或者超过了社会折现率的要求，有较好的经济效益，该方案在经济上是可行的。

8.2.3 单位产品成本

单位产品成本（COU，单位为元/t）是指能使项目在计算期内净现值等于零时的单位成本，是项目维持营收平衡的最低单位产品收益。单位产品成本是按社会折现率折算，将项目计算期内净费用之和均摊到每年每一产品上，可表示为

$$COU = \frac{\sum_{k=0}^{N} \frac{D_k - R_k}{(1+i)^k}}{\sum_{k=0}^{N} \frac{Q_k}{(1+i)^k}} \tag{8-9}$$

其中，D_k 为第 k 年成本（包括投资和运行维护费用），单位为元；R_k 为第 k 年收益（包括副产品收益、回收设备残值和回收流动资金），单位为元；Q_k 为第 k 年的产品产量，单位为 t；i 为折现率；N 为项目周期（包括建设期和运营期，第 0 年表示建设起始年）。

美国卡内基梅隆大学(Carnegie Mellon University)以在美国建设 CCS 为背景，编制了专门用于估算 CCS 成本的软件 IECM（Integrated Environmental Control Model）。由于 IECM 中使用的均是基于美国的数据，并且数据封装在程序中，实践证明其并不适用于估算中国 CCS 成本。

8.3　环境影响分析

环境影响分析是指对项目实施后可能造成的环境影响进行分析、预测和评估，提出预防或者减轻不良环境影响的对策和措施。

8.3.1　排放清单（IPCC）

人为温室气体排放是引起全球气候变化的主要原因，也是环境影响分析的重点监测对象。政府间气候变化专门委员会（IPCC）于2006年发布了《2006年IPCC国家温室气体清单指南》，提出了燃料燃烧、工业过程、农业过程、废弃物处理等过程中温室气体排放的核算方法：

$$E_{GHG} = PEF_{GHG} \tag{8-10}$$

其中，E_{GHG}是温室气体排放量；P是燃料使用量或产品产量；EF_{GHG}是温室气体排放因子。

若想更准确地估算温室气体排放，可在分析具体流程物质、能量平衡的基础上计算排放因子；此外，也可采用行业、地区或国家平均排放因子进行估算；若这些数据仍然无法获得，则可采用IPCC报告提供的缺省排放因子。

8.3.2　全生命周期分析

排放清单仅能评价产品生产过程中的污染物排放，但这种评价方法并不全面，有可能存在污染物排放转移到原料生产过程或者废弃物处理过程排放量更大等问题。例如，氢基燃料电池发电过程非常清洁，只产生水；但燃料电池原料——氢气的大规模制备源自化石燃料，其制备过程要排放大量的CO_2。因此，整体来看燃料电池发电并不那么清洁，只是把CO_2排放转移到了氢气制备。

全生命周期分析则避免了这种仅对生成过程进行评价的片面性，生命周期分析是在产品工艺或活动等研究系统整个生命周期内进行资源和环境影响评价，包括原材料的提取和加工，产品生产，产品运输和分配，产品使用、再使用和维护，直至再循环和最终废物处置整个阶段。

全生命周期分析一般包括如下四个方面：

（1）目标定义和范围界定。研究目的中应阐明依据研究结果将做何决定，需要什么信息，达到何种细节水平，以及为了什么目标；在研究范围界定中，要清楚地描述系统功能、系统边界、数据要求、假定条件、限制条件、原始数据质量要求等。范围应定义得足以保证研究的广度和深度与要求的目标一致；某些情况下，由于某种没有预见到的限制条件、障碍或其他信息，研究目标本身也可能需要修正。

（2）清单分析。清单分析是对产品、工艺或活动等研究系统整个生命周期阶段资源和能源的使用，以及向环境排放废物等进行定量分析的技术过程。清单分析开始于原材料获取，结束于产品的最终消费和处置，其生命周期分析的一般范围如图 8 - 1 所示。一个完整的清单分析能为所有与系统相关的投入和产出提供一个总的概况。

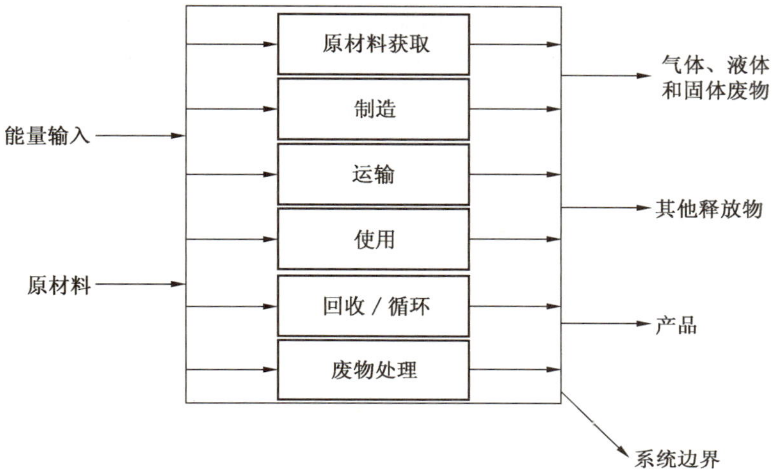

图 8 - 1　生命周期分析的一般范围

（3）影响评价。将清单数据进一步与环境影响联系起来，让非专业的环境管理决策者更容易理解。

（4）结果解释。这一部分得出整个研究的最后结论，是对系统假设、数据选取和分析结果的全面评价。主要内容包括分析结果的一致性和完全性检验，分析可信度的检验，产品系统的改进分析，以及提出减少该产品或者活动系统环境威胁的改进措施。

SimaPro 和 GaBi 是目前使用最广泛的生命周期评估软件。SimaPro 软件的最大特点是整合不同的数据库，还可以使用其他生命周期软件开发的数据；对于环境影响评估可利用不同的特征化、标准化及权重的方法；选单式的指令便于使用，使用者无须花太多时间学习生命周期评估的过程。GaBi 整合产业界与研究单位的清单数据库，拥有 800 种不同能源与材料流程；可自动计算复杂流程图，可进行敏感度分析、冲击分析与成本分析。SimaPro 和 GaBi 虽然都拥有众多的数据库，但仍然缺乏中国数据。

8.4　技术经济分析方法发展趋势

随着社会的发展，技术、经济或环境影响单方面的评价，已不能满足经济技术分析的需要。当前，经济技术分析的发展趋势是对经济、技术和环境影响指标，进行综合评价和优化。除了应用前述分析方法组合对产品生产过程进行分析外，利用全生命周期分析方法，对产品全生命周期内的资源、成本、排放进行全面分析，已成为新的研究热点。此外，还可利用CGE一般均衡模型或MARKAL模型，对区域能源进行经济技术分析和优化；但由于这些是自顶向下的模型，并不适用于产品生产过程。

9 中国 CCS 技术经济分析

CCS 按照技术环节可分为 CO_2 捕集（含压缩）、CO_2 运输和 CO_2 封存。本章将以中国作为案例，分别介绍这三个技术环节的技术经济分析结果及其启示。

9.1 CO_2 捕集技术经济分析

CO_2 捕集是指从 CO_2 集中排放源中将 CO_2 分离出来的过程。依据 CO_2 分离位置和燃料燃烧方式的不同，CO_2 的捕集系统主要有燃烧后捕集、燃烧前捕集、富氧燃烧捕集等三种。

9.1.1 NZEC 项目案例技术经济分析

当前，对 CO_2 捕集系统性能的研究主要依靠案例分析来进行。中英煤近零排放项目（Near Zero Emmission Coal，NZEC）对中国主力煤电技术实施 CO_2 捕集前后的性能进行了研究。下面以 NZEC 报告为例，对中国未来煤电 CO_2 捕集系统的性能进行探讨。

1. 技术性能

如图 9－1 所示为 NZEC 报告中中国燃煤电厂实施 CO_2 捕集前后的电厂效率（LHV），表 9－1 总结了采用这三种 CO_2 捕集技术所引起的系统供电效率下降幅度。

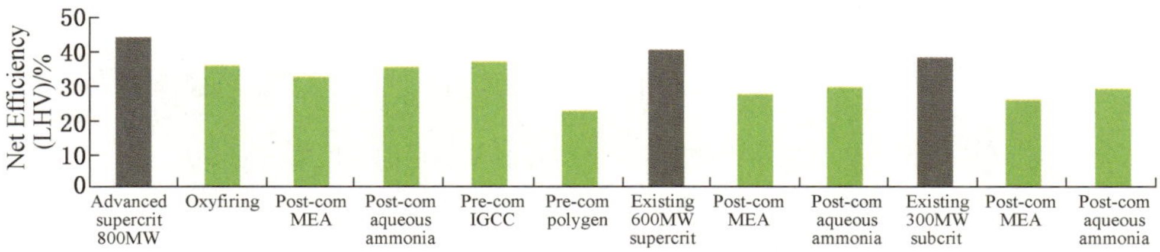

图 9－1 中国燃煤电厂实施 CO_2 捕集前后的电厂效率（LHV）

表9-1 CO_2 捕集技术所引起的系统供电效率下降幅度

捕集技术	燃烧后捕集			燃烧前捕集	富氧燃烧捕集
技术类型	亚临界	超临界	超超临界	干煤粉气化炉（TPRI）	超超临界
绝对下降幅度/%	11~12	11.3~12.3	10.8~11.8	7.1	8.3
相对下降幅度/%	29~31	28~31	25~26	16	19

采用燃烧后捕集技术后，亚临界、超临界、超超临界机组效率都下降了11%~13%，相差不大。原因可能在于，燃烧后捕集 CO_2 造成的能量损失在很大程度上是由所采用的脱碳单元自身特性决定的，而与蒸汽参数没有太大的直接联系。采用燃烧前捕集或富氧燃烧捕集技术后，机组供电效率下降了大约7%~8%。

无论采用燃烧后捕集、燃烧前捕集还是富氧燃烧捕集技术，系统发电净效率相对下降幅度都很大（达16%~31%）。捕集系统供电效率下降主要是源于捕集能耗的增加：燃烧后捕集和燃烧前捕集主要来自于 CO_2 压缩电耗和溶剂再生热耗；而富氧燃烧捕集技术则主要来自于空分单元电耗和 CO_2 压缩电耗。

2. 经济性能

NZEC报告估算了中国2009年各种 CO_2 捕集系统的单位投资、发电成本和 CO_2 减排成本等，给出了其分布区间及相对增长幅度。

（1）单位投资。单位投资是用来表征形成单位电力生产能力所需的费用，其等于机组固定投资与机组毛功率之比。图9-2所示为NZEC报告中中国燃煤电厂实施 CO_2 捕集前后的电厂单位投资，表9-2则显示了NZEC报告中中国 CO_2 捕集电厂单位投资的增幅变化。

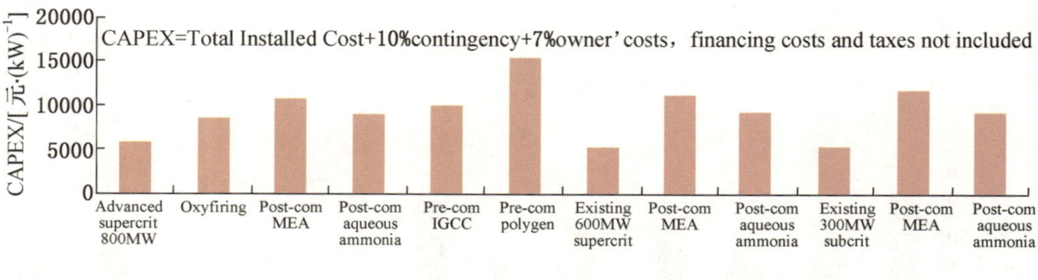

图9-2 中国燃煤电厂实施 CO_2 捕集前后的电厂单位投资

由表9-2可知，无论是燃烧后捕集系统、燃烧前捕集系统还是富氧燃烧捕集系统，其单位投资成本都比未实施 CO_2 捕集的机组显著增加。单位投资成本大幅升高的主要原因有两个：一个是捕集系统增加的直接投资，另一个是由于供电效率大幅下降导致相同投资下的 CO_2 捕集机组的发电规模变小。

表 9－2 CO_2 捕集电厂单位投资的增幅变化

捕 集 技 术	MEA 燃 烧 后 捕 集			燃烧前捕集	富氧燃烧捕集
技术类型	亚临界	超临界	超超临界	TPRI 干煤粉气化炉	超超临界
单位投资/[元·(kW)$^{-1}$]	11566	11110	10735	10049	8646
单位投资/[美元·(kW)$^{-1}$]	1779	1709	1651	1546	1330
增加幅度/%	118	111	84	72	48

采用燃烧后捕集技术后，亚临界、超临界和超超临界机组的单位投资都相差不大，在 11000 元/kW（1709 美元/kW）左右。但相比未捕集 CO_2 的常规煤粉机组 5000～6000 元/kW（769～923 美元/kW）的单位投资，采用燃烧后捕集技术的燃煤机组单位投资猛增：亚临界、超临界机组单位投资增幅达到了 100% 以上，超超临界机组增幅虽较小，但也达到了 80% 以上。采用燃烧前捕集技术后，IGCC 机组的单位投资在 10000 元/kW（1546 美元/kW）左右，与超超临界燃烧后捕集机组相当。富氧燃烧捕集的单位投资在 8500 元/kW（1330 美元/kW）左右，投资增幅约 50%。

（2）发电成本。发电成本指产生单位电量所需的费用。图 9－3 所示为 NZEC 报告中中国燃煤电厂实施 CCS 前后的未含税发电成本。表 9－3 则显示了 NZEC 报告中中国 CO_2 捕集电厂发电成本的增幅变化。

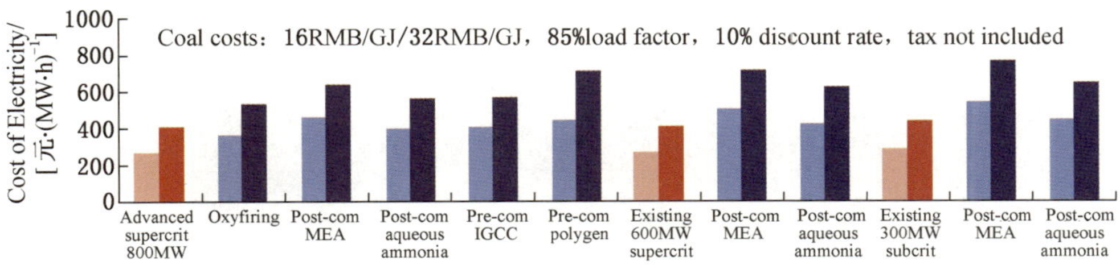

图 9－3 中国燃煤电厂实施 CCS 前后的未含税发电成本

表 9－3 CO_2 捕集电厂发电成本的增幅变化

捕 集 技 术	MEA 燃 烧 后 捕 集			燃烧前捕集	富氧燃烧
技术类型	亚临界	超临界	超超临界	TPRI 干煤粉气化炉	超超临界
发电成本/[元·(MW·h)$^{-1}$]	545	512	463	413	369
发电成本/[美元·(MW·h)$^{-1}$]	84	79	71	64	57
增加幅度/%	93	90	71	52	36

由图9－3和表9－3可以看出，在实施了CO_2捕集后，中国燃煤机组的发电成本增幅巨大。其中，采用燃烧后捕集技术后，亚临界、超临界和超超临界机组的发电成本依次递减，相比未捕集CO_2的常规煤粉机组的发电成本，即使是增幅较小的超超临界机组，增加幅度也达到了70%以上。采用燃烧前捕集技术后，IGCC系统的发电成本增幅约52%。富氧燃烧系统发电成本最低，增幅约36%。

（3）CO_2减排成本。CO_2减排成本指减少单位产品CO_2排放所需的费用。图9－4为NZEC报告中中国燃煤电厂的CO_2减排成本。从图中可以看出，对于燃烧后捕集系统，亚临界机组和超临界机组的CO_2减排成本要明显高于超超临界机组。IGCC燃烧前捕集系统和富氧燃烧捕集系统的CO_2减排成本甚至更低。

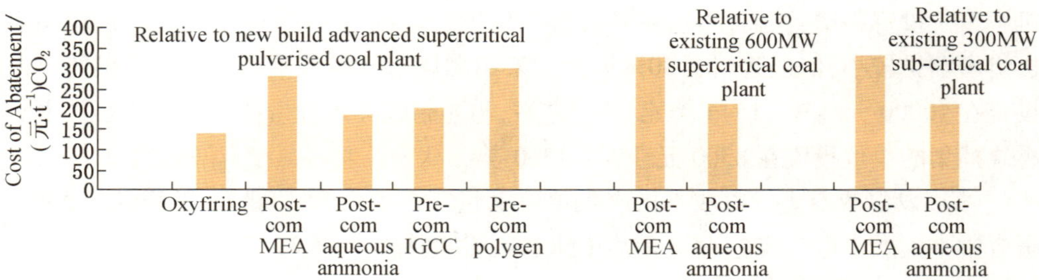

图9－4 中国燃煤电厂的CO_2减排成本

电厂CO_2减排成本计算方法：

$$Cost_{CO_{2avoided}}=\frac{COE_{capture}-COE_{non-capture}}{[CO_2/(kW\cdot h)]_{non-capture}-[CO_2/(kW\cdot h)]_{capture}}$$

式中 $Cost_{CO_{2avoided}}$——减少电厂1 t CO_2排放的成本；

$COE_{capture}$——捕集CO_2的发电厂的单位发电成本；

$COE_{non-capture}$——未捕集CO_2的发电厂的单位发电成本；

$[CO_2/(kW\cdot h)]_{non-capture}$——未捕集$CO_2$的电厂单位发电量的$CO_2$排放量；

$[CO_2/(kW\cdot h)]_{capture}$——捕集$CO_2$的电厂单位发电量的$CO_2$排放量。

3. 环境影响

采用CO_2捕集技术后，CO_2排放量有明显下降，从800～900 g/(kW·h)降到了100～200 g/(kW·h)(图9－5)。与其他捕集系统相比，富氧燃烧捕集系统除了深冷提纯设备外无其他CO_2外泄口，能够较容易实现更高的CO_2捕集率和更低的单位CO_2排放量。

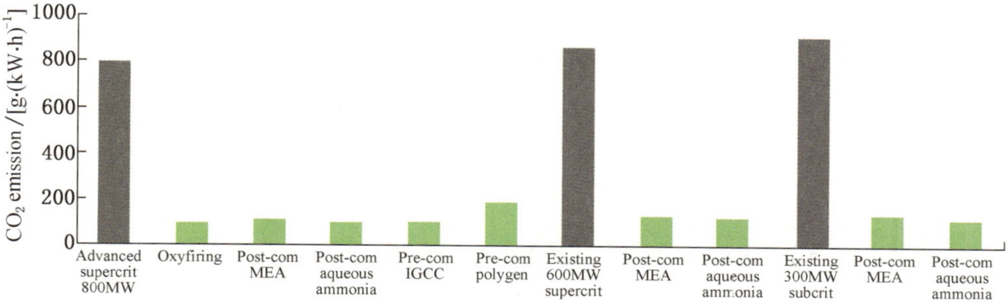

图 9 - 5 燃煤电厂 CO_2 排放量

9.1.2 其他 CO_2 捕集技术经济分析

火电厂是中国最大的 CO_2 集中排放源，因此，中国对电厂实施 CO_2 捕集的经济性进行了充分的研究。表 9 - 4 列出了这些研究的基本假设和主要结果。从这些研究的结果可以看出，富氧燃烧减排成本在 140 ~ 200 元/t（22 ~ 31 美元/t），燃烧后捕集的减排成本在 170 ~ 340 元/t（26 ~ 52 美元/t）。但这些均为假想系统的经济估算，可能会与实际系统有较大的差距。

9.2 CO_2 运输技术经济分析

在 CCS 工程环节中，把 CO_2 从捕集点运输到封存地点是一个重要的连接性步骤。CO_2 通常有管道运输、船舶运输、公路运输和铁路运输等运输方式。

9.2.1 技术性能

1. 管道运输

按照管道内的 CO_2 相态，CO_2 管道运输可以分为气相运输、液相运输和超临界运输。

气相运输时单位质量 CO_2 占据的体积非常大，所需管道尺寸也会非常庞大，从而导致单位运输成本过于昂贵。一般仅在 CO_2 流量小、运输距离短的情况下使用。

超临界是指物质的压力和温度分别超过临界压力 P_c 和临界温度 T_c 时的一种特殊相态。CO_2 的临界压力和临界温度分别为 7.38 MPa 和 31 ℃时，纯净 CO_2 的相态图如图 9 - 6a 所示。在超临界状态下，CO_2 的密度与液态下的相仿，而黏性却和气态下的类似，比液态下的黏性低 100 倍左右。从成本角度来看，超临界运输可使用

表9-4 CO_2 捕集电厂的技术经济分析结果

研究者	黄斌	熊杰	熊杰	晏水平	王云	邢晓娜	迟金玲
基准时间	2008				2008	2011	2011
煤价		2 美元/GJ	2 美元/GJ			580 元/t	686.73 元/t
经济周期				20 a	30 a	20 a	20 a
建设时间					3 a	1 a	2 a
基准电厂							
技术类型	亚临界	亚临界	亚临界		亚临界	亚临界	水煤浆激冷流程
发电功率/MW	845	297.4436	297.4436		558	564.85	399.05
煤耗	295 g/(kW·h)					309.01 g/(kW·h)	172.83 t/h
利用小时数		8000	8000	5500	6000	7200	6000
CO_2 排放量	0.95 kg/(kW·h)	281.8 t/h	281.8 t/h		0.80 kg/(kW·h)	0.9531 kg/(kW·h)	
捕集电厂							
捕集技术	MEA	富氧燃烧	MEA	15% MEA 膜接触器	富氧燃烧	微富氧燃烧	
供电功率/MW		232.9436	245.9636		438.53	393.21	362.97
捕集率	85%	90%	90%		90%		
CO_2 排放量		28.18 t/h	28.18 t/h		0.23 kg/(kW·h)	0.1191 kg/(kW·h)	
CO_2 捕集量	0.65 t/h				5685.04 t/d		
CO_2 压力	0.14 MPa						
经济性分析							
原发电成本		28.86 美元/(MW·h)	28.86 美元/(MW·h)		47.34 美元/(MW·h)	0.3505 元/(kW·h) 0.054 美元/(kW·h)	0.458 元/(kW·h) 0.070 美元/(kW·h)
带捕集的发电成本		45.862 美元/(MW·h)	49.049 美元/(MW·h)		63.80 美元/(MW·h)	0.5312 元/(kW·h) 0.082 美元/(kW·h)	0.580 元/(kW·h) 0.089 美元/(kW·h)
发电成本增加	0.139 元/(kW·h) 0.021 美元/(kW·h)						
减排成本		20.572 美元/t	24.241 美元/t		28.93 美元/t	216.65 元/t 33.3 美元/t	169 元/t 26 美元/t
捕集成本	170 元/t (26.1 美元/t)			137.6 元/t 1.2 美元/t			138 元/t 21.2 美元/t

比气相运输尺寸更小的管道，又能够将运输过程中的能耗保持在较低的水平，是 CO_2 管道运输的理想状态。

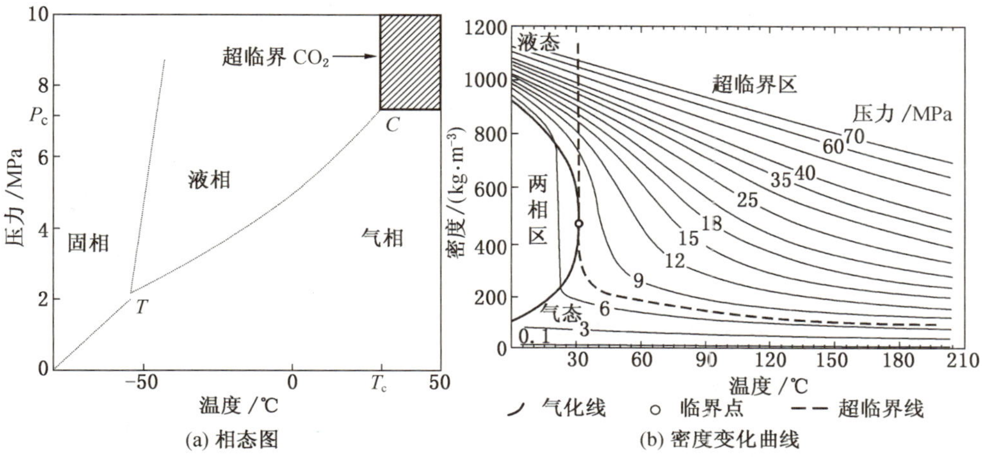

图 9－6　纯净 CO_2 的物性图

但由于受管道周围环境的影响，要保证管道中的 CO_2 始终处于超临界状态往往是比较困难的。而 CO_2 如果从超临界状态变为密相液态时（压力超过临界压力而温度低于临界温度），由于 CO_2 的密度和黏性变化都不大（图 9－6），对管道内 CO_2 的流动影响不大。因此，CO_2 管道运输对温度要求较为宽松，管道处在普通的自然环境下一般都能满足要求，所以很多时间 CO_2 是以密相液态的形式运输的。

管道运输对 CO_2 压力的要求则非常严格，要绝对避免管道内 CO_2 压力降至临界压力以下，防止出现 CO_2 气化，影响管道运输安全。因此，CO_2 管道的运行压力范围与 CO_2 临界压力之间保持较大的裕度，并通过在管道沿线设置加压泵站的方式，以保证管道内 CO_2 的压力始终高于 CO_2 的临界压力。现阶段美国的 CO_2－EOR 管道的运行压力一般为 8.62～14.96 MPa（高于临界压力 7.38 MPa），运行温度则一般处在 3～43 ℃之间。

2. 船舶运输

在某些情况或地点，使用船舶运输 CO_2 从经济角度讲更具吸引力，尤其是需要长途运输 CO_2 或将其运至海外。类似于使用海洋油轮进行大规模商业运输石油液化气（LPG），可以使用船舶以大体相同的方式将 CO_2 运输到沿海接收终端，之后再通过槽车或高压钢瓶装运等方式运输到用户。

船舶运输的储槽主要有三种类型：压力型、低温型和部分冷却型。压力型是通过加压使沸点升高，在常温下保持液态；低温型则是将温度降低至常压沸点之下，在常压下保持液态；部分冷却型则是通过同时降低温度和增加压力来保持液态。大部分小型的运输装置采用压力型，而大规模的液化天然气及液化石油气运输则以低温型为主。

从 CO_2 物性图（图 9－6）可以看出，在常压下，降温并不会出现液态 CO_2，而只能得到干冰或成为固态 CO_2。因此，CO_2 船舶储槽只能是压力型或是部分冷却型。目前，部分冷却型比较受造船厂欢迎，船舶储槽的设计值为（－54 ℃，0.6 MPa）和（－50 ℃，0.7 MPa）之间。

在船舶运输过程中，CO_2 部分泄漏到大气中，总的泄漏量约为每 1000 km 3%～4%，包括蒸发和货船尾气排放。

3. 公路、铁路运输

（1）非绝热高压钢瓶装运。钢制高压气瓶按设计压力分为 30 MPa、15 MPa、12.5 MPa 等级别，国家标准规定液体 CO_2 均用 15 MPa 压力级钢瓶。在充装时，液体 CO_2 充装系数为 0.6，即每升容器最多装 0.6 kg 液体 CO_2。高温的夏季充装系数应降为 0.58 以下，冬季可升到 0.6～0.62。

（2）低温绝热容器装运。国外 CO_2 的储运广泛采用低温储存技术，一般是将液态 CO_2 分装在低温绝热储槽内，运输采用拖车、卡车或火车。储槽温度范围为－20～－30 ℃，压力约 1.5～2.5 MPa。储槽容量根据需要设计，可以为 2 t、5 t、10 t 和 15 t，在国外，最大为 50 t。储槽是按国际标准设计的，槽外用聚苯乙烯或聚氨酯保冷，保冷层外为铝皮保护层，槽体材质为高质碳钢。为维持低温状态，还应配装制冷系统，通常制冷功率为 125 W/t CO_2。当液体 CO_2 长距离装运时，要使用机动轨道车，机动轨道车装载量一般为 72.5 t。表 9－5 给出了液体 CO_2 的储存方式。

表 9－5　液体 CO_2 的储存方式

液体 CO_2 的储存方式	常温高压气瓶		低温低压储槽		
	HPC－25*	HPC－30*	VJC－175	VJC－1000	LTU－1000
压力/MPa	7.85	5.88	1.96	1.96	1.96
温度/℃	50	20	－18	－18	－18
充装量/kg	25	30	160	9000	10000
容器质量/kg	75	50	140	1100	5000

注：* 表示该容器为中国型号，其余为日本昭和碳酸公司型号。

中国研制出一种低温 CO_2 槽车，其内胆用 16MnDR 制成，用聚氨酯发泡材料作为绝热材料，外层为保护壳体。储槽的主要技术参数如下：

储罐容积	5 m^3
满载总质量	14000 kg
工作压力	2.45 MPa
安全阀起跳压力	2.50 ~ 2.56 MPa
工作温度	-25 ℃
防爆膜爆破压力	2.74 MPa
充满率	95%

国产 CO_2 槽车和国外槽车的性能对比见表 9-6。现场使用表明，国产槽车的主要设计指标已达到国外同类型槽车的指标，可以满足长途运输的要求。

表 9-6 国产 CO_2 槽车与国外槽车的性能对比

类 型	容积/L	充装量/kg	工作压力/MPa	工作时间/h	自然升压/($MPa \cdot d^{-1}$)
意大利 T-6000	6830	6400	2.16	200	0.059
国产 CCP-5/25	5000	4800	2.45	100	0.098

与传统的高压钢瓶运输形式相比，低压下储存和输送液体 CO_2 不但安全，而且更加经济。如用常温高压法运输 8 t CO_2 需用钢瓶 240 个，钢瓶总质量约 16 t；如改用低压法运输时则只需一台质量为 4 ~ 5 t 的槽车即可，显然其运输费用将成倍下降。

9.2.2 经济性能

中国的 CO_2 运输还处于起步阶段，所以对 CO_2 运输成本的研究较少。清华大学张东杰等对中国管道 CO_2 运输成本进行了估算；浙江大学高蓝宇等对 CO_2 管道运输、船舶运输和铁路槽车运输成本进行了对比研究；张建府、王宝群等在其 CCS 成本分析中对 CO_2 管道运输进行了估算。这些研究的结果见表 9-7。

结果表明，槽车运输适用于流量小、距离短的 CO_2 陆上运输，否则成本会很高；CO_2 管道运输是最节省成本的大规模 CO_2 陆上运输方法；对于长距离的海上 CO_2 运输，还可以考虑船舶运输。CO_2 管道运输单位成本随着运输量的增大而减少，随着运输长度的增长而增大。但 CO_2 管道运输单位成本并不是随运输量及运输长度呈线性变化，当 CO_2 运输量及运输长度增大到一定程度时，CO_2 管道运输单位成本变化并不明显。CO_2 管道运输成本与捕集成本相比要小很多。

表9-7 CO_2 运输成本估算

作者	张东杰	高蓝宇	高蓝宇	高蓝宇	张建府	王宝群
运输方式	管道	管道	船舶	铁路槽车	管道	管道
运输长度/km	500	300	300	598	35	100
CO_2 运输量	1 Mt/a	4000 t/d	4000 t/d	4000 t/d	7784.32 t/d	
运输压力/MPa	13.8	15.2	0.65		14	
管道尺寸/mm	250	323.85			254	
总投资		331429737元（50989190美元）	273000000元（42000000美元）		9320160美元	
运行维护费用		13257189元/a（2039567美元/a）	12830468元/a（1973918美元/a）		137655美元/a	
单位运输成本	74.52元/t（11.5美元/t）	43.13元/t（6.6美元/t）	36.84元/t（5.7美元/t）	77.35元/t（11.9美元/t）	0.6756美元/t	12元/t（1.8美元/t）

9.3 CO_2 封存技术经济分析

9.3.1 技术性能

在CCS的定义中，CO_2 地质封存是指将排放源捕集得到的 CO_2 注入地质构造中，利用地质构造的封闭作用将 CO_2 长期与大气相隔离的过程。一般来说，CO_2 地质封存项目的实施流程应包括：地质勘查/评估、选址、建立地质模型/制定运行、监测和风险评估方案、立项申请与审批、钻井/相关基础设施建设、监测基准线测量、项目运行、封井和项目关闭，以及封存项目关闭之后的管理等一系列关键步骤（图9-7）。

9.3.2 经济性能

CO_2 地质封存的投资成本主要在于钻井、基建和项目管理。对某些项目，可能存在封存区内的管道投资，以使 CO_2 从中心设备运输到各注入井；这时候这个成本也计入埋存成本。对EOR、EGR以及ECBM项目，还需要额外的基础设施来处理开采出来的油气。某些地方，基础设施和矿井的重复应用可以降低成本；在另一些地方，可能需要额外的费用来修补废弃的矿井。

此外，封存成本还需要包括在封存之前办理许可证的成本，选址以及埋存区评估所需的地质、地球物理以及工程可行性研究的成本等。运行成本包括人力成本、维修成本以及燃料成本。

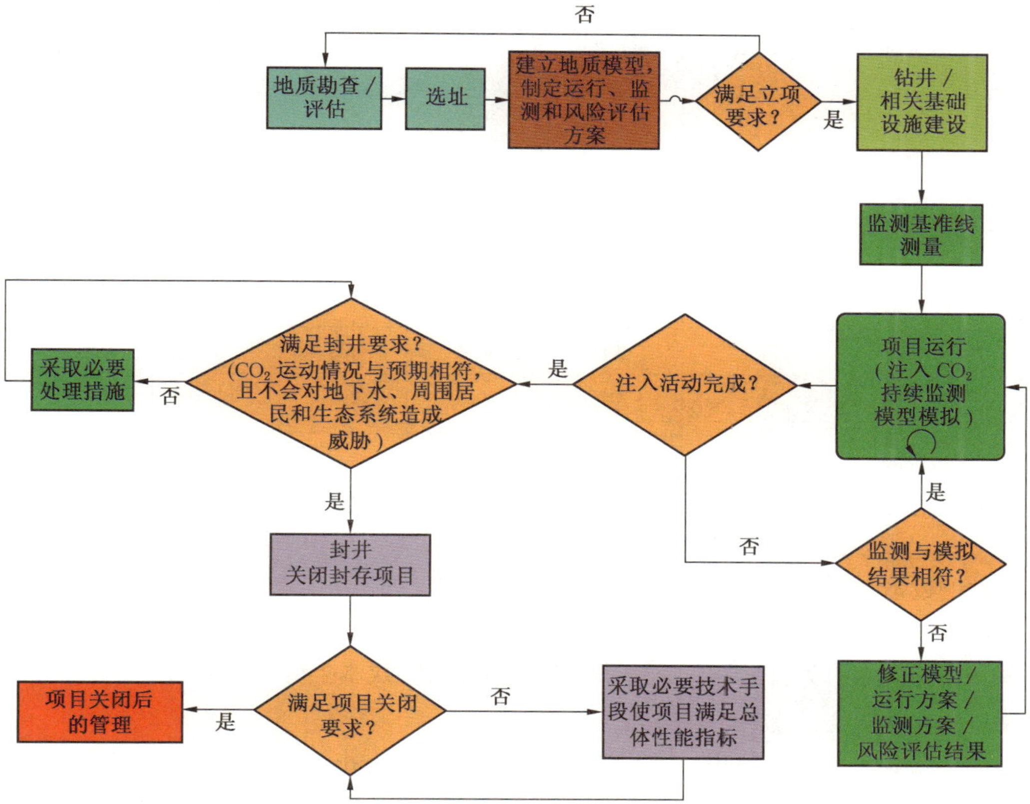

图 9－7　CO_2 封存一般流程

需要说明的是，在 CO_2 地址封存项目中，监测成本通常和封存成本分开描述。监测成本取决于法律法规以及监测的时间。当封存时间很长时，可能还需要计入修补成本，但到目前为止还没有这方面的评估。

表 9－8 给出了美国、澳大利亚、欧洲等不同国家和地区的 CO_2 地质封存成本。在某些案例中，封存的成本包括了压缩、管道运输以及防腐措施的成本。这些评估包括初始投资成本、运行维护成本以及封存成本，但是不包括监测成本、补救成本以及满足长期地址封存要求所需要的其他额外成本。

上述研究表明，在深部盐水层和废弃油气田封存 CO_2 的成本相差不大，典型的封存成本估值为 0.5～8 美元/t CO_2。地质特征对 CO_2 封存成本影响很大，封存成本的差异也反映了不同地区和国家之间地质特征的不同。封存地层压力、渗透性以及有效半径都会影响 CO_2 的注入量及注入速率，因此会影响所需矿井的数量，而

表9-8　不同国家和地区的CO_2地质封存成本估算

封存类型	陆上/离岸	封存地点	封存成本/(美元·t^{-1}) CO_2			中间值
			低	中	高	
深部盐水层	陆上	澳大利亚	0.2	0.5	5.1	中位数
	陆上	欧洲	1.9	2.8	6.2	期望值
	陆上	美国	0.4	0.5	4.5	平均值
	离岸	澳大利亚	0.5	3.4	30.2	中位数
	离岸	北海	4.7	7.7	12	期望值
枯竭气藏	陆上	美国	0.5	1.3	4	平均值
	陆上	美国	0.5	2.4	12.2	平均值
废弃油气田	陆上	欧洲	1.2	1.7	3.8	期望值
	离岸	北海	3.8	6	8.1	期望值

矿井的数量则决定着封存项目的绝大部分成本。此外，矿井和压缩成本都会随着埋存深度的增加而增加。当CO_2气体中混有其他气体杂质，如NO_x、SO_x、H_2S时，由于这些气体的腐蚀作用和毒性都将使注入和封存成本上升，尽管CO_2捕集的成本可能会降低。

当把CO_2封存与EOR、ECBM或EGR相结合时，由于能够增产石油或煤层气而获得额外收益，因此可以得到比深部盐水层埋存及废弃油气田埋存更好的经济性。根据2003年之前的资料和油价，对于沿岸EOR，利用CO_2-EOR能获得10~16美元/t CO_2（37~59美元/t CO_2）的净收益（包括地质封存的成本）。对仍处在研发中的EGR和ECBM而言，没有可靠的基于实际经验的成本信息。案例分析表明，一个美国典型CO_2-EOR项目的封存成本波动范围将在-92.0~66.7美元/t CO_2；陆上CO_2-ECBM项目的典型总封存成本为-8.1美元/t CO_2，波动范围是-26.4~11.1美元/t CO_2。负的成本值表明潜在的收益足以抵消整个CCS成本。然而，CO_2-EOR和CO_2-ECBM的封存成本受油价和气价的影响很大，若油、气价格在CCS项目存在期间仍维持较高的价格，那么CCS将获得更多收益。

到目前为止，中国还没有商业规模的CO_2地质封存项目或CO_2-EOR项目，其经济性还很难界定。王宝群研究表明，当CO_2流量大于200 t/h时，深部盐水层封存成本在0.8~4.2元/t(0.12~0.65美元/t) CO_2之间；张建府在油价20美元/桶的条件下计算CO_2-EOR的收益为29.877美元/t CO_2，从而带来-27.781美元/(kW·h)的封存成本，也就是说此时CO_2-EOR封存是能获得额外收益的。

9.4 CCS 技术经济分析的启示

美国国家能源技术实验室（NETL）以美国为背景也做过类似的研究，分析了美国主流化石燃料发电技术应用 CO_2 捕集前后的性能指标。通过对比可以发现，中美碳捕集燃煤电厂在技术性能和环境排放等方面相差不大；但经济性差异明显，中国 CCS 成本相对较低。这主要是由中国物价及劳动力成本较低造成的，同时中美研究所采用的技术种类（煤种、规模、效率、捕集技术、CO_2 捕集率、压缩要求等）、财务假定条件（寿命、运行小时数、折现率、对比基准等）以及基准时间的不同也对经济性的差异产生影响。因此，非常有必要以中国为背景，系统全面地进行 CCS 技术经济分析。

10 CCS 案例成本分析

CCS 按照流程可分为 CO_2 捕集、CO_2 压缩、CO_2 运输和 CO_2 封存，因此 CCS 成本相应地也包括 CO_2 捕集成本、CO_2 压缩成本、CO_2 运输成本和 CO_2 封存成本四部分。本章则在介绍各成本估算方法的基础上，对中国典型 CCS 案例（煤电 + 管道运输 + EOR）成本进行评估。

单位产品成本是技术经济性分析的基本指标，其可依据 8.2 节 8.2.3 中式（8 −9）进行计算。将 CO_2 捕集、压缩、运输和封存看成是各自独立的项目，将 CO_2 当成这些项目的产品，则可采用最小年收入法分别对其进行成本估算。

10.1 捕集成本估算

10.1.1 低浓度 CO_2 捕集成本估算

对于低浓度 CO_2 的捕集，比较成熟的方法是 MEA 化学吸收法，该方法适用于燃煤电厂、水泥厂、钢铁厂和炼油厂等。MEA 捕集系统相对比较独立，可以看成是一个单独建设和运行的项目，其捕集的 CO_2 可视为生产产品，而捕集时从电厂获取的蒸汽和电力可按电厂售价计入成本。捕集系统的成本主要包括投资和运行维护费用。

1. 投资估算

投资包括建设投资和流动资金。其中，建设投资需在项目建设期投入；而流动资金需在项目运行前投入，在项目运营周期结束后回收。

捕集系统是在自有土地上建设的，其土地成本可忽略；而其他建设投资成本基本上与捕集设备成本成正比。因此，可仿照化工设备成本估算，用规模因子法来评估捕集系统的建设投资：

$$\frac{DC}{DC_{\mathrm{ref}}}=\left(\frac{scale}{scale_{\mathrm{ref}}}\right)^{R}\left(\frac{Index}{Index_{\mathrm{ref}}}\right)f \tag{10-1}$$

式中　DC——建设投资；

$scale$——设备规模；

R——规模因子，针对不同的设备取值不同，通常在0.6～1之间，在此取0.67；

$Index$——时间因子，采用工厂投资费用指数（PCI：Plant Cost Index），这个指数是设备、工程建设、劳动力等指数的加权平均值，由Chemical Engineering杂志定期公布；

f——地区因子，用于区别世界各地由于劳动力成本、制造及建设成本的不同导致的差异；

ref——表示参考基准。

捕集系统的建设投资可参考美国能源实验室（NETL）所做的火电厂性能及成本基准研究（表10－1），其亚临界煤粉锅炉设计CO_2捕集量为596 t/h，捕集装置投资4.43亿美元，于2007年开始建设。

表10－1　捕集系统参考投资

规模参数	建设投资 DC/百万美元	设备规模 $scale$/($t \cdot h^{-1}$)	规模因子 R	地区因子 f	建设时间/年
CO_2 回收量	442.779	596	0.67	0.65	2007

捕集量在30 t/d以下的项目一年建成；捕集量在30 t/d以上的项目两年建成，建设期第一年投入60%的建设投资，第二年投入40%的建设投资。

流动资金为30 d原料所需资金，原料所需资金由可变运行维护费用计算而得。

2. 运行维护费用估算

运行维护费用包括固定运行维护费用和可变运行维护费用。其中，固定运行维护费用指比较固定、基本不与产品产量相关的运行维护费用；可变运行维护费用指随产品产量而变的运行维护费用。

固定运行维护费用包括管理费用、维护费用、税与保险以及工资等，其估算方法见表10－3。

表10－2　固定运行维护费用估算方法

项　目	计算方法	项　目	计算方法
管理费用	30%工资	税与保险	2%建设投资
维护费用	4%建设投资	工资*	5万/人

注：*捕集量在30 t/d以下的需10人，捕集量在30 t/d以上的需20人。

可变运行维护费用主要指各种原料的消耗所需成本，其消耗量及价格见表10-3。

表10-3 可变运行维护费用估算方法

运行参数	消耗量	成本
热量	3.4 GJ/t CO_2	35元/GJ
电	0.1 GJ/t CO_2	上网电价：0.395元/(kW·h)
MEA	1.5 kg/t CO_2	13000元/t
NaOH	0.13 kg/t CO_2	3500元/t
活性炭	0.06 kg/t CO_2	2800元/t
水	3 t/t CO_2	0.5元/t

3. 其他收益估算

其他收益是指除销售 CO_2 外获得的收入。由于MEA捕集系统无其他辅助产品产生，仅在运营期结束时收回流动资金和设备残值，其中设备残值按5%的建设投资估算。

4. CO_2 捕集成本估算

将以上投资、运行维护费用和收益代入式（8-9）即可获得 CO_2 捕集成本，其中折现率 i 取10%，运营期 N 为15年。

10.1.2 中浓度 CO_2 捕集成本估算

中浓度 CO_2 尾气浓度一般在40%以上，可使用低温甲醇洗等物理吸收法对其进行提纯，该方法适用于化工厂脱硫脱碳尾气和高 CO_2 含量天然气的处理。同样，也可以将低温甲醇洗尾气处理当成独立的运营项目来处理，其捕集的 CO_2 可视为生产产品，而捕集时从电厂获取的蒸汽和电力可按电厂售价计入成本。捕集系统的成本主要包括投资和运行维护费用。

1. 投资估算

投资包括建设投资和流动资金。其中，建设投资需在项目建设期投入；而流动资金需在项目运行前投入，在项目运营周期结束后回收。

捕集系统是在自有土地上建设的，其土地成分可忽略；而其他建设投资成本基本上与捕集设备成本成正比。因此，可利用式（10-1）来估算捕集系统的建设投资。其中：Rectisol捕集系统建设投资可参考中国某一产能0.1 Mt/a的甲醇厂，见表10-4；建设周期、投资比例和流动资金的设定与低浓度 CO_2 捕集项目相同。

表 10－4　Rectisol 捕集系统参考投资表

规模参数	建设投资 *DC*/万元	建设投资 *DC*/百万美元	设备规模 *scale*/$(t \cdot h^{-1})$	规模因子 *R*	地区因子 *f*	建设时间/年
CO_2 回收量	5381	8.28	33	0.67	1	2000

2. 运行维护费用估算

运行维护费用包括固定运行维护费用和可变运行维护费用。其中，固定运行维护费用指比较固定、基本不与产品产量相关的运行维护费用；可变运行维护费用指随产品产量而变的运行维护费用。

固定运行维护费用包括管理费、维护费用、税与保险以及工资等，其估算方法与低浓度 CO_2 捕集项目相同，见表 10－2。可变运行维护费用主要指各种原料消耗所需成本，其消耗量及价格见表 10－5，其中电价为大工业供电价格。

表 10－5　可变运行维护费用估算方法

	消 耗 量	成　本
热量	0.01 GJ/t CO_2	35 元/GJ
电	62(kW·h)/t CO_2	0.618 元/(kW·h)
甲醇	1.41 kg/t CO_2	2700 元/t
冷量	0.05 GJ/t CO_2	35 元/GJ
水	14 t/t CO_2	0.5 元/t

3. 其他收益估算

Rectisol 捕集系统无其他辅助产品产生，仅在运营期结束时收回流动资金和设备残值，其中设备残值按 5% 的建设投资估算。

4. CO_2 捕集成本估算

将以上投资、运行维护费用和收益代入式（8－9）即可获得 CO_2 捕集成本，其中折现率 i 取 10%，运营期 N 为 15 年。

10.2　压缩成本估算

压缩成本估算主要参考了 David L. McCollum 和 Joan M. Ogden 研究的美国 2005 年 CO_2 管道压缩成本，并且假定 CO_2 最终被压缩到 12 MPa。

10.2.1　投资估算

压缩时，首先用压缩机将气态 CO_2 从 0.1 MPa 压缩到超接近临界压力 7.38 MPa。

设定 CO_2 从 0.1 MPa 到 7.38 MPa 的压缩是通过 5 级压缩机间冷压缩完成的。出于提高压缩效率的考虑，设定 5 级压缩机的压比相同。则每级压缩机的压比为

$$CR = \left(\frac{7.38}{0.1}\right)^{1/5} = 2.36 \tag{10-2}$$

根据 McCollum 和 Ogden 的报告，每一级 CO_2 压缩机的压缩功耗为

$$W_{s,i} = \left(\frac{1000}{24 \times 3600}\right)\left(\frac{mZ_s RT_{\text{in}}}{M\eta_{\text{is}}}\right)\left(\frac{k_s}{k_s - 1}\right)\left[(CR)^{\frac{k_s - 1}{k_s}} - 1\right] \tag{10-3}$$

式中 $W_{s,i}$——第 i 级压缩机功耗，MW；

m——需要压缩的 CO_2 质量，t/d；

Z_s——CO_2 的压缩因子；

R——通用气体常数，$R = 8.314$ J/(mol·K)；

T_{in}——CO_2 进入压缩机的温度，这里取 40 ℃；

M——CO_2 的摩尔质量，$M(CO_2) = 44.01$ g/mol；

η_{is}——CO_2 压缩机的绝热压缩效率；

k_s——CO_2 的比热比。

各级压缩机的压缩因子 Z_s 和 CO_2 的比热比 k_s 分别为第一级：$Z_1 = 0.995$，$k_1 = 1.277$；第二级：$Z_2 = 0.985$，$k_2 = 1.286$；第三级：$Z_3 = 0.970$，$k_3 = 1.309$；第四级：$Z_4 = 0.935$，$k_4 = 1.379$；第五级：$Z_5 = 0.845$，$k_5 = 1.704$。

另外，每条 CO_2 压缩机链的总压缩功率不得高于 40 MW，如果超过了 40 MW，则需要安装多条压缩机链。

压缩机的总功耗 $W_{s-\text{total}}$（MW）为所有压缩机的功耗之和：

$$W_{s-\text{total}} = n\sum_{i=1}^{M} W_{s,i} \tag{10-4}$$

式中 $W_{s-\text{total}}$——压缩机总功耗，MW；

M——压缩机级数，液态运输为 5；

n——压缩机链的条数。

该条压缩机链的投资成本为

$$I_{\text{comp}} = m\left[(0.13 \times 10^6)(m)^{-0.71} + (1.4 \times 10^6)(m)^{-0.60}\ln\left(\frac{P_{\text{out}}}{P_{\text{in}}}\right)\right] \tag{10-5}$$

式中 I_{comp}——压缩机投资，美元；

m——需要压缩的 CO_2 质量，kg/s；

P_{out}——出口压力，MPa；

P_{in}——进口压力，MPa。

在将 CO_2 压缩到 7.38 MPa 之后，通过降温冷却，CO_2 就从气态转变成为液态。再通过升压泵将液态 CO_2 从 7.38 MPa 压缩到 12 MPa。该过程需要的泵功为

$$W_p = \left(\frac{1000\times10}{24\times36}\right)\left[\frac{m(P_{final}-P_{cut-off})}{\rho\eta_p}\right] \tag{10-6}$$

式中 W_p——泵功耗（液态压缩功耗），MW；

m——需要压缩的 CO_2 质量，t/d；

P_{final}——泵出口压力，MPa；

$P_{cut-off}$——泵进口压力，也即 CO_2 临界压力 7.38 MPa；

η_p——泵效率，取值 0.75。

基于压缩泵功，就可以进一步计算 CO_2 升压泵的投资成本 I_{pump}（美元）：

$$I_{pump} = [(1.11\times10^6)(W_p/1000)]+0.07\times10^6 \tag{10-7}$$

由于 McCollum 和 Odgen 的研究是以美国为背景进行的，因此根据其研究计算得到的设备投资成本需要根据中国的情况进行本地化。

$$I_{total} = (I_{comp}+I_{pump})\times ratio\times f \tag{10-8}$$

式中 I_{total}——压缩设备总投资，美元；

$ratio$——汇率，取值 6.5；

f——地区因子，取值 0.65。

建设周期、投资比例和流动资金的设定与低浓度 CO_2 捕集项目相同。

10.2.2 运行维护费用估算

压缩过程固定运行维护费用可按表 10－2 计算。可变运行维护费用主要为耗电成本，压缩机和泵的年耗电成本可以计算得到：

$$E_{annual} = p_e(W_{s-total}+W_p)H/1000 \tag{10-9}$$

式中 E_{annual}——每年耗电成本，元；

p_e——电价，取值见表 10－3；

$W_{s-total}$——压缩机总功耗，MW；

W_p——液态压缩功耗，MW；

H——年运行小时数，h。

10.2.3 其他收益估算

压缩系统的其他收益仅为运营期结束时收回流动资金和设备残值，其中设备残值按 5% 的建设投资估算。

10.2.4 CO_2 压缩成本估算

将以上投资、运行维护费用和收益代入式（8－9）即可获得 CO_2 压缩成本，其中折现率 i 取 10%，运营期 N 为 15 年。

10.3 运输成本估算

运输成本估算同样参考 David L. McCollum 和 Joan M. Ogden 的研究，并且假定运输时 CO_2 管道进口压力为 12 MPa。

10.3.1 投资估算

McCollum 和 Odgen 给出的 CO_2 管道投资成本：

$$C_{\text{transport}} = 9970(m^{0.35})(L^{0.13})LF_{\text{T}}fratio \tag{10-10}$$

式中 m——CO_2 的运输量，t/d；

L——管道长度，km；

F_{T}——CO_2 管道的地形因子，管道途经耕地、草地、人工林地、天然林地、荒漠、Ⅰ类山区（山地面积占该地区总面积比例＜20%）、Ⅱ类山区（山地面积占该地区总面积比例＞50%）的地形因子分别取1.1、1.0、1.05、1.10、1.1、1.3和1.5，途经其他类型地区的地形因子取1；

$ratio$——汇率，取值6.5；

f——地区因子，取值0.65。

建设周期、投资比例和流动资金的设定与低浓度 CO_2 捕集项目相同。

10.3.2 运行维护费用估算

压缩过程的维护费用为建设投资的2%，其余依据表10－2估算。其中，运输距离在100 km以下的需5名工人，而运输距离在100 km以上的需10名工人。

10.3.3 其他收益估算

运输系统的其他收益仅为运营期结束时收回流动资金和设备残值，其中设备残值按5%的建设投资估算。

10.3.4 CO_2 运输成本估算

将以上投资、运行维护费用和收益代入式（8－9）即可获得 CO_2 运输成本，其中折现率 i 取10%，运营期 N 为15年。

10.4 封存成本估算

10.4.1 投资估算

要估算 CO_2 封存成本，首先需要确定该封存项目实施需要建设的 CO_2 注入井的数目。

根据 McCollum 和 Odgen 的研究，CO_2 注入井数目的确定是一个迭代的过程。迭代计算的具体方法：首先，需要先假设 CO_2 注入井井底的压力 P_{down}；然后，按照迭代计算公式顺次计算出新一轮的 P_{down}，再进行重复迭代，直到顺次计算得到的两个 P_{down} 之间的差距足够小；最终，根据基于迭代计算得到的 P_{down} 再计算得出 CO_2 注入井的数目 N_{well}。迭代计算公式如下：

$$P_{inter}=(P_{down}+P_{res})/2$$

$$k_a=(k_hk_v)^{0.5}=(k_h0.3k_h)^{0.5}=0.09k_n$$

$$mobility(CO_2)=k_a/\mu_{inter}$$

$$injectivity(CO_2)=0.0208mobility(CO_2)$$

$$Q_{CO_2/well}=[injectivity(CO_2)]h(P_{down}-P_{res})$$

$$N_{calc}=m/Q_{CO_2/well}$$

然后根据计算得到的注入井数量 N_{calc} 可以进一步迭代计算新的 CO_2 注入井的井下压力 P_{down}。

$$Re=4(m\times1000/24/3600/N_{calc})/\pi/\mu_{sur}/D_{pipe}$$

$$F_f=\frac{1}{4\left\{-1.8\log_{10}\left[\frac{6.91}{Re}+\left(\frac{12(\varepsilon/D_{pipe})}{3.7}\right)^{1.11}\right]\right\}^2}$$

$$v_{pipe}=(m\times1000/24/3600/N_{calc})/[T_{sur}\pi(D_{pipe}/2)^2]$$

$$\Delta P_{pipe}=(T_{sur}gF_fdv_{pipe}{}^2)/(D_{pipe}2g)/1000000$$

$$P_{down}=P_{sur}+P_{grav}-\Delta P_{pipe}=P_{sur}+T_{sur}gd/1000000-\Delta P_{pipe}$$

以上各公式中各个符号所代表的物理意义见表 10 - 6。

表 10 - 6　迭代计算 CO_2 注入井数量公式中各符号所代表的物理含义

符　　号	物　理　含　义
P_{inter}	CO_2 在储油层内的平均压力，MPa
P_{res}	储油层内的平均压力，MPa，这里取 8.4 MPa
k_a	储油层绝对渗透率，md，EOR 取 3 md，盐水层取 12 md
k_h	储油层水平方向渗透率，md

表 10－6（续）

符　号	物　理　含　义
k_v	储油层垂直方向渗透率，md
$mobility(CO_2)$	CO_2 在储油层中的迁移率，md/(mPa · s)
μ_{inter}	CO_2 在储油层中的平均动力黏度系数，mPa · s，这里取 0.0478 mPa · s
$injectivity(CO_2)$	储油层的 CO_2 可注入性，tonne/(d · m · MPa)
$Q_{CO_2/well}$	每口注入井的 CO_2 注入速率，tonne/d/井
h	储油层的平均厚度，m，这里取 20 m
N_{calc}	计算得到的注入井数量，口
Re	CO_2 在注入管中流动的雷诺数
μ_{sur}	CO_2 在注入井口温度压力下的动力黏度系数，Pa · s，这里取 0.0000891 Pa · s
D_{pipe}	CO_2 注入管内径，m，EOR 取 0.059m，盐水层取 0.10 m
F_f	CO_2 在注入管中流动的范宁摩擦系数
ε	CO_2 注入管的粗糙系数，ft，这里取 0.00015 ft
v_{pipe}	CO_2 在注入管中的流动速度，m/s
T_{sur}	地表温度,℃，这里取 15 ℃
ΔP_{pipe}	CO_2 在注入管中的流动压损，MPa
d	储油层的平均深度，m，这里取 1200 m

迭代结束后，将 CO_2 注入井数计算值 N_{calc} 向上取整即可获得 CO_2 注入井数量：

$$N_{well} = \text{round\_up}(N_{calc})$$

对于一个 CO_2 封存项目来说，其投资成本主要包括选址评估成本、设备购买成本和钻井成本。根据 McCollum 和 Odgen 的研究，这些成本可用以下公式计算：

$$C_{site} = 1857773$$

$$C_{equip} = N_{well}\left[49433(m/280N_{well})^{0.5}\right]$$

$$C_{drill} = 10^6 N_{well} 0.1063 e^{0.0008d}$$

CO_2 封存总成本为上述三项成本之和，即

$$C_{storage} = C_{site} + C_{equip} + C_{drill}$$

建设周期、投资比例和流动资金的设定与低浓度 CO_2 捕集项目相同。

10.4.2　运行维护费用估算

CO_2 封存项目的运行维护成本也参考 McCollum 和 Odgen 的计算公式，其将强化采油项目的运行维护成本分为日常运行维护成本、注入井的运行维护成本、地表设备运行维护成本以及地下设备运行维护成本 4 个部分。各部分的计算公式如下：

$$O\&M_{daily} = 7596N_{well}$$

$$O\&M_{cons} = 20295N_{well}$$

$$O\&M_{sur} = N_{well}[15420(m/280N_{well})^{0.5}]$$

$$O\&M_{subsur} = N_{well}[5669(d/1219)]$$

总的运行维护成本 $O\&M_{total}$ 是这四部分运行维护成本的和，即

$$O\&M_{total} = O\&M_{daily} + O\&M_{cons} + O\&M_{sur} + O\&M_{subsur}$$

10.4.3 其他收益估算

盐水层封存系统的其他收益有运营期结束时收回流动资金和设备残值，其中设备残值按5%的建设投资估算。而EOR的其他收益还包括增产的原油，增产率取中值，可设为0.45 t CO_2/桶（2.83 t CO_2/m^3），2010年国际原油平均价格80美元/桶。

10.4.4 CO_2 封存成本估算

将以上投资、运行维护费用和收益代入式（8－9）即可获得 CO_2 封存成本，其中折现率 i 取10%，运营期 N 为15年。

10.5 典型CCS案例成本估算

10.5.1 典型CCS案例

各CCS案例的主要假设，见表10－7。其中，CO_2 的捕集量是为了满足油田EOR需求而设定的；CO_2 捕集来源为燃煤电厂，由于 CO_2 捕集量相对较小，即使在燃煤机组深度调峰的情况下也能满足捕集需求，所以捕集系统的利用小时数设定为8000 h；由捕集装置的捕集量及利用小时数即可设定装置的捕集能力。压缩过程假定从捕集装置出口的1个大气压压缩到12 MPa。运输全部采用管道运输。

表10－7 CCS案例假设条件

案例	封存类型	捕集能力/($t \cdot h^{-1}$)	管道长度/km	单井最大注入量/($\times 10^{-4} t \cdot a^{-1}$)	CO_2 注入井数/口	新增注入井数/口	年最大注入量/($\times 10^{-4} t \cdot a^{-1}$)	原油增量/($\times 10^{-4}$桶$\cdot a^{-1}$)
1	盐水层	40	5	32	1	1	32	0
2	EOR	40	5	0.32	100	10	32	71
3	EOR	40	5	0.32	100	0	32	71
4	盐水层	99	50	26.7	3	3	80	0
5	EOR	99	50	0.04	2000	200	80	178
6	EOR	99	50	0.04	2000	0	80	178

当CO_2用于盐水层封存时，其注入井的数量由10.4节公式迭代得出；由于盐水层封存对CO_2需求稳定，所以假定CO_2的捕集、压缩及运输量在考察期内维持为盐水层最大注入量。而CO_2用作EOR时，一般都在老油田展开，CO_2的注入井可以是油田原有的注水井，也可以重新钻井。因此，在EOR案例中，对每一个油田都分为两种情况，一种情况是不新建EOR的注入井，全部都是油田原有的注水井；另一种情况是新建部分CO_2注入井，新建注入井占总注入井的10%。同时，由于EOR后期CO_2会随着抽采出来的原油返回地面，通过分离净化这些CO_2可重新用作EOR，此时油田EOR对外部CO_2的输入量需求就会减少。因此，我们假定从EOR的第5年起，CO_2的需求量减半，所以CO_2的捕集量、压缩量和运输量都随之减半。EOR原油增产率为0.45 t CO_2/桶（2.83 t CO_2/m^3），油价按2010年国际原油平均价格80美元/桶计算。整个成本分析的周期取为15年。

10.5.2　CCS成本估算

按照本章前面各节所介绍的成本分析方法，对各CCS案例进行分析，可得如表10－8所示的各案例投资及成本。

从表10－8中可以看出，在相同最大CO_2需求量条件下，无论是盐水层封存还是EOR，其捕集设备、压缩设备和运输设备的投资相当；而在不同最大CO_2需求量条件下，需求量大的投资也大。所以，一般来说捕集设备、压缩设备、运输设备的投资是由CCS系统最大CO_2需求量决定的。

在相同捕集、压缩和运输设备条件下，由于盐水层封存的CO_2需求量稳定，其利用小时数高，因此捕集成本、压缩成本和运输成本都相对较低。但由于盐水层封存无任何经济回报，尽管盐水层封存投资和封存成本较低，但整个CCS系统的成本也不低，在400～450元/t(62～69美元/t) CO_2之间，封存量越大单位封存成本越低。

由于EOR后期的CO_2需求量减少，在相同捕集、压缩和运输设备条件下，其捕集、压缩和运输成本相对较高。但由于EOR可增产原油而带来额外收益，单纯的EOR收益可达900～1100元/t(138～169美元/t) CO_2，远远能抵消由于捕集、压缩和运输CO_2而带来的450～550元/t(69～80美元/t）的成本。同时我们也应该注意到，这种收益是在80美元/桶的原油价格基础上获得的，若原油价格走低，则EOR获利也会随之减少，甚至无法收回成本。

在盐水层封存情况下，捕集成本占整个CCS成本的75%以上。通常，我们认为压缩装置也是捕集系统的一部分，那么捕集成本再加上压缩成本则会占到整个CCS成本的90%以上。因此，要想降低CCS成本，则要从降低捕集系统成本入手。运输成本一般相对较小，并随着运输距离的增加而增大。

表 10-8 各 CCS 案例投资及成本结果

案例	封存类型	捕集投资	压缩投资	运输投资	封存投资	捕集成本	压缩成本	运输成本	封存成本	CCS 总成本
1	盐水层	3.21 亿元（49.4 百万美元）	0.69 亿元（10.6 百万美元）	0.03 亿元（0.5 百万美元）	0.14 亿元（2.1 百万美元）	355 元/t（54.6 美元/t）	85 元/t（13.1 美元/t）	3 元/t（0.46 美元/t）	7 元/t（1.07 美元/t）	450 元/t（69.2 美元/t）
2	EOR	3.21 亿元（49.4 百万美元）	0.69 亿元（10.6 百万美元）	0.03 亿元（0.5 百万美元）	0.45 亿元（6.9 百万美元）	439 元/t（67.5 美元/t）	104 元/t（16 美元/t）	4 元/t（0.62 美元/t）	-1114 元/t（-171 美元/t）	-567 元/t（-87.2 美元/t）
3	EOR	3.21 亿元（49.4 百万美元）	0.69 亿元（10.6 百万美元）	0.03 亿元（0.5 百万美元）	0.26 亿元（4 百万美元）	439 元/t（67.5 美元/t）	104 元/t（16 美元/t）	4 元/t（0.62 美元/t）	-1135 元/t（-174.6 美元/t）	-588 元/t（-90.5 美元/t）
4	盐水层	5.89 亿元（90.6 百万美元）	0.99 亿元（15.2 百万美元）	0.59 亿元（9.1 百万美元）	0.19 亿元（2.9 百万美元）	300 元/t（46.1 美元/t）	66 元/t（10.1 美元/t）	16 元/t（2.46 美元/t）	5 元/t（0.77 美元/t）	387 元/t（59.5 美元/t）
5	EOR	5.89 亿元（90.6 百万美元）	0.99 亿元（15.2 百万美元）	0.59 亿元（9.1 百万美元）	6.74 亿元（103.7 百万美元）	361 元/t（55.5 美元/t）	77 元/t（11.8 美元/t）	19 元/t（2.92 美元/t）	-902 元/t（-138.8 美元/t）	-445 元/t（-68.5 美元/t）
6	EOR	5.89 亿元（90.6 百万美元）	0.99 亿元（15.2 百万美元）	0.59 亿元（9.1 百万美元）	2.86 亿元（44 百万美元）	361 元/t（55.5 美元/t）	77 元/t（11.8 美元/t）	19 元/t（2.92 美元/t）	-1074 元/t（-165.2 美元/t）	-617 元/t（-94.9 美元/t）

11 可再生能源发电技术评价

11.1 风电

11.1.1 技术发展

中国风能资源丰富，第三次风能资源普查结果显示陆上10 m高度处风能资源的理论储量为43.5×10^8 kW，其中技术可开发量为2.97×10^8 kW。根据中国气象局风能资源详查初步成果，测得我国5~25 m水深线以内近海区域、海平面以上50 m高度风电可装机容量约2×10^8 kW，70 m以上可装机容量约5×10^8 kW。按照安装位置的不同，风电技术可分为陆上风电和海上风电。

2005年中国年风电装机容量仅有1.25×10^6 kW，自2005年《可再生能源法》颁布之后，中国风电开始迅猛发展（图11-1）。2012年，中国（不包括台湾地区）新增风电机组7872台，装机容量12960 MW；累计安装风电机组53764台，装机容量75324.2 MW。2012年，中国海上风电新增装机46台，装机容量达到127 MW，其中潮间带装机容量为113 MW。截至2012年底，中国潮间带风电装机容量达到261.5 MW，近海风电装机容量为128.1 MW，已建成的海上风电项目装机容量共计389.6 MW，是除英国、丹麦以外海上风电装机最多的国家。

1996年以来，中国新增风电机组的单机容量基本上以750~850 kW为主。2008年，国产风电机组单机容量已达到1.5 MW、2 MW（蒋丽萍，2008），2012年中国单机容量最大的风电机组达6 MW。

陆上风电技术又分为大型风电技术和中小型风电技术。大型风电技术以并网发电为主，一般布置在风能资源丰富地区。中小型风电技术对风能资源要求不高，除单独应用外，还能结合太阳能形成更稳定可靠的风光互补技术，已被广泛应用于分布式独立供电。

当前，大型风机向着变桨距调节技术和变速恒频发电技术发展。

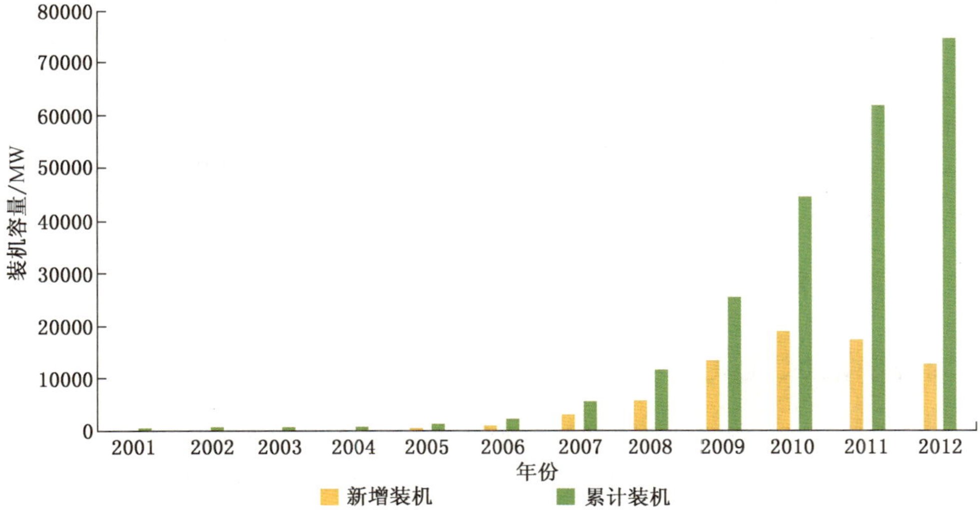

图 11－1 中国风电装机容量（2001—2012 年）

变桨距调节技术是依据风速调节叶片迎风面与纵向旋转轴的夹角，从而改变叶片的受力，保持输出功率恒定。变速恒频风力发电机常采用交流励磁双馈型发电，不仅可以实现变速恒频，还可以实现有功、无功功率的独立控制，对电网能起到无功补偿的作用。全球 92% 的大型风电机组采用了变速恒频技术。

此外，无齿轮箱直驱技术和全功率变流并网技术也获得了长足发展。无齿轮箱的直驱方式可有效提高系统运行的可靠性和寿命，大大减少维护成本，市场份额接近 40% 。全功率变流并网技术可从 0 到 150% 的额定转速内并网，提高了风能的利用范围，改善了向电网供电的电能质量。

11.1.2 成本分析

风电总成本的 75% 均与前期成本相关，包括风机、基建、电子设备、联网等。一般陆上风机的基础施工费用约占总投资的 10% ，而海上基础施工费用高达总投资的 40% 以上，从而导致了海上风电投资成本比陆上同类风机高出 50% ~100% 。

欧洲风能协会依据不同风能条件计算得，陆上风电的投资成本在 800 ~ 1150 欧元/kW，发电成本在 4 ~7 欧分/(kW · h)；海上风电的投资成本在 1250 ~ 1800 欧元/kW，发电成本在 7.1 ~9.6 欧分/(kW · h)。海上风电与陆上风电相比，即使海上风速条件好（一般高出陆地 20% ~40% ），其发电成本也要比陆上高出 30% 左右；如果再考虑海底电缆输电等费用，海上风电成本可能高出陆上 50% 左右。

中投证券发表的研究报告的分析结果表明：目前风电场的建设投资基本在每千

瓦8000～10000元（1230～1538美元），按照30%的自有资金投资，等效满负荷利用小时数1800 h计算，测算出5×10^4 kW风电场度电成本为0.43～0.53元/(kW·h)[0.066～0.081美元/(kW·h)]（中投证券，2009）。中国政府把风电上网标杆电价按地市级行政边界分为4个等级：0.51元/(kW·h)[0.078美元/(kW·h)]、0.54元/(kW·h)[0.083美元/(kW·h)]、0.58元/(kW·h)[0.089美元/(kW·h)]和0.61元/(kW·h)[0.094美元/(kW·h)]。

11.2　太阳能光伏发电

11.2.1　技术发展

中国幅员辽阔，太阳光年总辐照量平均为1050～2450(kW·h)/m^2，大于1050 (kW·h)/m^2的地区占国土总面积的96%以上，而太阳能较丰富的区域（年日照小时数在2200 h以上，年辐射量超过5 GJ/m^2），占国土总面积的2/3以上（中国数字科技馆，2009）。

近年，中国光伏市场快速发展。2007年光伏系统安装量约20 MWp，只占当年太阳电池生产量的1.84%。到2012年底，中国累计光伏发电装机容量约7 GWp，其中36.4%为分布式光伏发电系统。根据不完全统计，截至2013年12月末，中国光伏发电新增装机容量达到10.66 MkW，光伏发电累计装机容量达到17.16 MkW。其中，大规模光伏电站累计装机容量达到11.18 MkW，分布式光伏发电累计装机容量达到5.98 MkW。

太阳能光伏发电的技术和市场特征，见表11－1。晶体硅和太阳能薄膜技术是

表11－1　太阳能光伏发电的技术和市场特征

相关设备	晶体硅		太阳能薄膜		新概念设备	
	激光、机械	多晶硅	非晶/微晶薄膜电池	多晶硅薄膜电池	超高效	超低成本
模块效率/%	24～28	20～25	CIS：22～25 Si：20	6～8	>40	10～17
寿命/a	40～50	40～50	30～35	30	>25	10～15
市场份额	缝隙市场/空间	大市场	大市场	大市场	缝隙市场/大市场	大市场
应用	受到安装面积限制	所有	所有	消费者产品，尤其是大面积的建筑屋顶	受安装面积限制	所有

资料来源：IEA，2008

太阳能光伏发电的两种主要技术路线。其中晶体硅技术已基本成熟，占据着 90% 以上的市场份额。单晶硅和多晶硅技术是晶体硅技术中已趋于成熟的两个重要路径，其中单晶硅技术的发电效率（达到 15%，有望提高到 25% ~28%）比多晶硅高，但相应成本也较高。薄膜技术是近期开发的新技术，其优点在于可以用较少的原材料获得更高的自动控制性能和资源生产效率，同时可以实现光伏电池与建筑物的结合；其缺点在于发电效率较低。

11.2.2 成本分析

并网光伏系统的发电成本包括光伏电池、并网逆变器、配电测量及电缆、设备运输、安装调试等。2012 年底，中国并网光伏系统的单位投资约为 15 元/Wp（2.3 美元/Wp）。

以 10 MW 的并网型晶体硅光伏发电系统项目进行分析，水平面年辐射总量 6883 MJ/m^2，等效峰值小时数 2294 h/a，理论发电量 22.94 GW·h，实际年发电量 17.12 GW·h。投资金额中，电池组件的价格是最重要的成本影响因素，测算结果显示，当电池组件价格为 15 元/Wp（2.3 美元/Wp）时，10 MWp 光伏电站的建设成本为 3.1 亿元（47.7 百万美元），折合 31 元/Wp（4.8 美元/Wp），见表11－2。预计到 2015—2020 年期间，中国光伏系统的发电成本有可能下降到 0.9 ~1.8 元/(kW·h)[0.138 ~0.277 美元/(kW·h)]。

表 11－2 太阳能光伏发电系统投资金额测算

各项成本费用		百万元	百万美元
土建及公用设施成本		30	4.6
其中	土地征地费	5	0.77
	公用设施	20	3.08
	基础建设费用	5	0.77
发电设施成本		238	36.6
其中	电池组件	150	23.1
	支架总价	24	3.7
	接线箱	5	0.77
	各种固定金具	1	0.15
	电缆电线	5	0.77
逆变器及相关设备总价		52	8
其他		1	0.15
输变电设施成本		4	0.62

表11-2（续）

各项成本费用		百万元	百万美元
其中	升压变压器总价	2	0.31
	断路器、避雷器、互感器和线路总价	2	0.31
数据采集和通信系统		2	0.31
配套设施成本		7	1.07
项目前期费用		7	1.07
工程及项目实施费用		10	1.54
其他费用		15	2.31
总计		313	48.12
折合每峰瓦的建设成本/[元·$(Wp)^{-1}$]		31	4.78

资料来源：国信证券研究所（国信证券，2009）

11.3 聚光太阳能发电技术

聚光太阳能发电技术（Concentrated solar power，CSP）直接利用太阳光，将其数倍聚焦后，形成高能密度和高温，其产生的热量可用于驱动传统发动系统发电，此外还可以应用在其他方面，如为工业过程和建筑供热和供冷、海水淡化及制氢等燃料。该技术适用于太阳能直接辐射程度较高的地区，一般来讲2000 kW/m^2 的太阳能辐射强度是应用CSP技术的最低资源要求，中国只有在西南地区才适合发展聚光太阳能发电技术。

11.3.1 技术发展

CSP技术主要有三种类型：槽式、碟式和塔式，其各自的太阳能聚光倍数分别为30~100、500~1000和1000~10000。

槽式CSP系统技术已基本成熟，是目前几乎所有国家和地区已建和计划项目的首选技术，其系统的最大聚焦能力为200倍，最高温度为400 ℃，太阳能热效率可达到60%，发电效率为12%，安装规模通常达百MW级。槽式CSP系统可应用于混合动力发电厂，利用化石燃料和太阳能实现持续发电，太阳能热（350~400 ℃）为基础的联合循环提供能量，但实际应用过程中，太阳能只占很小比重，约为10%~28%。

碟式CSP系统目前在少数地区运行，其装机容量约为10 kW。

塔式CSP系统目前尚处于示范阶段，其原理是采用双轴跟踪器和二次反射技术以获得更好的聚光效果。

11.3.2 成本分析

目前由北非向欧洲输送的聚光太阳能发电成本为 0.3 美元/(kW·h)，已经低于太阳能发电在两个地区的价格差（German Aeorspace Center，2006；US Department of Energy，2002）。有研究表明，未来槽式 CSP 技术的成本将下降到 4.3 ~ 6.2 美分/(kW·h)；塔式 CSP 系统的成本将下降到 3.5 ~ 5.5 美分/(kW·h)。通过增加产量、扩大发电规模和促进技术进步等方式可使槽式 CSP 系统装机容量增加到 4.9 GW，塔式系统装机容量增加到 8.7 GW。

11.4 水电技术

11.4.1 技术发展

水能资源是中国最重要的可再生能源资源之一。根据 2003 年全国水能资源复查成果，全国水能资源技术可开发装机容量为 5.42×10^8 kW，年发电量 2.48×10^{12} kW·h；经济可开发装机容量为 4×10^8 kW，年发电量 1.75×10^{12} kW·h。中国约 70% 水能资源分布在西南地区，主要集中在金沙江、雅砻江、大渡河、乌江、红河、澜沧江和怒江等大江大河的干流上，总装机容量约占全国经济可开发量的 60%。此外，中国小水电（小型水电站）资源也十分丰富。据初步普查资料统计，小水电资源的蕴藏量为 160 GW，相应的年电能约为 1300 TW·h；5×10^4 kW(含 5×10^4 kW）以下的小水电资源可开发量达到 1.28×10^8 kW。

中国水电发展迅速，装机容量和年发电量已于 2004 年和 2005 年分别超过美国和加拿大，居世界第一（图 11－2）。截至 2012 年底，中国水电新增装机容量 1676×10^4 kW，总装机容量已达 2.49×10^8 kW，占全国电力总装机容量的 21.8%。水电能源开发利用率从改革开放前的不足 10% 提高到 36%。

水电站可以划分为大型和小型两类，各国划分的标准不同，一般以(10 ~ 30) MW 为界限，无论是大水电还是小水电都是成熟的能源技术。小型水电站通常为河床式水电站，由于它很少对河流产生干扰，因此具有环境友好的优点。小水电通常在替换柴油发电机或其他小型电厂中得到独立应用，或为乡村人口供电。大型水电站比较复杂，通常会对河流下游产生影响，如淹没有价值的生态系统或需要人口迁移，因此具有一定的争议性。目前正在研究新型低嵌入低压涡轮机，以减轻大水电对环境和生态的影响。

11.4.2 成本分析

水电是目前成本最低的发电技术之一，大多数水电系统运行期都较长，并已收

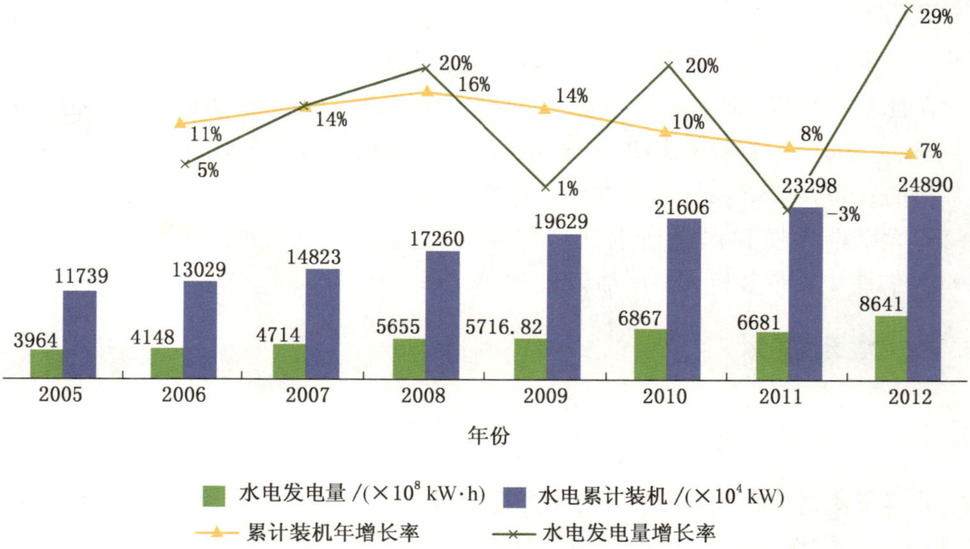

资料来源：历年电力工业统计年报数据，中国电力企业联合会

图11-2 中国水电发展情况

回了成本投资。在OECD国家，新建大型水电系统的投资成本为2400美元/kW，发电成本为3～4美分/(kW·h)；在发展中国家，水电的投资成本不高于1000美元/kW，小水电的发电成本通常为2～6美分/(kW·h)。相比之下，中国的大水电单位投资成本约为10000元/kW，发电成本平均在0.2～0.25元/(kW·h)；小水电单位投资成本约为6000元/kW，发电成本为0.25～0.28元/(kW·h)左右（杨伏初，刘宇辉，2008）。

11.5 生物质发电技术

11.5.1 生物质资源

中国生物质资源十分丰富，各种农作物每年产生秸秆（6～7）亿多吨，主要的农作物有水稻、小麦、玉米、豆类、薯类和棉花等。三大粮食作物秸秆占农作物秸秆总量的比例最大，达78%（图11-3）(王胜曼，2008)。中国每年收获的秸秆可作为能源加以利用的为3.761×10^8 t。林木总生物量约1.9×10^{10} t，可获得量为9×10^8 t，可作为能源利用的总量为3×10^8 t。

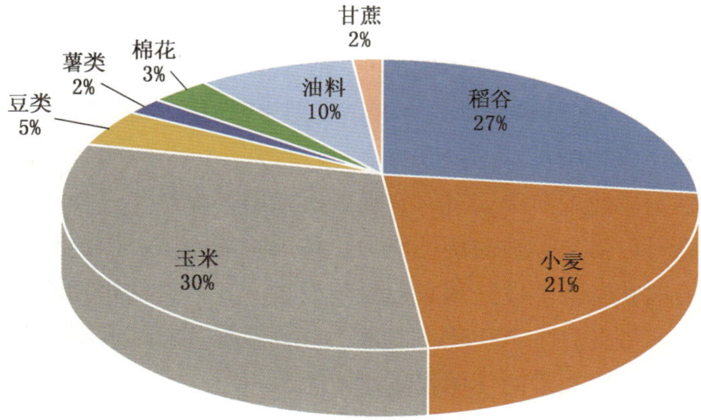

图 11-3 秸秆种类所占百分比

11.5.2 技术现状

生物质发电通常采用直燃发电、混燃发电和气化发电等技术路径，是现代生物质能利用技术中最成熟和发展规模最大的领域。到 2012 年底，中国的生物质发电装机容量为 7.69×10^6 kW，其中秸秆、蔗渣、林木质发电约 5.18×10^6 kW，垃圾发电约 2.51×10^6 kW；生物质发电量为 3.16×10^{10} kW·h，其中秸秆、蔗渣、林木质发电量约 1.96×10^{10} kW·h，垃圾发电量约 1.20×10^{10} kW·h。

1. 直燃发电

生物质直接燃烧发电的原理：由生物质锅炉设备利用生物质直接燃烧后的热能产生蒸汽，再利用蒸汽推动汽轮发电系统进行发电，与燃煤锅炉火力发电没什么区别。

目前，生物质直接燃烧发电的技术已经成熟，进入推广应用阶段。美国大部分生物质采用直接燃烧，近年来已建成 350 多座生物质发电站，生物质能发电的总装机容量已超过 10 GW，单机容量达 10～25 MW。芬兰是世界上利用林业废料、造纸废弃物等生物质发电最成功的国家之一，福斯特威勒公司是芬兰最大的能源公司，可提供功率为 3～47 MW 的生物质发电机组，生物质的最高含水量可达 60%，排烟温度为 140 ℃，热效率达 88%。当前，中国基本上是引进国外的生物质直接燃烧发电技术。

由于需从国外引进价格昂贵的生物质直燃锅炉及前期处理设备，导致中国秸秆直燃供热发电项目单位造价比传统燃煤价格高。典型秸秆热电联产项目：2 台 65 t/h 高温高压秸秆锅炉（国外引进或中外合作制造）和 1 台 C25 高压高温抽凝式汽轮发电机组，热电厂工程静态总投资约 29085 万元（44.8 百万美元），单位投资

11634 元/kW（1790 美元/kW）。中国同样规模燃煤热电厂工程静态单位投资约为 8500 元/kW（1308 美元/kW）。相比之下，秸秆热电联产项目单位投资比同规模燃煤热电厂高出 35%，约 3000 元/kW（462 美元/kW）。

2. 混燃发电（生物质混燃发电）

生物质混燃发电技术简单，对原有设备改造的工作量小、投资小，而且掺混量可以调节，对原料价格有较强的调控能力，抗风险能力强，因此是生物质利用最经济的技术。在美国和欧盟等发达国家已经建设了一定数量的生物质和煤的混合燃烧示范工程，装机容量在 50～700 MW 之间。中国目前尚未对生物质混燃发电有明确的政策优惠，所以混燃技术的使用仅属示范阶段。

EPRI 的研究证明，旋风炉的改造费用最低，大约为 50 美元/kW，其利用木材混合燃烧的比例为 1%～10%（按发热量计算）；煤粉炉利用木材混合燃烧的比例较低，一般为 1%～3%，需要约 3000 美元/kW 的改造费用。许多电厂的运行经验证明，在煤中混入少量生物质（1%～8%）没有任何运行问题；当生物质的混入量上升至 15% 时，需对燃烧器和给料系统进行一定程度的改造。

3. 气化发电

气化发电是指以生物质为原料，以空气、水蒸气等为气化介质，在高温条件下通过热化学反应将生物质转化为可燃气体，净化后燃烧，驱动内燃机或燃气轮机发电。生物质气化发电系统从发电规模可分为小规模、中等规模和大规模三种。从国际上来看，小规模的生物质气化发电已进入商业示范阶段，比较适合于生物质分散利用，投资较少，发电成本也低；大规模的生物质气化发电一般采用煤气化联合循环发电技术，发电效率也较高，已进入示范和研究阶段，是今后生物质工业化应用的主要方式（吴创之，周肇秋，马隆龙，等，2008）。生物质气化发电项目主要指标，见表 11－3。

表 11－3　生物质气化发电项目主要指标

项目序号	项目 1（英国）	项目 2（澳大利亚）	项目 3（丹麦）	项目 4（芬兰）	项目 5（中国）	项目 6（中国）
项目阶段	示范	示范	商业化	商业化	试验/示范	试验/示范
主要燃料	木屑	木屑	木屑	多种	稻壳、秸秆等	稻壳、秸秆等
净电力产出/MW	0.096	1.85	1.45	200	1～3	5～6
发电效率/%	28	23	32	35	17～20	28
整体效率/%	72	79	90	85		
全部投资成本/百万美元	0.26	12	6.3	15	0.8～1.87	5.57

资料来源：IEA，2008

11.5.3 成本分析

美国能源部（DOE）在1997年归纳了生物质燃料发电技术的特点，对比了直接燃烧与生物质整体气化联合循环（BIGCC）发电参数：直接燃烧的电站容量是50 MWe、效率是23.0%、投资成本是1965美元/(kW·h)，总运行费用5.50美分/(kW·h)；BIGCC的电站容量是75 MWe、效率是36.0%、投资成本是2102美元/(kW·h)，总运行费用3.98美分/(kW·h)。国外不同生物质发电技术的投资成本见表11-4（IEA，2008），生物质混合燃烧发电的成本要比纯生物质燃烧发电的成本低，在美国，生物质混合燃烧发电的成本约为5美分/(kW·h)。

目前中国运行的直接燃烧生物质电厂的发电成本为0.70~0.80元/(kW·h)[0.12~0.123美元/(kW·h)]；自主开发的小型生物质气化电厂的发电成本为0.40~0.50元/(kW·h)[0.061~0.076美元/(kW·h)]；城市垃圾焚烧电厂的发电成本为0.70~0.80元/(kW·h)[0.108~0.123美元/(kW·h)]。国家对生物质发电实行煤电标杆电价外加0.25元/(kW·h)[0.038美元/(kW·h)]补贴的上网电价政策。

表11-4 生物质发电典型技术特征

转化类型	典型容量	净效率/%	投资成本
直接燃烧发电	10~100 MW	20~40	1975~3085美元/kW
CHP	0.1~1 MW 1~50 MW	60~90 80~100	3333~4320美元/kW 3085~3700美元/kW
混合燃烧	5~100 MW（现有） >100 MW（新厂）	30~40	123~1235美元/kW +电厂成本
垃圾填埋气	<200 kW~2 MW	10~15	
BIGCC发电	5~10 MW示范 30~200 MW未来	40~50	4320~6170美元/kW 1235~2740美元/kW

11.6 可再生能源减排成本分析

以中国目前在役的主力机型300 MWe亚临界火电机组为参考依据，具体参数见表11-5。

表11-5 300 MWe亚临界火电机组运行参数

相关参数	发电效率/%	单位投资/[元·(kW)$^{-1}$]	发电煤耗/[gce·(kW·h)$^{-1}$]	发电成本/[元·(kW·h)$^{-1}$]	CO_2排放/[kg·(kW·h)$^{-1}$]
亚临界	39.1	4401 (677美元/kW)	314	0.386 0.059美元/(kW·h)	0.926

可再生能源的减排成本，见表 11－6。从减排成本分析，水电技术是唯一减排成本为负的可再生能源技术，其中大水电的减排成本为－158 元/t CO_2（－24.3 美元/t）；小水电技术的减排成本为－114 元/t CO_2（－17.6 美元/t）。风电技术的减排成本相对较低，在 20～200 元/t（3.1～30.8 美元/t）CO_2；生物质发电成本较风电高，在 300 元/t（46.2 美元/t）CO_2 左右；太阳能光伏发电技术的减排成本很高，在 400～700 元/t（61.5～107.7 美元/t）CO_2；而聚光太阳能发电技术的成本则在 1000 元/t（153.8 美元/t）CO_2 左右。

表 11－6　可再生能源减排成本

项　目	年运行小时数/h	成本/［元·$(kW\cdot h)^{-1}$］	减排成本（CNY）/（元·t^{-1}）CO_2	减排成本（USD）/（美元·t^{-1}）CO_2
小水电	3150	0.28	－114	－17.6
大水电	3300	0.24	－158	－24.3
生物质气化	6500	0.64	274	42.2
生物质直燃	6000	0.66	296	45.5
PV 强光	1800	0.77	415	63.8
PV 弱光	1300	0.95	609	93.7
太阳能热电	2900	1.30	987	151.9
陆地强风	2096	0.41	26	4.0
陆地弱风	1800	0.48	102	15.6
海上风电	2600	0.53	156	23.9

依据第 10 章所述的典型 CCS 案例，假定 CO_2 从 300 MWe 亚临界燃煤机组捕集，捕集系统所消耗蒸汽均从机组中、低压缸联通管处抽取；捕集及压缩所消耗电量均由电厂提供，并计入厂用电。

抽气会导致机组出力减少。由于机组中、低压缸联通管处的蒸汽温度和压力等参数都很高，直接与再沸器换热的热损失较大，所以一般先进行绝热膨胀降压，再喷淋减温水使水蒸气饱和，最后进入再沸器与富液换热。蒸汽绝热膨胀功可通过添加发电机加以回收，因此低压缸由于碳捕集抽气而损失的发电能力就等于绝热膨胀后抽气的发电能力。对于 MEA 碳捕集溶液来说，再生温度不宜超过 120 ℃，否则 MEA 溶液会发生降解而失效，因此机组抽气绝热膨胀后的温度不宜超过 140 ℃。典型 300 MWe 亚临界机组中、低压缸联通管的压力为 0.96 MPa、温度为 342 ℃，依据理想气体绝热膨胀关系式（11－1），可求得联通管的压力抽气绝热膨胀至 0.36 MPa（140 ℃蒸汽对应的饱和蒸汽压）后，对应的温度为 192 ℃。

$$pv^k = \text{constant} \tag{11-1}$$

由于低压缸的凝气温度为 51.4 ℃，由此可得到绝热膨胀后蒸汽的理想卡诺循环效率 η_0，η_0 乘以低压缸的相对内效率 η_{ir}（$\eta_{ir}=91.52\%$），即可得到绝热膨胀后蒸汽循环的绝对效率 η：

$$\eta_0 = 1 - \frac{T_0}{T} = 1 - \frac{51.40+273}{192+273} = 30.24\% \tag{11-2}$$

$$\eta = \eta_{ir}\eta_0 = 91.52\% \times 30.24\% = 27.68\% \tag{11-3}$$

依据表 10－3 可求出捕集过程的电耗及抽气量，可按照式（11－3）计算所得的绝对效率推算出由于抽气而造成的机组出力减少；式（10－4）及式（10－6）可求得压缩过程的电耗，此电耗与捕集过程的电耗都计入厂用电。

因此，第 10 章列举的各 CCS 案例的技术特性及减排成本等信息，见表 11－7。

表 11－7　CCS 案例的技术特征及减排成本

案例	类型	发电功率/MW	供电功率/MW	发电效率/%	供电效率/%	发电成本/[元·(kW·h)$^{-1}$]	供电成本/[元·(kW·h)$^{-1}$]	CO_2 排放量/[kg·(kW·h)$^{-1}$]	减排成本/(元·t^{-1})
1	盐水层	289.5	266.6	37.7	34.7	0.438	0.476	0.821	501
2	EOR	289.5	266.6	37.7	34.7	0.298	0.324	0.821	－841
3	EOR	289.5	266.6	37.7	34.7	0.295	0.320	0.821	－869
4	盐水层	274.1	243.3	35.7	31.7	0.500	0.564	0.652	418
5	EOR	274.1	243.3	35.7	31.7	0.200	0.225	0.652	－680
6	EOR	274.1	243.3	35.7	31.7	0.138	0.155	0.652	－907

从表 11－7 可以看出，盐水层 CCS 的减排成本在 400～500 元/t，捕集量越大单位成本越小。当 CCS 与 EOR 结合后，减排成本为负，即增产石油的收益使得 CO_2－EOR 的发电成本比原有电厂还低。

与可再生能源的减排成本相比，盐水层 CCS 的减排成本仅略好于太阳能发电，但 CO_2－EOR 却比表 11－7 内所列可再生能源的减排成本都低。因此，CO_2－EOR 是中国早期 CCS 示范工程的首选技术。

12 本篇主要结论

本篇所述内容为在吸收国外经济性分析模型的基础上，利用可获得的中国实际数据，建立了包括CO_2捕集、CO_2压缩、CO_2管道运输和CO_2封存等CCS技术链各环节的成本估算模型。并对典型CCS案例（燃煤电厂捕集+管道运输+EOR）的成本进行了分析，并与可再生能源发电技术的减排成本进行了对比。

结果表明，由于盐水层封存无任何经济回报，其整个CCS系统的成本为400～450元/t（62～69美元/t）CO_2之间；减排成本为400～500元/t，仅略好于太阳能发电。而EOR可通过增产石油来获得额外收益，从而能完全抵消整个CCS成本，因此CO_2-EOR的CCS成本和CO_2减排成本都为负值，比可再生能源减排成本最低的水电还要便宜，是中国早期CCS示范工程的首选技术。

本篇所述内容仅对中国CCS技术过程进行了简单的技术经济分析，但仍然缺乏对CCS技术整个生命周期内的了解。因此，后续研究计划利用全生命周期方法对从煤炭开采、煤炭运输、煤炭利用到CCS等煤炭整个生命周期内的成本和排放进行综合分析，以便为CCS技术在中国的未来发展提供决策依据。

参考文献

[1] 王明华．双气多联产系统集成及特性规律研究［D］．北京：清华大学，2008.

[2] IPCC. 2006 IPCC Guidelines for National Greenhouse Gas Inventories［R］．Japan：2006.

[3] 周亮亮．清洁燃煤发电技术全生命周期评价［D］．重庆：重庆大学，2011.

[4] 黄斌，许世森，郜时旺，等．燃煤电厂 CO_2 捕集系统的技术与经济分析［J］．动力工程，2009，29（9）．

[5] 熊杰，赵海波，柳朝晖，等．基于热经济学的 O_2/ CO_2 循环燃烧系统和 MEA 吸附系统的技术—经济评价［J］．工程热物理学报，2008，29（10）．

[6] 晏水平，方梦祥，张卫风．基于膜吸收技术的烟气 CO_2 分离工艺设计与经济性分析［J］．动力工程，2007，27（3）．

[7] 王云，赵永椿，张军营，等．基于全生命周期的 O_2/CO_2 循环燃烧电厂的技术—经济评价［J］．中国科学：技术科学，2011，41（1）．

[8] 邢晓娜．600 MW 微富氧燃烧煤粉锅炉技术经济性分析［D］．保定：华北电力大学，2011.

[9] 迟金玲．IGCC 二氧化碳捕集电站研究［D］．北京：中国科学院工程热物理研究所，2011.

[10] Mohitpour，M.，H. Golshan，and A. Murray. Pipeline Design & Construction：A Practical Approach［M］. New York：ASME，2007.

[11] 张东杰．发电工业 CCS 技术及经济性建模及发展路线优化［D］．北京：清华大学，2012.

[12] 高蓝宇．CO_2 吸附和运输技术研究［D］．杭州：浙江大学，2011.

[13] 张建府．碳捕集与封存技术（CCS）成本及政策分析［J］．中外能源，2011，16（3）．

[14] 王宝群，李会泉，包炜军．燃煤电厂 CO_2 捕集与咸水层封存全过程经济性模型．化工学报，2012，63（3）．

[15] Metz，B.，O. Davidson，H. C. de Coninck，M. Loos，and L. A. Meyer. IPCC（2005）Special report on carbon dioxide capture and storage［M］. Cambridge：Cambridge University Press，2006.

[16] 朱世勇．环境与工业气体净化技术［M］．北京：化学工业出版社，2001.

[17] 中国电力企业联合会．2012 年电力统计基本数据一览表［EB/OL］．［2014. 1. 5］http：//www. cec. org. cn/guihuayutongji/tongjxinxi/niandushuju/2013－11－07/111737. html.

[18] 张泉．韶电 300 MW 汽轮机组通流部分的改造研究［D］．广州：华南理工大学电力学院，2012.

第 3 篇

主要国家CCS技术的发展路线图对比分析及设计思路

本篇对比分析了主要国家和研究机构制定的CCS技术发展路线图。选取包括美国、加拿大、澳大利亚、英国、挪威、南非和印度等国进行样本研究，通过对主要国家CCS技术发展路线图的分析，评述CCS在各国能源与气候目标中的地位，以及各国发展CCS技术的背景、目标和技术路线选择的特点及其依据。评价各国CCS技术发展路线图同其实际发展进程和现状的差距，分析制约CCS技术发展与示范应用的障碍。借鉴世界主要经济体在推进CCS技术发展方面的先进经验，有助于推进中国等发展中国家制定更加适合自身国情特点的CCS发展路线图，也有利于构建和设计全球CCS技术商业化的思路和路径。

13 CCS 在各国的地位

13.1 美国

美国作为世界上最大的经济体，同时也是第二大二氧化碳排放国，目前仍未颁布任何气候变化法案。然而，美国联邦和各州政府在《清洁空气法》的框架下已经建立了多样化的气候变化监管体系，并将节能和提高能效的计划作为减少二氧化碳排放的重要手段。美国的二氧化碳排放主要源自交通运输和能源行业。在电力供应中，燃煤发电是最大的来源（图 13－1）。美国拥有世界上最大的煤炭储量，尽管近年来页岩气产量与消费量急剧上升，但煤电始终占美国发电总数的近 40%。考虑到与煤炭相关的产业很有可能在未来的国际气候框架下成为实现二氧化碳减排的主要对象，美国政府制定了一系列重大激励机制来推动 CCS 技术的发展。同时，在能源安全和气候变化方面的国家利益也决定了美国将持续支持清洁煤技术的发展和研究。奥巴马总统在相关的能源项目中一直强调 CCS 技术是实现国家低碳能源结构最重要的一部分。

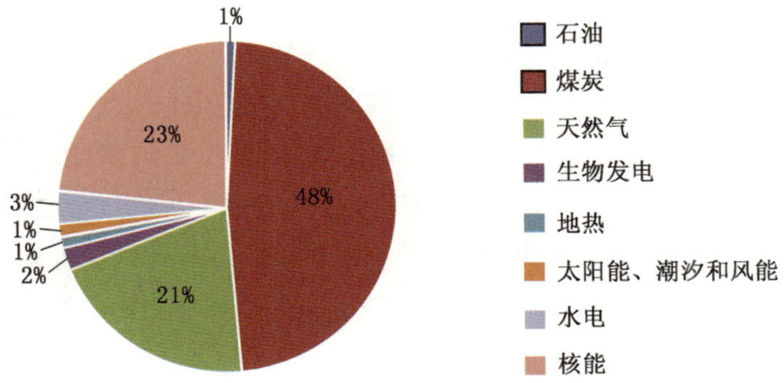

图 13－1 美国 2011 年电力燃料来源

13.2 加拿大

加拿大是世界第八大温室气体排放国，其中交通运输行业是最大的单一排放行业，石化行业其次（图13－2）。在过去的十年里，随着加拿大对油砂的大量勘探，原油产量已经稳定上升到接近每天 2.7×10^6 桶。此外，加拿大提高石油采收率技术遥遥领先，单日产量超过 2.8×10^4 桶。加拿大是美国气候政策的追随者，它是发达国家中第一个退出《京都议定书》的签约国。加拿大政府指出CCS是一个很有前景的温室气体减排技术，联邦和各省政府为CCS技术的发展制定了相应措施。

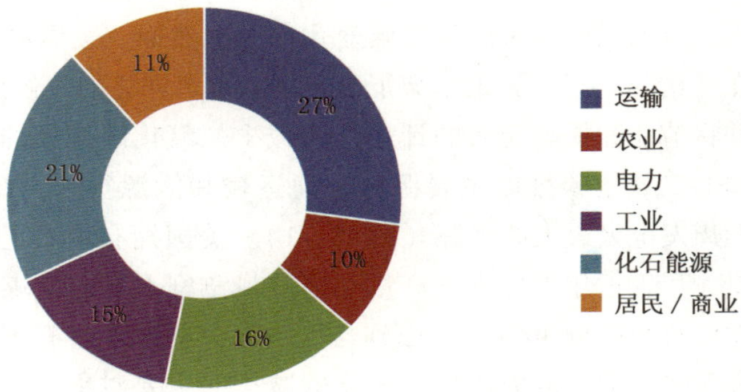

图13－2　加拿大主要碳排放源

13.3 澳大利亚

澳大利亚化石能源储量丰富，尤其是煤炭储备。同时，它是世界上重要的能源净出口国。但是，由于澳大利亚的能源损耗很高，从而使其人均二氧化碳排放量在世界上排名前十。发电是澳大利亚最大的二氧化碳排放源，其次是燃料燃烧和交通运输（图13－3）。澳大利亚正在积极投身于CCS技术的发展中，并且广泛参与CCS技术的国际合作。澳大利亚认为CCS技术不仅有助于国内从高排放工业生产过程中捕集二氧化碳，同时也有利于自然资源出口特别是煤炭出口的持续进行，能源出口是其主要的经济支柱之一。

13.4 英国

十年来，英国一直提倡减少二氧化碳的排放量，并积极参与到CCS技术发展和推广的行动中。总的来说，英国政府已经资助了许多CCS技术的研发和示范项目。英国的二氧化碳排放量主要来自于电力生产和供热。尽管英国的能源利用正从

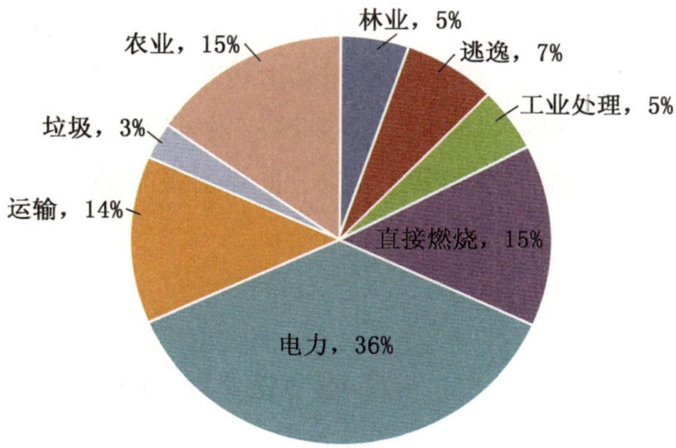

图 13-3 澳大利亚主要碳排放源（气候变化和能源效率部，2010）

煤炭向天然气平稳过渡，但煤炭始终在国家能源战略中占据重要地位（图 13-4）。十年前，英国政府就已经宣布将有意成为 CCS 技术的领先者。据英国预计，CCS 市场，特别是将 CCS 技术转移到发展中国家后，将会在 2030 年前带来 6.5×10^9 英镑的收益。目前，英国一直在国内以及世界其他地方支持 CCS 技术的研发和示范。

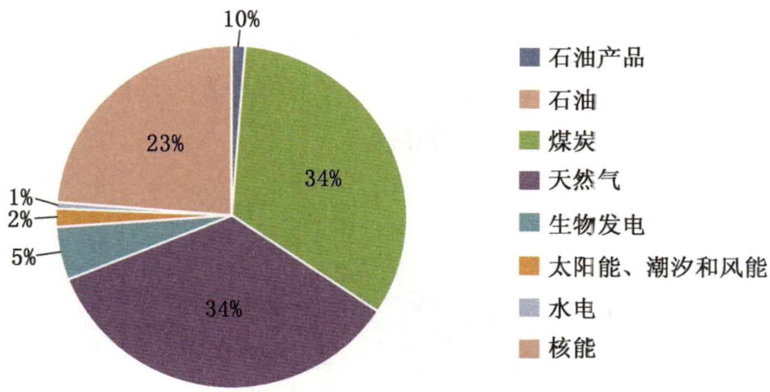

图 13-4 2011 年英国的电力来源（IEA，2014）

13.5 挪威

挪威拥有丰富的能源和燃料资源，如石油、水力、森林和矿产资源，但碳排放量非常低。挪威是世界主要石油和天然气生产国之一，能源出口是挪威的经济支柱。在挪威现有的工业体系中，制造业和建筑业的碳排放量所占份额最大

（21%），发电和供暖在温室气体排放总量中所占份额最小，仅占 2% 左右。此外，挪威实施了强有力的环境政策，力图在 2050 年实现碳平衡。挪威电力生产主要来源于水力发电（98%），因此，CCS 的发展潜力较小。然而，尽管自身碳排放量很低，但考虑到本国的经济和环境利益，挪威政府对 CCS 的发展仍然给予了大力支持。1990 年，挪威政府出台碳税政策,实施了世界上最早的大型 CCS 项目之一——Sleipner 项目。

13.6 南非

与其他非洲国家相比，南非是一个能源密集型国家，一次能源消费总量的 90% 是化石能源。南非位居世界十大碳排放国之列，温室气体主要来自能源产业。南非政府意识到，作为发展中国家，在保障能源安全、减少贫困和满足公众用电的同时，应对气候变化的重要性。CCS 技术被认为是实现这些目标的关键途径之一。2009 年，南非建立南非碳捕集与封存中心（SACCCS），专门负责 CCS 技术的研究和开发。

13.7 印度

印度大约 60% 的碳排放量来自发电和供暖。印度一次能源消费结构中主要是石油和煤炭等化石能源，值得注意的是，印度有四分之一的能源消费来自于固体生物质能和废弃物（图 13－5）。尽管印度还未实施专门的 CCS 项目，但是，政府已经制定了国家气候变化行动计划以及综合性的能源政策。目前，印度的能源政策主要倾向于提高能源效率和发展可再生能源。

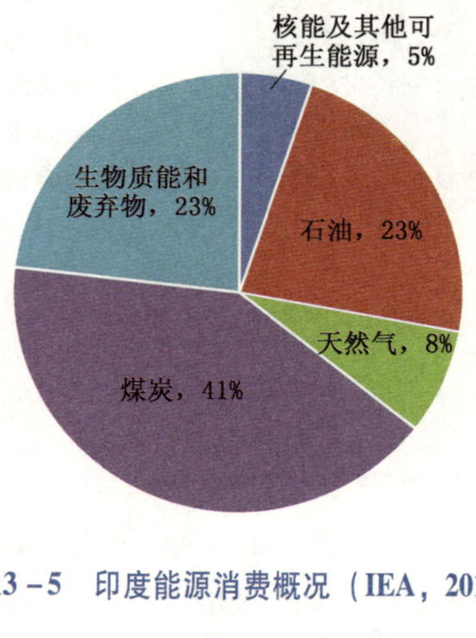

图 13－5 印度能源消费概况（IEA，2011）

14 各国及国际组织路线图比较

14.1 美国

美国能源部（DOE）国家能源技术实验室（NETL）于2002年制定了本国第一份CCS技术路线图，此后几乎每年更新一次。最新的美国CCS路线图于2013年9月公布，旨在为美国解决关键技术及为其他挑战制定计划，以使CCS技术于2030年前后在本国具有商业化的可能性（图14－1）。该技术路线图包含了美国CCS研究计划，概述了美国能源部为二氧化碳捕集与封存提供有成本竞争力的先进技术方面所开展的研发以及示范工作。值得注意的是，美国CCS路线图是以燃煤电厂为基础制定的。在该路线图中，部分技术已经得到了一定规模的示范，而诸如集成CCS的整体煤气化联合循环技术（IGCC）、先进的IGCC组件以及富氧燃烧等更多的先进技术（第二代）将于2020年之后陆续进行全面示范。CCS革命性的技术现正处于研发的初期阶段，并将于2030—2035年期间进行示范。从目前的技术和工程角度来看，下一代CCS技术将有革命性的突破。碳封存与利用的主要目标包括发展和证实技术的可靠性，以确保99%的CO_2得到永久性封存，以及对CO_2捕集成本的抵消。CO_2利用技术的商业化进程将持续推进，力争到2035年实现所有封存类型的商业化布局。

其他关键问题包括降低捕集技术的成本和能源消耗、监测、技术核准以及加强公众教育和交流。美国能源部的化石能源办公室建立了清洁煤研究计划，由国家能源技术实验室负责实施，以管理CCS相关的研发和示范活动。能源部支持研发和示范活动的资金在2011—2015年预计达20亿美元。另外，能源部的化石燃料办公室在2009年收到了来自美国经济复苏与再投资法案（ARRA）的30多亿美元拨款。

其他相关的计划也一并在CCS路线图中做了说明。清洁燃煤发电计划（耗资8亿美元）为降低发电站硫、氮以及汞污染物排放的新燃煤技术提供政府联合融资，扩大测试技术选择的宽度、应用范

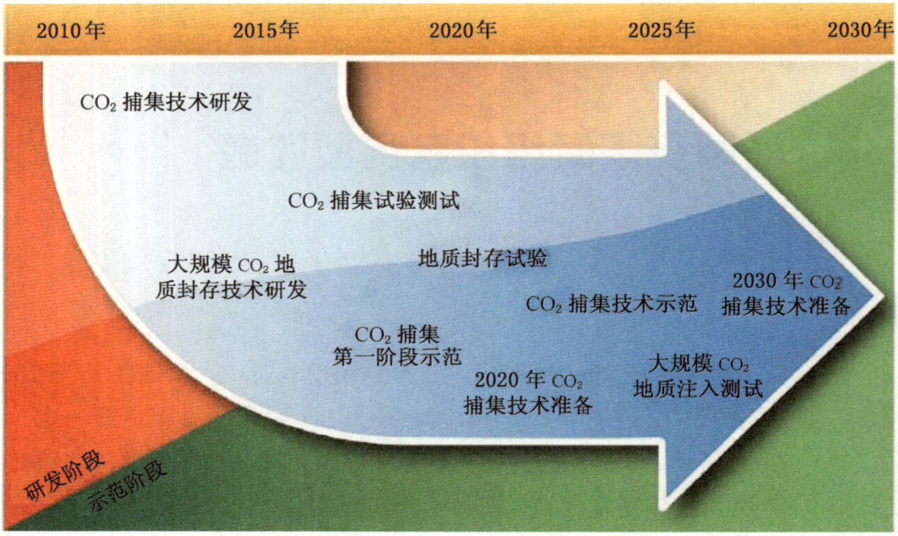

图 14-1　美国 CCS 路线图（2011 年）

围、燃料来源以及地质构造。来自 ARRA 新的资金将帮助这一项目获得 CCS 商业规模的经验。工业源碳捕集与封存（已耗资 15 亿美元）为大规模捕集工业 CO_2 排放的示范提供两部分的竞争性招标。其中第二部分的招标包括 CO_2 再利用和大气 CO_2 捕集的创新性概念，现有项目的规模化发展计划旨在加速扩大规模和实地测试。封存地地质特征研究（已耗资 1 亿美元）目标是在全美境内描述至少 10 个地质构造的特征。地质封存培训和研究（已耗资 4000 万美元）旨在培养未来一代具有 CCS 相关地质科学能力的地质学家、科学家以及工程师。未来发电 2.0（已耗资 10 亿美元）是基于未来发电 1.0 的一种清洁燃煤更新改造计划和 CO_2 封存网络，它由未来发电联盟执行，包括阿莫林能源资源公司、美国巴威 & 威尔科克斯公司以及液化空气公司。该计划将利用更先进的富氧燃烧技术改造位于伊利诺伊州梅勒多西亚的阿莫林公司 200 MW 电厂的 4 号机组。碳捕集与封存模拟计划意在利用先进的模拟与建模技术以促进 CCS 技术的发展。全国风险评估合作集成了 CCS 的研发和示范活动，为长期 CO_2 地质封存相关的潜在风险计算提供了所需的科学基础。

为了克服 CCS 成本效益的障碍和实现 CCS 的广泛部署，美国总统奥巴马于 2010 年建立了一个跨部门的特别行动小组，包括 14 个部门或组织机构，该特别小组的政策建议于 2010 年 8 月出版。建议中指出，CCS 技术的商业化需要联邦政府的政策支持。虽然美国至今还没有采取覆盖整个经济系统的国家温室气体政策，但是下面的政策却值得一提：

（1）试行规则要求新建发电站的碳排放限制在 1100 lbs 或者 499 kg CO_2/(MW·h)，

这意味着新建燃煤发电机组需要部分采用 CCS 技术，针对现有发电站的规则将在 2014 年出台。

（2）CO_2 封存的税收激励（EOR 为 10 美元/t，封存为 20 美元/t）政策已经到位并且正在不断修改和调整。

（3）针对 CCS 的贷款担保计划为其进一步发展助力，为此能源部将提供 80 亿美元的贷款担保计划，包括气化与改进燃料系统的 CO_2 捕集以及传统燃煤与天然气发电站的 CO_2 捕集。

14.2 加拿大

加拿大的碳捕集与封存技术路线图发表于 2006 年,其主要目的是确定 CCS 在加拿大大规模开发与部署所需要的技术、策略、流程和系统集成路线。与其他的 CCS 路线图相似,从加拿大 CCS 竞争力的研究出发,进而探讨 CCS 的基本原理和挑战。

加拿大的 CCS 路线图主要包括两个部分：技术路径和实现技术路径的战略。技术路径部分表明，虽然各子系统都有自己的研发重点和目标，但是加拿大需要将二氧化碳捕集与封存的全过程作为一个整体进行研究。例如，捕集技术主要研究如何降低成本，封存过程更关注存储容量和基础设施的发展水平。此外，该路线图总结了六个可以支撑加拿大发展 CCS 的手段：①政策和监管框架的建立；②公众宣传和教育；③技术监测和国际合作；④科学和技术的研发；⑤示范；⑥国内协调。

政策和监管框架是部署 CCS 基础设施和技术系统的必要外部因素，是确保该行业以一种适当、稳健且负责任的方式成长的基石。公众宣传和教育主要是向公众提供与 CCS 相关（利益和挑战方面）的信息，也是必不可少的环节。技术监测和国际合作是指关注和积极参与国际上最新的 CCS 活动。此外，科技研发环节至关重要，它能够解决国内能源产业发展面临的具体挑战。新科技的示范是建设新的基础设施和系统最重要的步骤之一，因为示范阶段能够检验新的技术和概念，证明其在技术上和经济上的可行性。

14.3 澳大利亚

澳大利亚的温室气体技术合作研发中心是澳大利亚领先的 CCS 合作研究机构，在 2004 年提出了第一份国家 CCS 路线图，并于 2008 年进行了修订（图 14－2）。该路线图指出，澳大利亚需要在 2010 年左右建立示范电厂，并于 2015 年左右开始其商业化进程。

该路线图指出了加快 CCS 在澳大利亚推广所面临的障碍。这些障碍包括人力资源短缺、CCS 经验不足、有效监管以及捕集技术经济竞争力的缺乏。这个路线图由三个主要部分组成：捕集、封存和利用技术的研发（表 14－1），CCS 示范项目，

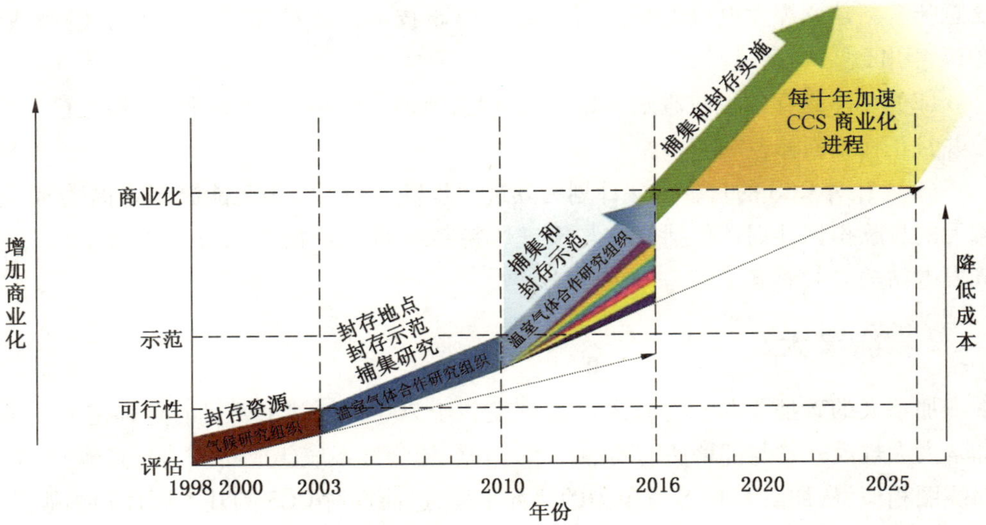

图 14－2　澳大利亚 CCS 发展路线图

以及 CCS 在国家的氢经济计划中的整合。CCS 的开发和部署被视为澳大利亚实现氢经济的第一步。此外，这个技术路线图还提出了不同 CCS 技术开发的时间表，以及实现这一技术路线图的相关参与组织和机构。这些组织机构包括金融业、设备和基础设施制造业、政府、电力行业、煤炭和石油工业以及研究机构。

表 14－1　澳大利亚路线图中捕集、封存和利用技术的研发

捕集研发	封存和利用研发	捕集研发	封存和利用研发
燃烧后捕集	监测	膜分离	天然气
燃烧前捕集	风险评估	溶剂分离	⋮
富氧燃烧	石油	⋮	

14.4　英国

虽然英国已经开展了数年的 CCS 研究，但直到 2012 年才发布了第一份 CCS 路线图。该路线图指明了英国将以何种方式到 21 世纪 20 年代实现 CCS 商业化应用的目标。报告指出了英国推广 CCS 技术有三方面的优势：①英国的海底下具有巨大的地质封存潜力，尤其是在北海之下，海上石油和天然气行业的经验可以转接到 CO_2 封存的商业应用上；②现有大量的发电站和工业设施具有应用 CCS 技术的潜力；③长期 CCS 的研究经验。在路线图中，英国政府希望在 21 世纪 20 年代提高

CCS 技术的成本效益，在没有政府补贴的条件下促使私有企业对 CCS 发电站进行投资。最后，在 21 世纪 20 年代，将 CCS 技术大范围普及至低碳或者零排放的化石燃料发电站和工业设施中。

实现 CCS 路线图的目标需要解决三个主要挑战：①降低融资成本和 CCS 相关的环境风险；②将市场与规则框架落实到位；③消除 CCS 应用的其他关键障碍。因此，路线图中相关的项目包括：①为商业规模的 CCS 提供一个 10 亿英镑的资金支持，重点关注实践中的学习与知识共享，从而降低 CCS 的成本；②拟定一个投入 1.25 亿美元为期 4 年的协调研发和示范的创新计划，通过基础研究应用与小规模测试以确保 CCS 技术的最好想法能够被进一步推向市场（表 14 – 2）；③依靠电

表 14 – 2　英国 CCS 研发需求

研发主题	短期研发需求（5 ~ 10 年）	中期研发需求（7 ~ 15 年）	长期研发需求（10 ~ 20 年）
整个系统	探索系统与电厂之间关于碳排放的操作性 测试应付需求的能力 建立碳核算	进一步探索 CO_2 多排放源的复杂相互作用（捕集技术、多工业来源）	
捕集技术	总结示范工程的经验 进一步了解对环境的影响 识别对改造的需求 对不同化石燃料采取对应的技术 清晰 CO_2 的标准 建立通用方法及监测	验证各种捕集技术 发展以及示范第二代捕集技术	发展商业化可行、针对不同化石燃料、捕集率大于 85% 捕集系统 发展系统效率达 45% 以上二氧化碳捕集系统
运输	理解潜在的危害与风险，以便对路上管道运输做出更高的决策 发展防止碳泄漏以及弥补的技术 扩大轮船运输的选择	收集更多实践数据 识别新兴的管道材料、密封装置和技术 提出新技术降低压缩二氧化碳的成本	建立一个实践数据库并使二氧化碳运输网络更加优化
封存	提高对地质封存和地表下二氧化碳活动的认识 评估英国 CO_2 的封存潜力 发展以及示范低成本的 CO_2 的监测技术 发展最佳实践手册用于建井建设、运行和改进	测试多地点的大规模注入 考察水的产生 发展技术评估储存容量 提高监测技术	发展技术使封存容量得到高效率的利用
CCS 的产业化	探索何种 CCS 技术能适于工业运用	对排放源的有效生命期限进行识别，以进行切实有效的改造	

力市场改革发展一个低碳电力市场；④解决CCS应用的关键障碍，包括支持CCS的设备供应链、发展运输与封存网络的基础设施，为CCS的工业化应用做准备并确保恰当的监管框架落实到位；⑤国际参与。

英国能源与气候变化部所属的碳捕集与封存办公室（OCCS）的职责是帮助政府实现路线图的目标。碳捕集与封存办公室是英国发展与大规模推广CCS战略计划的具体执行者。它同时也负责制定政策和计划以促进私有企业对CCS进行投资；为英国商业探索全球机会，并最终依靠创造就业和财富使本国经济受益；与利益相关者合作以消除在英国投资与发展的障碍。英国政府还组建了一个降低CCS技术成本的特别小组，与碳捕集与封存办公室一起制定行动计划，以解决CCS的成本问题。特别小组主要是评估CO_2捕集技术的成本降低潜力、范围以及所需要采取的行动。

英国电力市场改革将对CCS的发展起到促进作用。对CCS影响最直接的三种政策工具分别是差异化上网电价合同（CfDs）、基础碳价以及排放绩效标准（EPS）。

CfDs的基本机制，即所有合格发电者预先达成一个“履约价格”，这一履约价格将与参考市场价格一起执行。如果参考价格比履约价格低，发电者将得到二者之间的差额，反之如果参考价格高于履约价格，发电者将不得不支付二者之间的差额。基础碳价作为财政法案2011的一部分于2013年4月1日制定。初始碳价设定在大约15.70英镑/t CO_2，2020年这一价格将增加为30英镑/t CO_2，2030年将增加为70英镑/t CO_2（2009年实际价格）。基础碳价的目标是为英国电力行业提供一个长期确定的碳价，给低碳发电一个明确的价格信号。排放绩效标准将初始设定在450 g CO_2/(kW·h)，这一标准值将要求所有的新建燃煤发电站均采用CCS技术。

14.5 挪威

挪威目前还没有制定CCS技术的发展路线图。我们将在15.1节中讨论其CCS发展进程。

14.6 南非

南非碳捕集与封存中心（SACCCS）提出了实现CCS技术商业化进程的路线图，主要包含五个步骤。相较于其他发达国家的CCS路线图，该路线图提供了CCS技术商业化过程中的一般步骤及其配套方案。这五个步骤包括：CCS潜力的评估（2004年）、CO_2封存地地质勘测（2010年）、万吨级二氧化碳注入封存试验（2016年）、百万吨级二氧化碳封存示范电厂（2025年左右）以及完全工业化运营

（2025 年）。目前，南非碳捕集与封存中心正在努力实现第三步。通过相关的地震勘测和钻探测试，监测二氧化碳注入带来的影响，并通过提供一些研究生学位来提高相关的人力资源建设，最后得出南非 CCS 未来的结论。同时，SACCCS 制定了人力资源能力计划书、商业计划书以及相关的法规建设，以确保第三个里程碑的实现。

14.7 印度

印度目前还未公布任何官方的 CCS 路线图。但在全球 CCS 研究院的协助下，印度在 2013 年开展了其在该领域的研究。根据本篇所述，使印度发展 CCS 技术具有可行性，但由于缺乏可靠的碳封存数据，印度发展 CCS 存在不确定性。此外，印度也面临着很多困难，包括较高的捕集与封存成本、融资风险以及法律规范等相关问题。更为重要的是，印度需要在封存系统、集合、电厂改造以及地质封存方面进行更多的 CCS 研发和示范。因此，对政策决策者、监管者、技术人员、财政部门以及公众教育者能力建设的需求更为强烈。

14.8 国际能源署（2013）

2013 年 7 月，国际能源署发布了全球 CCS 发展路线图（2013）。该路线图对自 2009 年起 CCS 在全球的发展状况进行了概括总结，并在此基础上，对 2013—2050 年间 CCS 发展进行了战略部署。其中最值得关注的是，该路线图中提出了加速推进 CCS 发展中的重要举措。此外，国际能源署总结概括了发展 CCS 的主要障碍，包括缺乏经济驱动、缺少政策支持、技术困难以及缺乏公众认知。与此同时，IEA 再次强调 CCS 是低碳能源技术的重要组成部分。经初步预测，到 2020 年需要约 30 个运行中的大型项目为 CCS 提供技术经验同时降低 CCS 的运营成本；近中期内发达国家仍将引领 CCS 技术研发与应用，未来 CCS 的应用市场将逐步由发达国家转向发展中国家，70% 的 CCS 项目将来自非经合组织国家，特别是中国，将占到全球 CCS 市场的 37% 。

2013 国际能源署 CCS 路线图提出了未来 7 年推进 CCS 发展的 7 个重要举措。

政府方面

措施 1：完善 CCS 的资金支持机制以推动私人投资。

措施 2：完善封存勘探、地质特征和 CCS 项目发展的政策支持。

措施 3：完善与新建电厂、基本负载和 CCS 集合的化石燃料发电相关的法律法规，以及建立多边融资机制。

措施 4：提高 CCS 的公众认知程度，宣传推广 CCS 的重要性。

措施 5：通过合理的预期判断，比如对未来的需求中心和 CO_2 规模的预估，鼓

励加强 CO_2 基础运输设施的建设。

工业/研发方面

措施 6：通过持续的技术创新以及高效电力生产循环系统的应用，以降低配备捕集系统的电力成本。

工业方面

措施 7：拓展碳捕集应用范围。尝试在尚未实现碳捕集的工业领域进行小规模示范。

15 进展和挑战

CCS 的发展需要降低成本、实施大规模示范项目、不断完善政策和法律框架以及建立一套 CCS 商业化运营模式。然而，此时将政策和法律框架以及商业案例作为评估 CCS 的指标还为时尚早。CO_2 捕集成本很大程度上具有高度不确定性。本章聚焦于选定国家中的一些大型示范项目，因为切实可见的 CCS 项目是这些国家把发展 CCS 的承诺落实到位的强有力的证据。首先，我们介绍全球 CCS 的总体进展；其次，列举选定国家的一些具有代表性的项目，项目的介绍包括开发商、核心技术、项目规模、融资机制和业务组合。所有这些因素都可能最终推动未来全球 CCS 的商业化。本章内容的数据主要来源于麻省理工学院 CCS 数据库、全球 CCS 研究院和挪威“零排放”项目。

15.1 总体进展

国际能源署 2013 年版《碳捕集与封存（CCS）技术路线图》对过去五年 CCS 进展做了很好的总结。尽管我们对 CO_2 捕集与封存的认识在不断增加，但是总体进展仍不尽如人意。大部分的经验来自于运行当中的四个大型 CCS 示范项目和其他一些小规模的项目研发。在 2007—2012 年，CCS 示范项目累计支出达到 102 亿美元。此外，在 2006—2011 年，政府和企业研发资金以每年 46% 的速度增长。

过去五年全球 CCS 取得了一些重要成果，但数据显示远没有完成既定目标。举例来说，2009 年，国际能源署预计到 2020 年 CO_2 封存能力达到 300 Mt/a，然而，根据目前的项目进展，至 2020 年全球将仅有 47 Mt/a 的封存能力。关于投资，国际能源署希望经合组织国家每年投入约 40 亿美元，然而，在 2007—2012 年，公共和私营部门累计投入只有 100 亿美元。

15.1.1 美国

美国现总计有超过10个正在运营或仍处于发展阶段的大型CCS示范项目，在数量上远远超过其他国家。凭借其具有先进技术，美国现已成为CCS技术研发和示范的领导者。尽管如此，从CCS技术的法律和监管环境角度来看，仍需很大的改进，包括地质空隙空间的所有权、长期责任以及长期管理这几个方面。当然，这也是其他国家共同的挑战。由于没有专门的国家气候项目，私营部门缺乏投资CCS技术的兴趣。美国的示范项目涵盖了广泛的技术选择方案、捕集和封存规模等内容，见表15－1。

表15－1 美国运行和示范项目表

项目名称	所属单位	目标	关键技术	规模	融资	现状
加利福尼亚州的氢能源项目	SCE能源	发电以及肥料产品	整体煤气化联合循环发电(IGCC),碳捕集,EOR	每年捕集3 Mt以上CO_2	公共－私人合作： 能源部:4.08亿美元 私营部门:36.26亿美元	2018年投入运营
世纪电厂	Sandridge Energy	天然气生产	气体处理,碳捕集,EOR	每年捕集5 Mt CO_2	公司投资约11亿美元用于发展电厂以及其他基础设施	2012年投入运营
得克萨斯州清洁能源项目	Summit Power Group, INC	发电	煤气化联合循环发电(IGCC),碳捕集,EOR	每年捕集2～3 Mt CO_2	公共－私人合作： 能源部:4.5亿美元 私营部门:12.77亿美元	建设(2013—),运营(2015)
NRG Energy Parish CCS Project	NRG Energy	发电	联合循环燃气厂,燃烧后碳捕集技术,EOR	发电装机量250 MW;每年捕集1.4 Mt CO_2	公共－私人合作： 项目总成本:3.38亿美元 能源部:1.67亿元	2016年开始建设
Air Products Steam Methane Reformer EOR Project	空气化工产品公司	制造氢气	蒸汽甲烷改良,碳捕集,EOR	每年捕集1 Mt CO_2	能源部在接近3.84亿美元的总成本中投入的份额达66%。在研发的第一阶段有2250万美元的私人资金	运行中
查尔斯湖CCS项目	Leucadia Energy	生产甲醇	热电联产(甲醇),碳捕集,EOR	每年捕集4.5 Mt CO_2	公共－私人合作： 项目总成本:4.356亿美元 能源部投入:2.614亿美元	2014年开始注入
Kemper County IGCC project	南方电力	发电	煤气化联合循环发电(ICGC),碳捕集,EOR	发电装机容量582 MW,每年捕集3.5 Mt CO_2	公共－私人合作： 项目总成本:40亿美元 能源部投入:2.7亿美元	项目计划于2014年投入运行
未来发电2.0项目	美国能源资源公司	发电	富氧燃烧,碳捕集,盐水层的碳存储	发电装机容量200 MW,每年捕集1.3 Mt CO_2	公共－私人合作： 项目总成本:13亿美元 能源部投入:10亿美元	项目计划于2015年投入运行

15.1.2 加拿大

加拿大在大型 CCS 示范项目发展中处于领先地位。位于萨斯喀彻温省的 Weyburn/Didale EOR 项目是早期项目之一，从 2000 年开始共封存了 20 Mt 二氧化碳。加拿大还有一些其他大型示范项目正处于建设中，详见表 15－2。

表 15－2 加拿大运行和示范项目表

项目名称	所属单位	目标	关键技术	融资	规模	现状
Weyburn Project	Cenovus and Apache Energy	天然气	气体分离，碳捕集，EOR	11 亿美元(无政府资助)	每年捕集 1 Mt CO_2	2000 年开始一直运行
Saskpower 边界大坝项目	Saskpower	发电	碳捕集，提高采收率法采油技术	公共－私人合作：加拿大政府示范项目投入(2.4～12.4)亿美元	发电装机容量 120 MW；每年捕集 1 Mt CO_2	计划 2014 年开始运行
Quest	壳牌(Shell)	发电	煤气化联合循环发电(IGCC)，深部盐水层封存	阿尔伯塔省政府 CCS 基金出资 7.45 亿加元 联邦政府 CCS 基金出资 1.2 亿加元 总成本预计达 13.5 亿美元	每年捕集 1.1 Mt CO_2	捕集设备的基础建设已经开始，预计 2015 年开始运行

15.1.3 澳大利亚

在澳大利亚，许多 CCS 相关的研发和示范项目正处于在建或计划阶段，详见表 15－3。

表 15－3 澳大利亚运行和示范项目表

项目名称	所属单位	目标	关键技术	融资	规模	现状
CarbonNet 项目	维多利亚工业部，CSIRO，CO_2CRC 和澳大利亚国家低排放煤炭研究及发展部	CO_2 的运输和埋存测试	CO_2 工业应用，海底封存	澳大利亚政府的 CCS 旗舰计划拨款 7000 万澳元，维多利亚州政府承诺 3000 万美元。全球 CCS 研究所资助 23 万澳元资金	每年 4～10 Mt CO_2	计划 2015—2019 年间启动，目前的工作集中在可行性研究和二氧化碳封存地的评估
Callide 富氧燃烧项目	维多利亚基础产业部，CSIR，CO_2CRC 和澳大利亚国家低排放煤炭研究及发展部	发电	富氧燃烧，CO_2 封存	预计总成本约为 1.31 亿美元。澳大利亚政府低排放技术示范基金出资 3300 万美元，全球 CCS 研究所提供 183 万澳元	五年捕集 0.06 Mt CO_2	计划 2015—2019 年间启动，目前的工作集中在可行性研究和二氧化碳封存地的评估

表 15-3（续）

项目名称	所属单位	目标	关键技术	融资	规模	现状
Gorgon二氧化碳注入项目	雪佛龙，埃克森美孚，壳牌	发电	天然气分离，盐水层封存	Gorgon LNG的第一阶段的总成本是430亿澳元。澳大利亚政府低排放技术示范基金拨款6000万澳元	每年3~4 Mt CO_2	该项目已进入一个五年建设计划，并计划于2014年获取天然气，第一批压缩机模块已于2013年下半年到达巴罗岛

15.1.4 英国

英国提出了几个大型CCS发电厂项目，虽然进展缓慢，有些拟建项目也已取消，但是英国仍然雄心勃勃地计划建设2~3个大型综合项目，如Peterhead和White Rose项目，详见表15-4。

表 15-4 英国运行和示范项目表

项目名称	所属单位	目标	关键技术	融资	规模	现状
Peterhead项目	苏格兰，南部能源和壳牌(Shell)	发电	燃烧后捕集，地质封存	英国政府宣布将投资10亿英镑用于CCS项目，Peterhead是两个首选竞标者之一。英国政府与项目的参与者仍在进行谈判。2015年，英国政府将做出最终决定，最多投资建设两个项目	发电装机容量385 MW，每年捕集1 Mt CO_2	2015年做出最终投资决定
White Rose项目	捕集电力有限公司，阿尔斯通英国有限公司，德拉克斯电力有限公司和国家电网	发电	富氧燃烧，离岸封存	英国政府宣布将投资10亿英镑用于CCS项目，White Rose是两个首选竞标者之一。英国政府与项目的参与者仍在进行谈判	发电装机容量426 MW，每年捕集2 Mt CO_2	2015年做出最终决定，可能于2020年开始运行

15.1.5 挪威

挪威是世界上最早确立碳税的国家之一，这直接促使挪威在20世纪90年代初开始了第一个碳捕集与封存项目。在本国能源企业的大力支持之下，挪威一直有意成为CCS技术领域世界领先的国家，详见表15-5。

表 15－5 挪威运行和示范项目表

项目名称	所属单位	目标	关键技术	融资	规模
Sleipner	国家石油公司	生产天然气	气体分离，海底深部盐水层封存	为了避免挪威于1991年颁布的二氧化碳排放税，Sleipner 建立了 CO_2 气体处理和捕集装置。同时 Sleipner 通过埋存二氧化碳而获得减排的额度，且不用交税	已储存了 1 Mt CO_2

15.1.6 南非

南非正在紧密推进其 CCS 路线图的 5 个步骤。计划于 2016 年开展的二氧化碳注入测试是南非发展 CCS 的关键。该项目计划存储 $(1\sim5)\times10^4$ t 二氧化碳。同时，SACCCS 正在进行世界范围内的调研，通过借鉴国内外经验，构建一个能够支撑这项测试的商业计划。

15.1.7 印度

印度暂时还没有具体的项目。

15.2 面临挑战

CCS 发展的首要障碍是尚未形成全球性应对气候变化的框架。由于缺乏严格的气候制度，排放者就没有动力去实施碳减排，更不用说花数亿美元用于 CCS 的研发与示范。在政策层面上，虽然多个全球 CCS 平台已经建立，但 CCS 所扮演的重要角色尚未引起全球范围内的高度重视；与此同时，技术上的困难与不确定性迫使投资者面临投资抉择的难题。此外，没有大规模的示范项目，CCS 的技术可行性以及其他的环境影响很难被证实。如何解决以上问题是 CCS 发展所面临的重要挑战。未来 CCS 面临的主要挑战，见表 15－6。

表 15－6 未来 CCS 面临的主要挑战

缺少经济激励	1. 缺少或者很低的碳价 2. 忽视 CCS 技术学习 3. 商业机会的限制（EOR，小规模的利用）
缺少政策支持	1. 长期气候政策的不确定 2. 对 CCS 所带来的影响缺少政治认识 3. 缺少或仅力度很小的政策刺激措施

表15-6（续）

技术障碍	1. 高昂的捕集成本 2. 捕集技术的复杂性 3. 有关封存的商业风险 4. 复杂的商业布局
公众的不理解	1. 对CCS作为延续化石燃料的利用持不同的意见 2. 多CO_2泄漏风险的担忧 3. 缺少对资助者的理解

15.3 经验与教训

15.3.1 成功的经验

目前，值得关注的两个CCS电厂项目分别是加拿大的Saskpower项目和美国的Kemper County项目。二者都将目标锁定于大规模集成的燃烧后捕集和燃烧前捕集的CCS项目。其中，Saskpower项目每年捕集约1 Mt CO_2，Kemper County项目每年捕集3.5 Mt CO_2。两个项目的所属单位均在决策阶段投入很多时间与精力，此阶段包括可行性研究、工程设计、财政预算等。这两个项目的经验对CCS未来的发展具有较大的借鉴意义，本部分我们将对Saskpower边界大坝项目进行探讨分析。

推动该项目发展的主要原因包括三点：①加拿大新的联邦法案规定到2015年，燃煤电厂的CO_2排放量达到420 kg/(MW·h)；②燃煤发电是Saskpower发电组合中重要的组成部分；③加拿大萨斯喀彻温省储藏着大量的煤炭资源。项目的具体实施计划如下：2009年完成碳捕集的工程设计工作，2010年完成具体细节的设计，2011年开始建设，2013年完成机械设备安装，2014年正式投入运行。资金来源方面，公司花费了12.4亿加元，联邦政府给予了2.4亿加元的补贴，其中50%用于碳捕集系统，30%用于发电场地的翻新。Saskpower边界大坝项目的基本运作图，如图15-1所示。

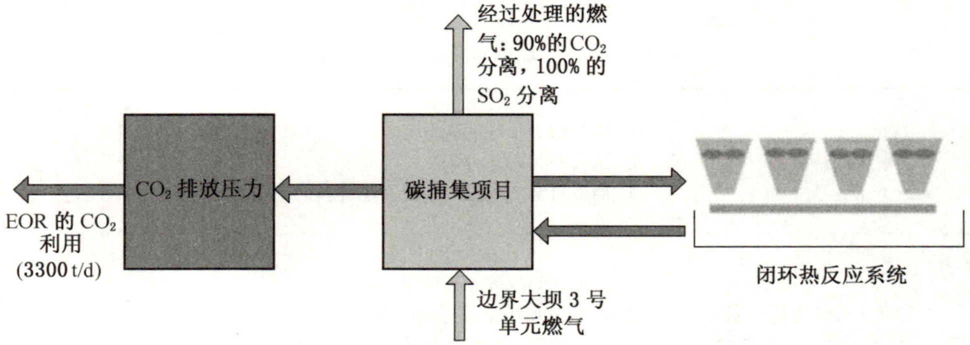

图15-1 项目的基本运作图

边界大坝项目用了10多年的时间决定是否有必要启动，并将超过5000万加元用于工程设计研究上。初期问题主要包括选用燃煤发电是否正确、厂址选择以及采用何种技术等。2005年Saskpower在新建厂房或改造旧厂房之间犹豫。与此同时，加拿大对限制碳排放的法规问题展开了讨论。在技术层面，对干冷或者湿冷、干法除硫或者湿法除硫、煤粉或者循环流化床技术、亚临界或者超临界技术等问题都进行了调查。2006年，在考虑到CO_2减排相关的法规可能很快出台后，计划在275 MW的发电机组上安装燃烧后捕集装置，然而，仍迟迟未能决定将燃烧后捕集装置建在新厂还是旧厂。此外，技术选择方面也是一个需要考虑的问题，比如选择燃烧后捕集技术还是富氧燃烧捕集技术。

2006年，Saskpower开始与承包商讨论价格。经过深入的调查后，最终认为专门为CCS项目新建电厂不具备可行性。原因包括技术难度高、高运输依赖以及承包价格难以承受。2007年，Saskpower最终决定翻修厂房，边界大坝3单元因在2013年将闲置而被选为CCS的翻修点。对于EOR技术是否可行也被考虑在其中。2008年，根据真实的市场信息，Saskpower对碳捕集系统以及翻新成本进行了估算。同年，Saskpower获得环境许可，最终于2010年11月做出了投资决定。

从边界大坝项目中，我们能得到以下四点启示：

（1）公共财政支持。对于没有碳约束市场的大型项目来说，注重私人投资与政府投资相结合十分必要。政府通常要给予部分的资金支持，同时要为驱动私人投资提供一定的激励。其中，边界大坝项目资金的20%就来自联邦政府和州政府。

（2）已有的基础设施。已存在的发电厂与油田之间CO_2运输设施使投资决定更加容易。

（3）可行的商业模式。商业模式至关重要，电力公司可以通过销售CO_2来降低捕集的高成本。Saskpower已经与一家石油公司签订了长期供应CO_2的协议。这再次证明将碳捕集与提高石油采收率相结合是较为可行的商业模式。

（4）利用旧的厂房。与新建厂房相比，重新翻修一个旧的厂房会节省更多成本，并能增加投资的可能性。然而，这种情况仅适用于燃烧后捕集技术，燃烧前捕集和富氧燃烧捕集则必须重新建厂。

15.3.2 失败的教训

在过去的5年中，由于政治、经济、环境和技术等原因，很多已提上日程的CCS项目被取消。这些被取消的计划不仅令人沮丧，而且减缓了2008年G8峰会上制定的CCS发展进程。当时，全球主要发达经济体的领导人在会上雄心勃勃并且乐观地承诺至2020年推进20个大型CCS示范项目启动运行。然而，按照目前的发展速度，这一目标很难完成。下面简要介绍几个项目的失败教训。

美国电力公司（AEP）登山者项目

AEP 登山者项目曾经是一个分若干阶段实施的明星项目。第一阶段的目标是组建一个安装碳捕集设备的 30 MW 机组，每年捕集 0.1 Mt CO_2。第二阶段组建一个安装碳捕集设备的 235 MW 发电站，每年捕集 1.5 Mt CO_2。然而，由于气候政策的不确定，第二阶段项目不得不被迫取消。该项目成本总共估计为 6.68 亿美元，美国能源部分担其中的 3.34 亿美元。DOE 化石能源部已经向该项目初期阶段投入 1400 万美元。据了解，AEP 放弃这一项目的原因在于该公司管理部门不能确定州政府是否允许将项目的额外成本转嫁给消费者。更为重要的是，公司明确表示目前的经济与环境政策不适宜对该项目进行投资。这其中就包括美国国会在气候变化立法上的不作为，以及自 2008 年以来的经济不景气。

加拿大横贯亚伯达公司（TransAlta）项目

横贯亚伯达公司（TransAlta）与横加公司（TransCanada）、阿尔斯通公司（Alstom）、高能资本（Capital Power）和加拿大管道公司（Enbridge）四家公司合作，计划建造一座安装燃烧后捕集设备的发电厂。工程设计工作计划在 2010 年完成，场地建设于 2012 年开始，预计在 2015 年正式投入使用。该项目得到加拿大联邦政府 4.3 亿加元的资金支持，另额外补助工程设计 500 万加元。与此同时，亚伯达州政府也拨款 4.31 亿加元用于 TransAlta 项目的最初工作。在横贯亚伯达公司、高能资本以及加拿大管道公司相继以该项目不具商业价值而撤出项目之后，该 CCS 项目于 2012 年 4 月 27 日被取消。横贯亚伯达公司政策与可持续性副总裁唐沃顿说："我们不能在 CCS 项目上看到之前所预想的商业价值，基于此事实，我们做出了撤销项目的决定。"

英国朗甘尼特（Longannet）CCS 项目

苏格兰电力公司与壳牌（Shell）、英国国家电网公司（National Grid）和阿克清洁碳公司（Aker Clean Carbon）三家公司合作建造一座燃烧后捕集的 330 MW 的燃煤发电厂，并将捕集的 CO_2 通过 Shell 公司的名为"黄金眼"的管道封存于该国北海已枯竭的油气田。项目负责人一直在等待英国政府对该项目的财政决策。如果所有需求可以被满足，Longannet 需要 10 亿英镑的政府资助才能维持英国首个商业规模的 CCS 示范项目。然而，2011 年 10 月，朗甘尼特 CCS 项目被官方正式取消。英国政府宣称：政府的 10 亿英镑最终决定投资在其他项目上，政府将不再支持朗甘尼特 CCS 项目。很有趣的是，朗甘尼特项目是英国政府 CCS 资助的最后名单中仅有的项目。

瓦腾福电力公司（Vattenfall）德国 Janschwalde 项目

瓦腾福 CCS 项目是一个具有年捕集 1.7 Mt CO_2 的富氧燃烧发电厂，所捕集的 CO_2 将被运输并封存于陆地盐水层。项目原计划于 2008 年开始进行可行性研究，

2011 年正式开始建设，到 2016 年全部投入使用。瓦腾福电力公司总共投资 15 亿欧元，其中 12 亿欧元用于碳捕集，3 亿欧元用于运输及封存。欧洲能源复苏计划捐资 1.8 亿欧元以支持该项目发展。然而，由于诸多民众对环境表示担忧而反对该项目的进行，以及德国政府缺乏 CCS 的法律框架，该项目最终被迫取消。

上述失败案例为未来发展 CCS 项目示范与应用提供了启示与借鉴。如果不解决财政稳定性、环境风险、政策框架以及其他挑战，CCS 将无法得到广泛应用，也无法实现减少 CO_2 排放的目的。

16 CCS技术路线图的性质及其作用

CCS技术路线图常被误解为是一个指导研发和示范的官方文件。实际上，CCS技术路线图是由政府或非政府研究机构制定的更多偏向于研究性质的文件。因此，我们不能从政府政策的角度来评价CCS技术路线图。本章将讨论什么是CCS技术路线图以及政府如何更好地使用它。

16.1 CCS技术路线图的性质

16.1.1 CCS技术路线图不是官方研发与示范计划

CCS技术路线图不是一个指导国家CCS研发与示范的政府官方计划。首先，极少有路线图会提及政府应该如何遵从这一文件，而更多的是提供总的研究方向与目标；其次，政府监管的研究机构多数是从科学研究的视角制定路线图的。例如，加拿大Canmet能源技术中心负责该国CCS技术路线图的起草与写作，主要关注于未来CCS的应用。美国能源部的国家能源技术实验室负责美国CCS技术路线图的发展与更新。此外，还有一些CCS技术路线图由国际非政府组织制定，与政府联系并不密切。在波兰、匈牙利以及马来西亚，CCS技术路线图都是由国际非政府组织提供协助制定的，比如克林顿基金会。这些案例中，政府机构仅仅提供一些信息和建议。因此，用政策评价的方法研究CCS技术路线图并不合理。

16.1.2 CCS技术路线图是一个国家CCS技术现状的综合表征

几乎所有的CCS技术路线图首先关注的是一个国家CCS研究、发展以及应用的总体情况，包括现有的研发领域、差距、目标以及未来的研发方向。这些信息构成了整个CCS技术路线图的基础。鉴于许多技术路线图都是由一组从事CCS研究的顶尖科学家撰写的，这些文本具有很强的技术导向性（见美国、澳大利亚、英国的 CCS 路线图）。捕集成本通常被认为是技术效率的最佳指标，这在一些 CCS 技术路线图中都可以体现出来。例如，加拿大以国家为背景比较了不同捕集技术的成本，即燃烧后捕集系统的成本（CDN）为 50 ~ 70 美元/t CO_2；燃烧前成本（CDN）为 2 ~ 50 美元/t CO_2；富氧燃烧成本（CDN）为 13 ~ 80 美元/t CO_2。捕集技术的成本是现阶段捕集技术的最佳指标。一些国家甚至将成本设定为未来目标。

16.2 CCS 技术路线图的作用

CCS 技术路线图的一个主要作用就是为国家指明未来研究方向。除了美国在 CCS 研究的各个领域都非常领先之外，各个国家都会基于自身资源与基础设施条件划定一些优先 CCS 技术。例如，澳大利亚 CCS 技术路线图侧重富氧燃烧；英国旨在建立最先进的 IGCC 电站；挪威则对海上封存进行投资。总的来说，一个国家会根据自身的能源结构、研究能力以及市场潜力来制定自己的研究方向。一旦国家确定了研究领域，财政支持便会随之而来。

其次，鉴于 CCS 技术发展的外部环境在持续变化，一些国家和国际组织每隔几年都会重新评估和更新 CCS 技术路线图。最明显的一个变化是国际能源署 2010 年 CCS 技术路线图中计划到 2020 年建立 100 个 CCS 项目，2030 年建立 850 个 CCS 项目，2040 年建立 2100 个 CCS 项目以及 2050 年建立 3400 个 CCS 项目。尽管如此，国际能源署在 2013 年再也没有提及以上目标，主要是因为过去几年 CCS 技术的发展进程放缓。因为全球经济衰退和气候变化谈判的停滞，CCS 技术在 2008—2013 年期间发展非常缓慢。

表 16－1 美国主要 CCS 研究、发展以及应用项目

名　称	目　标	资金/美元
清洁煤发电计划	为帮助发电站设备削减硫、氮以及汞污染物的新建燃煤技术提供政府联合融资。同样，一些早期项目通过提高能效（燃煤电厂将煤转化为电或者其他能源形式）也具有减排温室气体的潜力	8 亿
工业碳捕集与封存	为来自工业的大规模 CCS 项目提供资金	15 亿
地质封存点特征	为美国提供至少研究 10 个地质封存特征的资金	1 亿
地址封存培训和研究	为教育和培训提供资金	2000 万
未来电力 2.0	为建设未来发电 2.0 提供资金，主要是清洁煤电厂改造项目和 CO_2 封存网络	10 亿
碳捕集与封存模拟计划	提供资金，采用先进的仿真和建模技术，加快 CCS 技术的发展	4000 万

除了研发和示范现状，许多路线图展示了发展 CCS 的国家计划。例如，在美国 2010 年 CCS 路线图中，在美国经济复苏与再投资法案下就有 8 个 CCS 研究、发展以及应用项目。这些项目规定了目标和资金量，不仅全面展示了国家投资的领域，而且指出了资金需求者可以得到的资源种类（表 16－1）。

17 政策建议

为了进一步激励私营部门示范和部署 CCS 技术，政府必须应对政策、金融、环境和技术等方面的挑战。CCS 商业化无疑将取决于一国政府有效的国际与国内决策。最后一部分将介绍一些政府可以采取并能够达成目标的政策。

17.1 释放强有力的政策信号

由于缺乏 CCS 技术的商业模式，政府部门必须释放强有力的政策信号，纠正二氧化碳排放的负外部性。CCS 的最终目的是推动应对气候变化，这可以通过各国在气候变化立法和法规上循序渐进的进步来实现。需要清楚的是，全球或国家应对气候变化的立法不会一蹴而就。然而做出长期政治承诺建立应对气候变化机制是至关重要的。例如，从中国政府致力于长期二氧化碳减排的迹象看，中国目前的七个碳交易试点项目可能会导致该国在 2017 年制定一个国家层面上的碳交易市场。同样，美国奥巴马政府为展示政府应对气候变化的决心而设立的《美国气候行动计划》则是另一例证。所有这些政策信号将激励私营部门研究二氧化碳的减排途径。毫无疑问的是，CCS 将是其中之一。

17.2 减少项目示范与推广的财政缺口

由于示范和推广是 CCS 开发的两个不同阶段，政府应该在不同的阶段使用不同但又延续的政策。在示范阶段，各国政府必须广泛采用“技术推动”的政策；包括对研发活动提供经费、与私营企业分担成本并给项目参与者提供税收抵免。不过由于资源的限制，政府也应拨出资金用于投资一些未经大规模证实的技术，主要是待捕集过程的大型富氧燃烧和 IGCC 技术。这样，政府可以帮助早期投资者减少其投资的不确定性，从而克服由 CCS 技术带来的高投资成本和运营成本。此外，政府在示范阶段的干预也可以克服市场信息的不对称，因为CCS技术成本和性能信息不能在市场上自由交流，在未获得与技术和项目融资相关的足够信息之前，私营企业不会做出投资决定。

另一方面，政府应该帮助企业建立一个对CCS有利的市场环境。为了实现这一目标，碳价是必要的，它可以通过征收碳税、碳交易、制定排放标准等实现。需要注意的是，制定碳税不仅有利于CCS发展，同时也是制定低成本温室气体减排技术方案的一个重要工具，从而避免气候减排锁定在任何特定的技术。对于目前的CCS政策而言，之前讨论过的英国电力市场化改革，提供了一个极好的例子。关税补贴和差别化的合约以及与低碳投资政策相关的政策倾斜可以降低项目投资者的投资风险，为其提供长期稳定的收入。碳排放基准限制在450 g CO_2/(kW·h)，这个标准可以确保新建的燃煤电厂（50 MW以上）必须建立CCS。英国电力市场改革中免征部分CCS示范电厂的碳税可以对这部分示范者起到鼓励作用。

17.3 制定法律和监管框架

在传递政策信号的同时，为了应对未来全球CCS的商业化，我们也需要制定相应的法律和监管框架。仅有极少数国家的（澳大利亚、加拿大、欧盟和美国）法律和监管框架的建立正在缓慢进行中。相关后续政策的不确定也导致该过程进展缓慢。阿尔伯塔省的法规框架评估（RFA）方法是建立监管框架的一个很好的例子（表17-1）。通过对CCS法规的梳理回顾，确保省一级法律可以有效并安全地监管CCS。该梳理审查过程对未来数年内实施CCS可能遇到的21个问题提出了71条相关建议。这些问题主要包括项目审批、许可证的颁发过程、环境影响评估和修复、风险管理、责任的终止和转移、监测、测量和验证等。

其他国家或地区可以借鉴并建立相应的监管框架。

表17-1 加拿大阿尔伯塔省CCS监管框架评估

批准，许可及监管流程	对环境的影响，缓解和补救	风险评估
封闭和责任转移	监视，测量和验证	矿场关闭
二氧化碳的分类	管道的开放	选址
二氧化碳驱油和酸性气体处理	孔隙的开放	地面的接入
二氧化碳的运输和组成	关闭后的支持和资金保障	征地过程
与其他资源的竞争	公众参与和利益相关方磋商	实施过程
环境评估	公共安全	建井

17.4 加强公众教育与宣传

在许多国家，公众支持是项目得到批准的关键。我们发现，许多项目议案因为公众的反对而停止，因此政府应加大公众教育相关的投入。加拿大的CCS路线图为其他国家如何进行公众教育和宣传提供了借鉴。加拿大已经建立了一个通过出版物、公开演讲论坛和网站来宣传 CCS 的国家信息计划。该计划活动包括邀请在科学和工程领域以及非政府组织的独立专家，鼓励他们参与到公众普及的计划中来，增加教育领导和相关机构对 CCS 的认识，开展公共宣传以鼓励大家对加拿大未来能源结构进行讨论，并提高公众对二氧化碳捕集和地质封存的认知程度。了解 CO_2 地质封存也是十分重要，因为公众的反对主要源于此。公众需要知道地质封存工程是如何进行的，CCS 对环境治理及减缓气候变化的好处，封存的环境风险、预防和整治方法。

17.5 推进知识共享

知识在全球范围内的共享对提高民众对 CCS 的认知至关重要。事实上，全球范围内的 CCS 知识共享正通过双边和多边平台进行。例如，中美清洁能源联合研究中心的先进煤炭技术中心就是这样一个平台，中国和美国在这个平台下进行技术合作并共享信息。碳捕集领导人论坛给政策制定者和技术专家就全球的 CCS 发展提供交流平台。尽管 CCS 领域已经有比较显著的国际知识交流，但各国领导人还应该更加努力提高现有的国际知识共享的协调性和有效性，特别是在示范项目阶段。

17.6 支持 CCS 的工业应用

工业领域的碳捕集也是未来实施 CCS 的重要潜在部门。CCS 已经在某些工业领域证明，如天然气加工行业中早期 CCS 部署的成本相对较低。然而，在一些关键部门，如钢铁、水泥和炼油行业的商业规模示范尚未实现，所有这些部门都需要更多 CCS 技术方面的经验。然而，相关的政策驱动仍然缺乏。因此，政府应制定和实施相关激励政策，鼓励工业领域进行 CCS 示范。CCS 在其他工业领域的应用对减少温室气体排放起着非常重大的作用。

参 考 文 献

[1] http://www. eia. gov/countries/country - data. cfm? fips = US&trk = m

[2] http://www. whitehouse. gov/sites/default/files/image/president27sclimateactionplan. pdf

[3] http://www. eia. gov/countries/cab. cfm? fips = CA

[4] http://www. globalccsinstitute. com/location/canada

[5] http://www. carbonneutral. com. au/climate - change/australian - emissions. html

[6] https://www. gov. uk/government/publications/final - uk - emissions - estimates

[7] http://www. globalccsinstitute. com/location/united - kingdom

[8] https://www. iea. org/countries/membercountries/unitedkingdom/

[9] http://www. globalccsinstitute. com/location/norway

[10] http://www. sacccs. org. za/about - us/

[11] http://www. netl. doe. gov/

[12] http://www. netl. doe. gov/technologies/carbon_seq/refshelf/Program - Plan - Carbon - Storage - 092013. pdf

[13] http://www. whitehouse. gov/administration/eop/ceq/initiatives/ccs

[14] http://www. whitehouse. gov/administration/eop/ceq/Press_Releases/August_12_2010

[15] https://www. gov. uk/government/uploads/system/uploads/attachment _ data/file/48317/4899 - the - ccs - roadmap. pdf

[16] https://www. gov. uk/government/uploads/system/uploads/attachment _ data/file/48371/5349 - electricity - market - reform - policy - overview. pdf

[17] http://ccs101. ca/ccs_pro/canadas_ccs_roadmap

[18] http://www. cslforum. org/publications/documents/SaudiArabia/T2 _ 3 _ CSLF _ PJC _ DVP _ Australia_Jan08. pdf

[19] http://www. sacccs. org. za/roadmap/

[20] http://cdn. globalccsinstitute. com/sites/default/files/publications/88981/india - ccs - scoping - study - final - report. pdf

[21] http://www. iea. org/publications/freepublications/publication/name,39359,en. htm

[22] http://www. iea. org/publications/tcep_web. pdf

[23] http://www. globalccsinstitute. com/publications/global - status - ccs—2010/online/33466

[24] http://www. globalccsinstitute. com/location/united - states

[25] http://wyia. org/wp - content/uploads/2014/01/guy. pdf

[26] http://www. saskpowerccsconsortium. com

[27] http://ccs101. ca/ccs_pro/canadas_ccs_roadmap

[28] http://www. energy. alberta. ca/Initiatives/3544. asp

[29] http://www. energy. alberta. ca/CCS/pdfs/CCSrfaNoAppD. pdf

第 4 篇

中国CCS技术发展路线图

本篇将专题研究设计中国CCS/CCUS技术发展路线图。从分析中国经济、能源、环境以及社会特点与发展趋势入手，指出CCUS技术对于中国可持续发展的战略意义。梳理中国在CCUS技术研发、示范工程建设及政府投入、国际合作等方面所做的工作，分析中国发展CCUS技术的基础条件、优势与障碍等。在此基础上，探讨中国CCUS技术未来商业化的重要影响因素和可能的发展路径，从技术、经济、政策三个方面提出中国CCUS技术商业化发展路线图。以促进CCUS技术在中国的大规模推广与商业化应用为发展目标，提出针对性建议。中国作为全球最大的煤炭生产与消费国，同时也是第一大碳排放国，CCS技术对其实现经济低碳可持续发展具有特殊重要意义。中国CCS技术发展路径对全球CCS技术推广应用，以及实现全球煤炭产业的可持续发展，也将具有一定的示范和带动效应。

18 CCS 技术与 CCUS 技术

区别于 IEA、CSLF 等机构针对 CCS 技术领域的研究及制定的路线图，本篇的研究重点不在于技术本身的研发与进步路径，而是从 CCUS 技术的潜力与产业需求出发，侧重于从技术的商业化应用展开研究。根据中国具体国情和 CCUS 技术发展特点，提出中国 CCUS 技术商业化发展路线图。

18.1 CCUS 技术概念的提出与界定

由于全球性碳减排约束机制尚未确立，CCS 技术面临着高投入、高成本、净能耗增加和长期安全性有待考验等问题的制约，总体技术水平还处于研发与示范应用阶段，距离大规模商业化推广还有较大差距。

碳收集领导人论坛（CSLF）最新的路线图（2013 年版）中，首次强调 CO_2 资源化利用（Utilization）技术对于 CCS 技术的促进与推动作用。CO_2 资源化利用技术，是指利用 CO_2 的物理、化学或生物等特性、作用，生产具有商业价值的产品。该技术与其他生产相同产品或者具有相同功效的工艺相比，可实现 CO_2 净减排效果。该技术在生产具有经济效益产品的同时兼有封存或利用 CO_2 的减排效果，与单纯的 CO_2 盐水层封存技术相比具有更好的经济性，是未来 CCS 技术实现大规模减排，向商业化推广的重要过渡技术。该技术可为单纯封存 CO_2 技术提供更多的科技和工程示范经验。

将 CCS 技术与 CO_2 利用技术结合起来，就形成了 CCUS（碳捕集、利用与封存）的技术概念。CCUS 技术是中国根据自身的国情提出的具有创新意义的技术概念，CO_2 资源化利用已经成为 CCS 技术中的重要环节，故本篇将主要使用“CCUS”的表述方式。除着重区别两者的差异之外，本篇中“CCS”与“CCUS”所指范畴是一致的。CCUS 技术流程示意如图 18－1 所示。

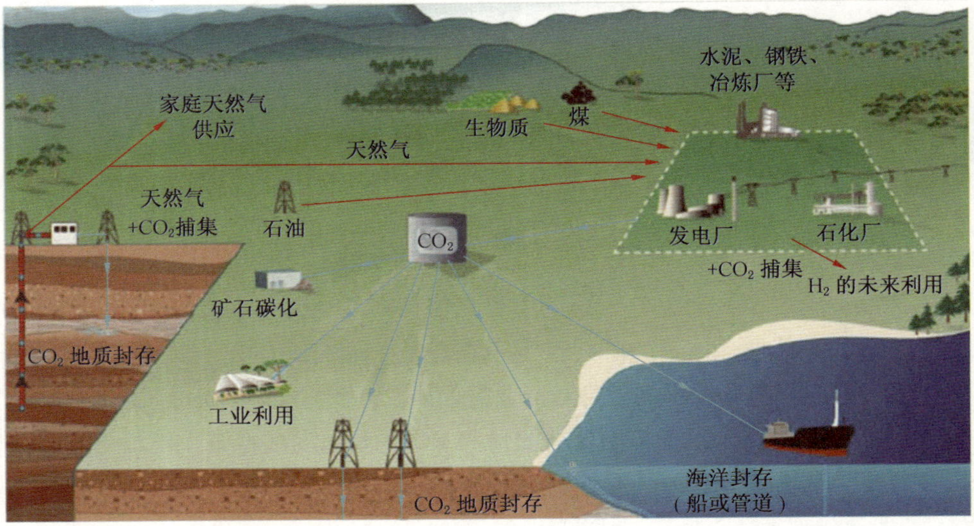

资料来源：《中国碳捕集、利用与封存技术发展路线图研究》，科技部、中国21世纪议程管理中心，2012

图18－1　CCUS技术流程示意图

18.2　CCUS技术路线图方法学

本篇着重研究可实现CCUS技术商业化发展的中国CCUS技术发展路线图。路线图主要基于TNEI（Target Need Element Influential factor）方法学，即针对中国经济、能源、环境，以及社会目标与需求，提出CCUS技术发展的重要性与必要性，并通过对CCUS技术各要素的分析，识别未来中国CCUS技术商业化的影响因素，从而制定适合中国国情的CCUS技术商业化发展路线图。中国CCUS技术路线的研究思路如图18－2所示。

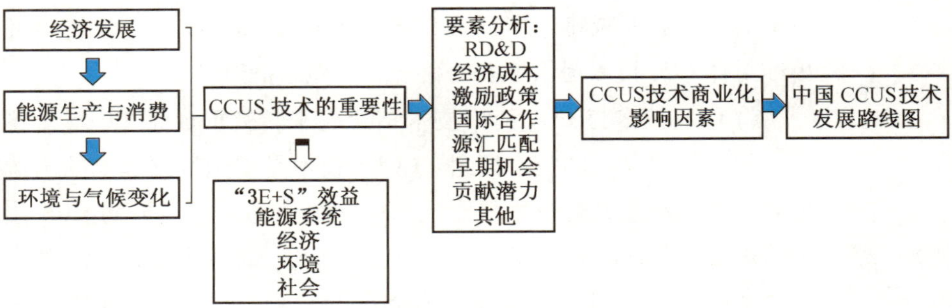

图18－2　中国CCUS技术路线的研究思路

19 中国发展 CCUS 技术的背景与意义

19.1 经济发展取得的成就与存在的问题

改革开放 30 多年，特别是进入 21 世纪以来，中国经济一直保持较高增长速度，取得了举世瞩目的成就。1990—2012 年 GDP 年均增长率为 9.7%，2010 年成为世界第二大经济体，2013 年 GDP 总额达到 9.24 万亿现价美元（图 19－1），占世界总量的 12.3%。随着经济的发展，人民的生活水平不断改善，据《2014 年联合国千年发展目标报告》显示，中国极端贫困人口比例从 1990 年的 60% 下降到 2010 年的 12%。中国经济增长的同时，产业结构不断优化，工业化、城镇化进程不断加快。1990 年，中国第一、二、三产业的占比分别为 27.1%、41.3%、31.5%，而到了 2012 年，中国第一、二、三产业的占比分别调整为 10.1%、45.3%、44.6%；城镇化率由 1990 年的 26.41% 达到 2012 年的 52.57%（图 19－2、图 19－3、图 19－4）。

尽管中国取得了巨大的经济成就和社会进步，但从总体上来看，中国仍是人口和经济规模最大的发展中国家，经济增长和社会发展是当前和今后一段时期的首要任务。特别是与欧美发达国家相比，中国仍将长期处于工业化、城镇化进程的发展期。2012 年，中国的人均 GDP 为 6092 美元（图 19－5），按照世界银行的统计数据，排名仅世界第 84 位。中国必须通过发展来不断巩固和提高人民的生活水平，争取到 21 世纪中叶达到中等发达国家的水平，彻底解决大量贫困人口的问题。

中国经济结构的主要特点是第二产业（特别是能源消耗巨大的重工业）在国民经济中发挥着重要作用。1990—2012 年，工业占 GDP 的比重几乎均为 45% 以上，并且高耗能、高污染的重工业占工业的比重自 2000 年起逐年上升（图 19－6）。2013 年，重工业占工业的比重达到 71.8%。这种产业结构特点导致中国 GDP 增长的能源消费强度一直较高（图 19－7），对经济的可持续增长、能源供给、

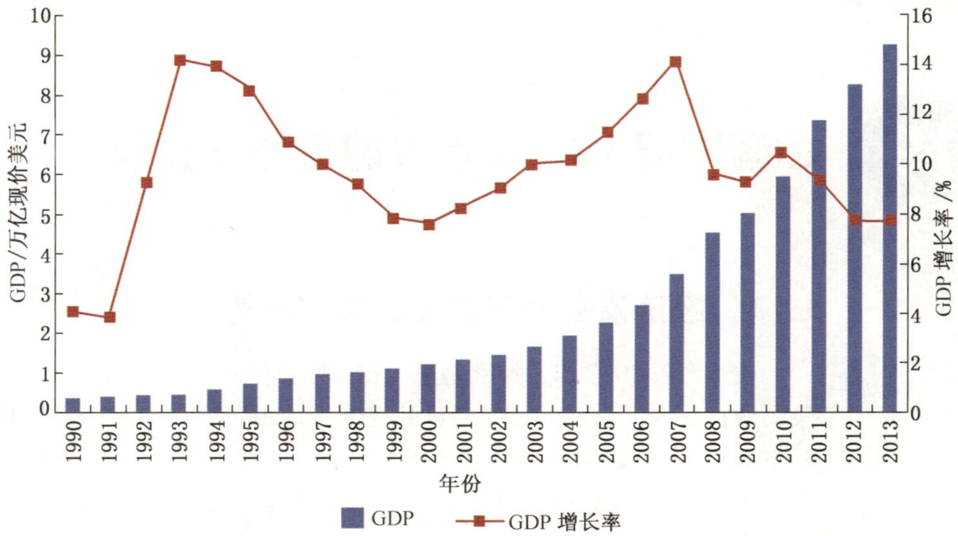

注：现价美元 GDP 是按现行美元市价计算的 GDP，美元汇率取当期官方平均汇率

数据来源：世界发展指标（WDI）数据库

图 19－1　1990—2013 年中国 GDP 及其增长率

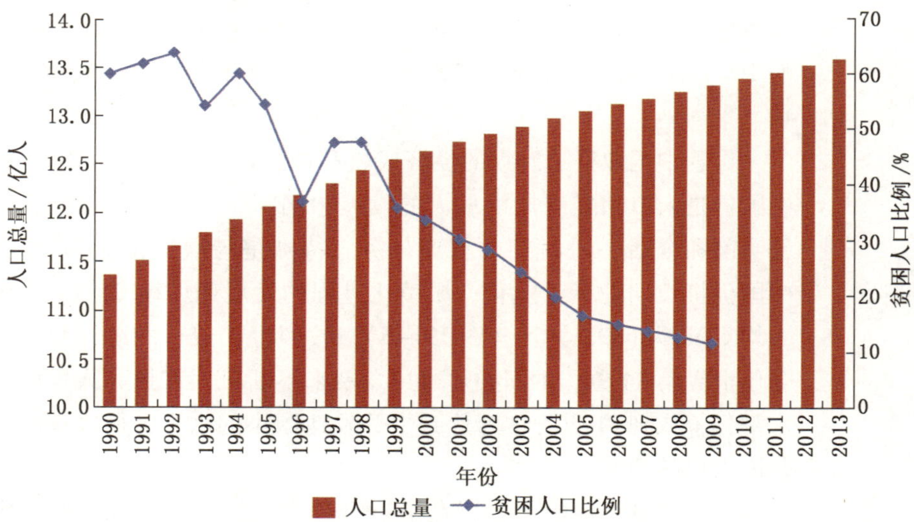

注：贫困人口比例按照每天生活费低于 1.25 美元（按 2005 年国际价格衡量）的人口数量计算，其中有 5 年数据缺失，按照一次指数平滑法进行处理得到

数据来源：世界发展指标（WDI）数据库

图 19－2　1990—2013 年中国人口总量及贫困人口比例

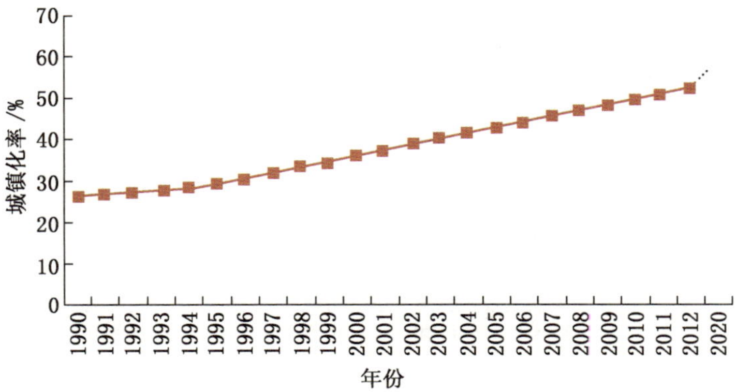

注：虚线部分为 2020 年预测值

数据来源：《中国统计年鉴（1991—2013）》《国家新型城镇化规划（2014—2012 年）》，经计算整理得到

图 19－3　中国城镇化率变动趋势

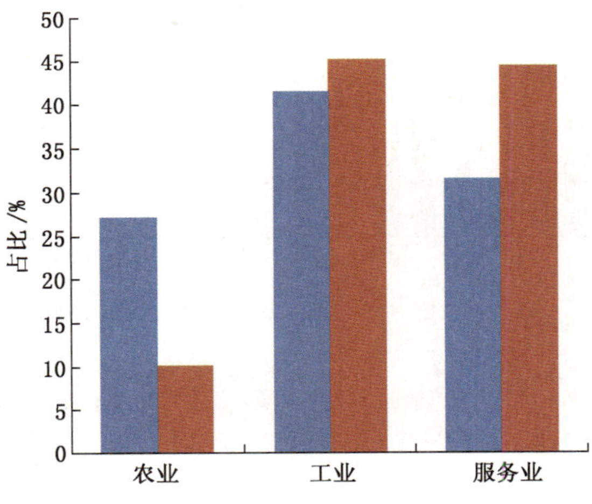

数据来源：《中国统计年鉴（2013）》

图 19－4　2012 年与 1990 年中国产业结构演化对比

生态环境都造成了极大挑战。

未来中国经济仍将长期呈现增长趋势，但如何实现持续、高质量、高效益的经济增长，是摆在中国政府面前的重大战略问题。一方面，中国政府必须在保持经济规模继续扩大的同时实现经济结构的调整与优化，提高经济的科学技术含量和核心

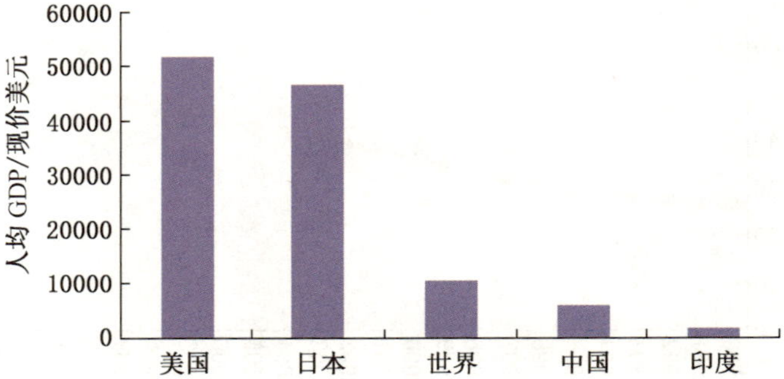

数据来源：世界发展指标（WDI）数据库

图19－5　2012年世界主要国家人均GDP对比

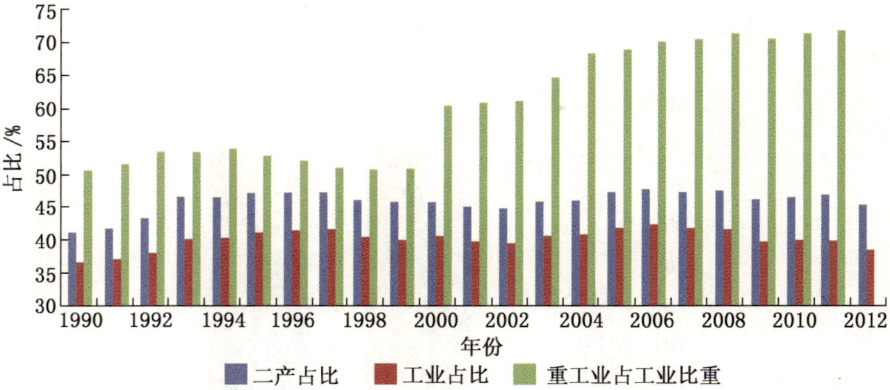

注：二产占比表示第二产业产值占GDP的比重，工业占比表示工业产值占GDP的比重，重工业占工业比重表示重工业产值占工业产值的比重，产值按当年现价计算

数据来源：《中国工业统计年鉴（2013）》

图19－6　1990—2012年中国第二产业及工业占GDP的比重

竞争力，培育新的增长极；另一方面，中国政府必须重视生态、环境、资源开发利用的可持续性，推动发展方式转变和增长模式转型升级，提升经济绿色、低碳、循环发展水平，实现经济、社会进步与生态环境的和谐发展。

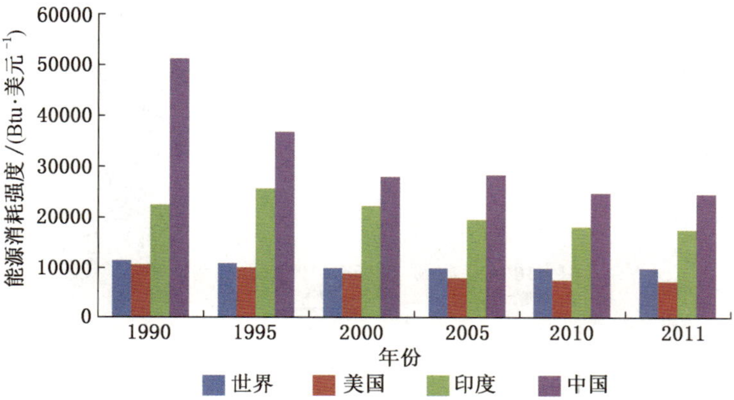

注：美元按 2005 年不变价计算，Btu 为传统英制能量单位，约 1055 J

数据来源：美国能源信息署（EIA）

图 19－7　主要国家及世界平均能源消耗强度对比

19.2　能源生产与消费的特点及趋势

伴随着能源与资源消耗总量的逐年攀升，中国经济规模不断扩大。2013 年，中国能源消费总量达到 36.2 × 10^8 tce，成为最大的能源消费国。目前，中国的能源安全问题主要体现为中国能源供应与经济发展模式和环境保护之间存在突出矛盾。

中国能源资源储量较丰富，但人均资源量低于世界平均水平；从资源结构来看，化石能源以煤炭为主，油气资源储量较少。2012 年，中国煤炭、石油、天然气和页岩气探明储量分别位列世界第 3、14、13、1 位（BP，2014）。但从世界比较情况来看，中国煤炭、石油和天然气的人均资源占有量较低，分别只有世界平均水平的 1/3、1/5 和 1/2。中国铀矿资源探明储量为 7.4 × 10^4 t，按 2011 年中国在运行核电站时的消费量可以满足国内核电站消费 17 年。中国国土广阔，水力、太阳能、风能、潮汐能、地热能、生物质能等可再生能源均有分布且理论可用量巨大，但目前可再生能源开发利用成本较高，而且供应具有很大的不稳定性。截至 2012 年，按热值折算中国煤炭、石油、天然气的基础储量，煤炭占总储量的 90% 以上（图 19－8），总体上呈现出“多煤、缺油、少气”的能源结构特点。

中国能源消费量迅速攀升造成能源供应安全压力巨大，煤炭一直都是中国能源供应安全的基石。1993 年，中国成为石油净进口国，此后原油进口量不断上升。2009 年，石油对外依存度突破 50% 的警戒线（图 19－9）。但由于国内煤炭产量大幅提高，既保障了能源稳定供应，也保证了能源自给率始终保持在 90% 以上（图

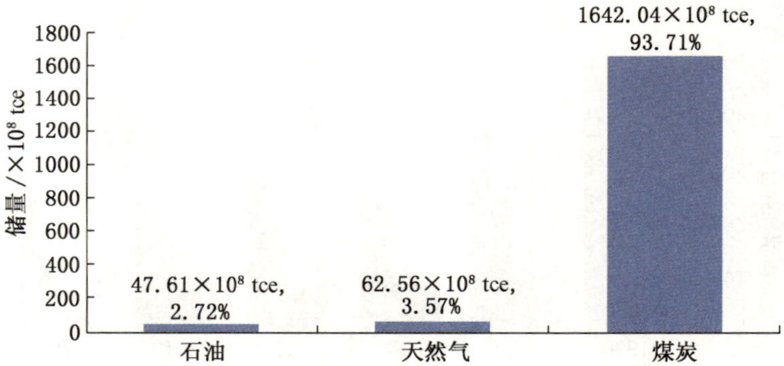

数据来源：《中国统计年鉴（2013）》

图 19－8 2012 年中国化石能源资源基础储量及其比例

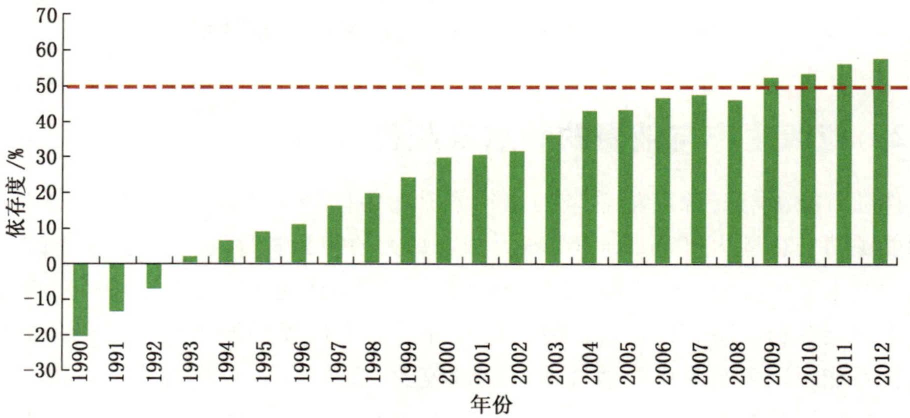

数据来源：美国能源信息署（EIA）

图 19－9 1990—2012 年中国石油对外依存度

19－10）。自进入21世纪以来，经济的快速发展带动了电力、煤炭生产规模的迅速扩大。2012 年，中国电力装机容量、产量、煤炭产量分别是 2002 年的 3.2 倍、3.02 倍、2.36 倍。其中，中国生产煤炭 25.4×10^8 tce，占世界煤炭总产量的 47.5%。中国十分重视发展新能源与可再生能源，在水电、光伏发电、水电装机等方面均已位列世界第一位，在建核电装机规模和核电站数量也位居世界第一位。在对新能源和可再生能源持续不断地扩大投资的基础上，中国提出力争到 2020 年非化石能源占一次能源的消费比例达到 15%，中国能源的供应能力和结构将得到进一步提高和改善。

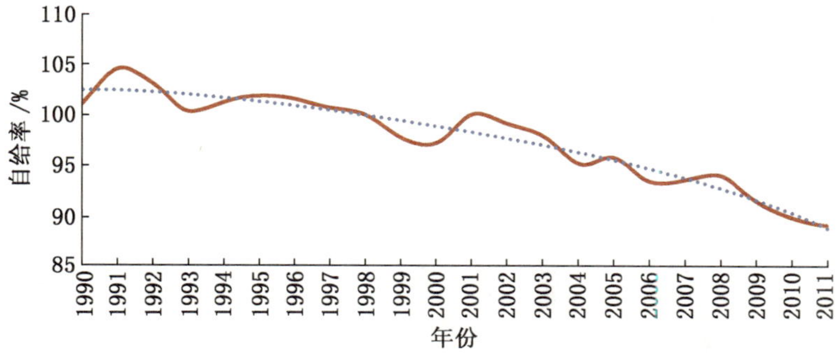

数据来源：国际能源署（IEA）

图 19－10　1990—2011 年中国能源自给率变化趋势

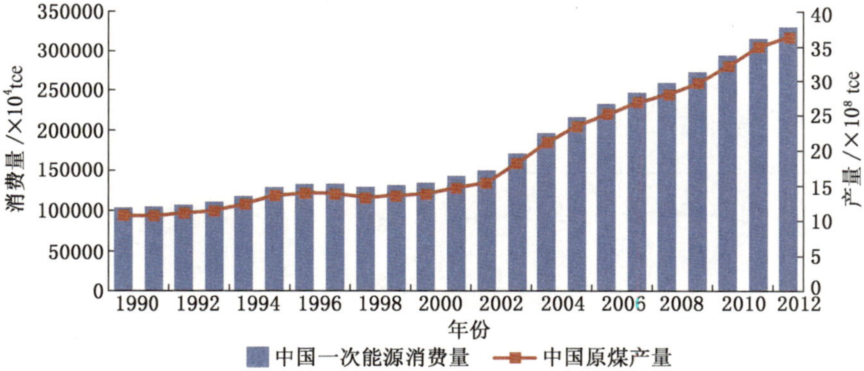

数据来源：《中国统计年鉴（2013）》

图 19－11　1990—2012 年中国一次能源消费量与原煤产量增长趋势对比

中国能源消费面临的突出问题是总量上升过快、能源利用效率不高、能源结构对煤炭的依赖度过高。中国一次能源消费量增长速度过快（图 19－11），能源资源利用效率和产出亟待提高。2000—2012 年，中国 GDP 年均增长率为 9.96%，同期，能源消费量年均增长率为 7.61%，电力消费量年均增长率为 11.39%。2012 年，中国 GDP 总额为 8.23 万亿美元，约占世界总额的 10%，但当年中国能源消费量占世界消费总量的 21.3%（其中，消耗了全球约 50% 以上的煤炭、钢铁和水泥）。2011 年，中国 GDP 能源消耗强度是世界平均水平的 2.5 倍、美国的 3.3 倍、日本的 5.4 倍、印度的 1.4 倍。受自身资源禀赋和政策的影响，煤炭在一次能源生产和消费方面的占比一直较高，一直保持在 70% 和 65% 以上。中国能源系统的碳强度明显高于世界平均水平（图 19－12），而煤炭消耗碳排放量占总排放量的

80% 以上（图 19－13）。

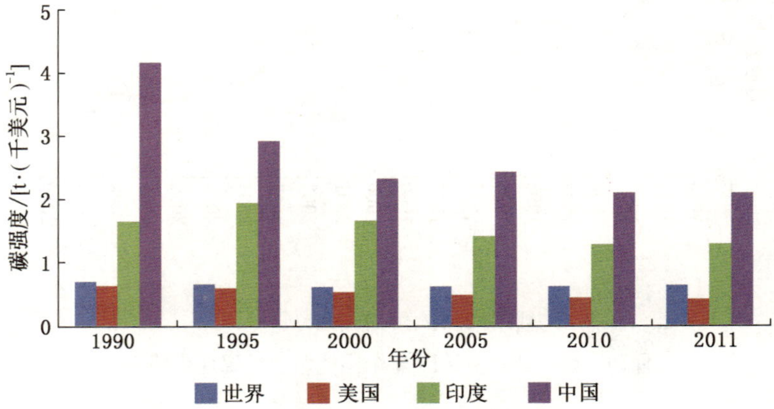

说明：美元按 2005 年不变价计算

数据来源：美国能源信息署（EIA）

图 19－12　主要国家及世界平均碳强度对比

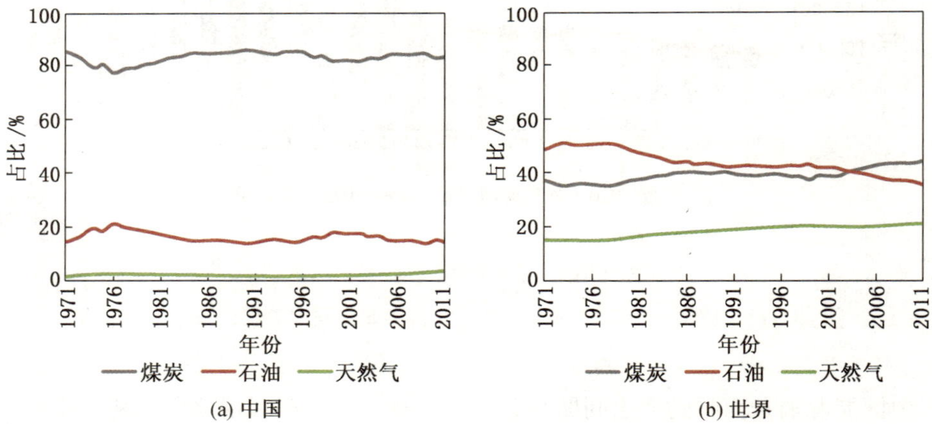

数据来源：中国煤炭消费总量控制方案和政策研究，2014

图 19－13　不同能源品种碳排放量占比

19.3　生态环境破坏与气候变化

19.3.1　经济发展同生态环境承载力不相称，生态环境破坏、大气污染严重

自改革开放以来，中国经历了快速的工业化和城镇化进程，经济布局、能源结

构的不合理造成了生态环境破坏严重。资源过度开发、工业污染、能源利用造成的废弃物排放等对土地、水资源、大气环境等都造成了较大影响。目前，中国局部地区的生态环境虽出现改善趋势，但总体上生态环境仍在持续恶化，破坏速度远远超过治理能力，生态赤字逐年扩大。生态环境恶化主要表现在水土流失严重、沙漠化迅速发展、草原退化加剧、水体污染严重、森林面积锐减等方面。特别是大规模雾霾现象，自 2013 年以来越发严峻，严重威胁着人们的日常生活与健康，引起了中国和国际社会的广泛关注。

人们普遍认为，中国大气污染的主要原因是煤炭的大规模和粗放式的开发利用。自 2003 年以来，中国进入市场化导向的重工业发展阶段，工业废气排放量逐年攀升，大部分地区的污染排放量远超出自身环境的承载能力。从废气排放量上来看，排放量最大的 3 个行业分别为电力行业、非金属矿物制品业和黑色金属冶炼及压延加工业。2011 年，这 3 个行业的煤炭消耗总量接近于全国煤炭消耗总量的 66%。目前，经济、产业以及能源结构调整在短时期内很难根本改变，特别是以煤炭为主的资源禀赋特点也决定了煤炭在经济发展中的重要地位难以替代。因此，大气污染治理在很大程度上需要依托煤炭的清洁高效利用。

19.3.2 化石能源尤其是煤炭消耗造成大量温室气体排放，气候变化挑战日趋严峻

国际社会对气候变化的科学认识正不断深化，IPCC 第五次评估报告进一步明确了人为活动是引起气候变化的主要原因的科学结论。各国对气候变化的认识程度逐步提高，积极采取措施应对气候变化已成为全球的共同责任和紧迫需求。

中国是一个气候条件复杂、生态环境脆弱，易受气候变化影响的国家。中国政府在 2007 年首次发布的《中国应对气候变化国家方案》中指出，中国近百年来平均气温升高了 0.5 ~ 0.8 ℃，略高于同期全球增温的平均值；伴随着气候变暖，近 50 年来中国沿海海平面以 2.5 mm/a 的平均速率上升，干旱、洪水等极端天气也更加频繁地出现。根据中国气象局公布的数据，2011 年中国大气中 CO_2、CH_4 和 N_2O 的平均浓度在继续升高，其中青海瓦里关站 CO_2 平均浓度为 392.2 mg/m^3，CH_4 平均浓度为 1.861 mg/m^3，N_2O 平均浓度为 0.3247 mg/m^3，这与北半球中纬度地区平均浓度大体相同，但都略高于同期全球平均值（390.9 mg/m^3、1.813 mg/m^3 和 0.3242 mg/m^3），也均创下了自 1990 年开始观测以来的新高（中国气象局，2013）。中国政府高度重视全球和本国面临的气候变化挑战，并积极应对，履行自己的国际责任和义务。

中国能源消费量的迅猛攀升造成 CO_2 排放量的不断增加，2008 年超过美国成为世界第一大 CO_2 排放国。自 2008 年之后，美国、欧盟等 OECD 国家碳排放量开

始稳中有降，而中国的碳排放量仍继续快速增长（图 19－14、图 19－15）。2000—2011 年，中国 CO_2 排放量增长 53.2×10^8 t，占同期全球增长总量的 63%。2013 年，中国 CO_2 排放量达到 95.24×10^8 t，占全球总排放量 350.94×10^8 t 的 27.14%，中国面临的减排压力日益增大（BP，2014）。

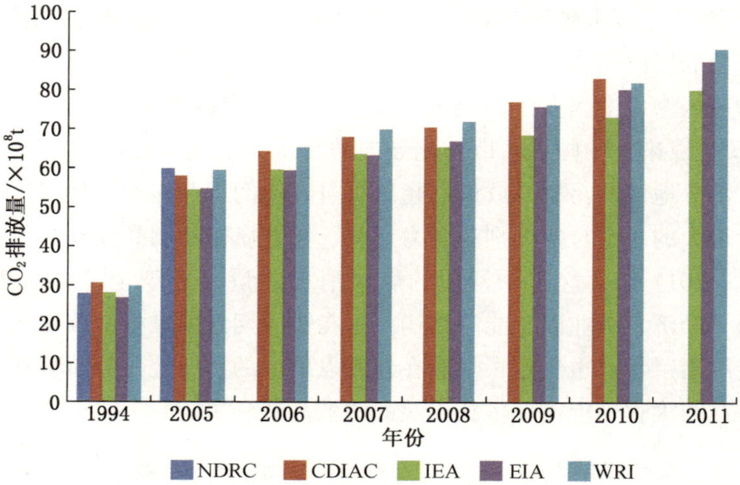

注：NDRC 为中国国家发展和改革委员会，CDIAC 为美国橡树岭国家实验室 CO_2 信息分析中心，IEA 为国际能源署，EIA 为美国能源信息署，WRI 为世界资源研究所

数据来源：各机构官方网站

图 19－14　5 个机构发布的中国 CO_2 排放量数据比较

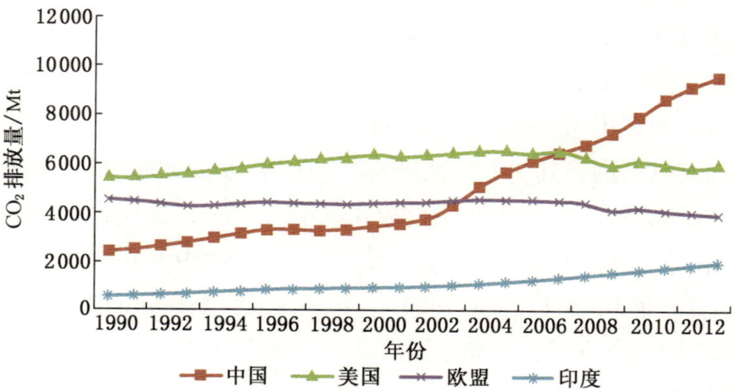

数据来源：《BP 世界能源统计（2014）》

图 19－15　1990—2013 年主要国家及地区 CO_2 排放量

从 CO_2 等温室气体的排放结构来看，煤炭消费是最大的排放源。1990—2011年，煤炭消费 CO_2 排放量占中国化石能源消费 CO_2 总排放量的 83%，远高于石油和天然气消费 CO_2 排放量所占比例。中国化石能源 CO_2 排放量如图 19－16 所示。从主要行业来看（图 19－17），电力是中国最大的耗煤行业，约占煤炭消费的 50%，煤电也是 CO_2 的最大排放源，约占全国 CO_2 排放量的 42%，钢铁、化工、水泥和有色金属行业也是传统耗煤行业。2010 年，能源消费量和 CO_2 排放量分别占工业能源消费量的 51% 和工业 CO_2 排放量的 63%，占全国能源消费量的 37% 和 CO_2 排放量的 45%。因此，电力、钢铁、化工和水泥行业是中国减缓 CO_2 排放的优先和重点领域（戴彦德、胡秀莲等，2013）。

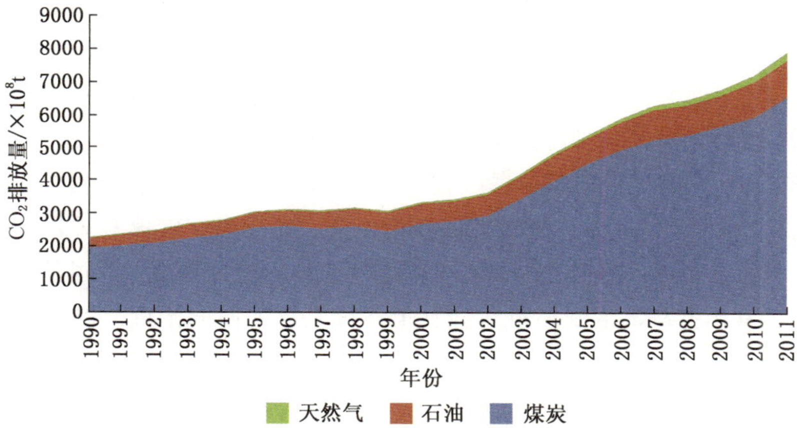

图 19－16　中国化石能源 CO_2 排放量

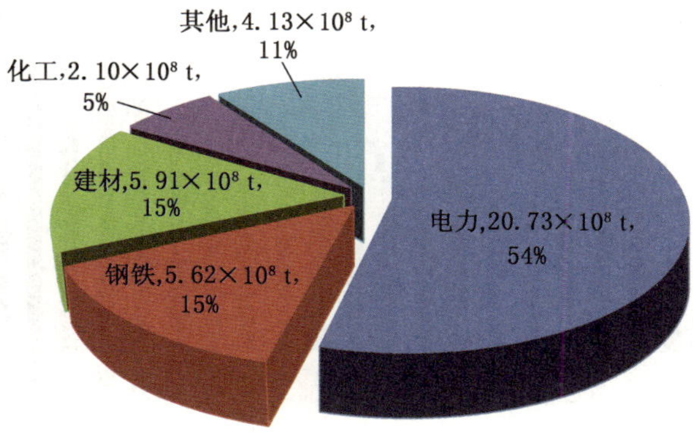

数据来源：《中国能源统计年鉴 2014》

图 19－17　2013 年中国煤炭消费的行业分布结构及比例

由此可见，如何协调“经济增长”“能源消费”与“环境治理”，以及“二氧化碳排放”之间的矛盾与冲突已成为当前中国面临的重大挑战。为此，中国政府提出在加快调整经济结构、产业结构的同时，坚决控制能源消费总量，推动节能减排，提高能源利用效率并大力发展非化石能源，促进化石能源尤其是煤炭能源系统的清洁化与低碳化发展，早日实现GDP增长与碳排放的脱钩。要实现上述目标，必须大力促进能源与环境技术的不断创新，并依托市场机制推动低碳经济产业化发展。

19.4 中国发展CCUS技术的必要性

能源结构调整是一个漫长而复杂的过程，尽管煤炭消费造成了一系列生态、环境、气候等问题，但在当前和未来相当长的一段时期内煤炭仍是中国经济发展主要动力与能源供应的首要来源（图19－18）。在这一背景下，发展CCUS技术对于中国而言具有特殊重要的意义。CCUS技术可以实现在化石能源利用过程中的CO_2大规模减排，该技术对于全球控制温升目标、保障能源安全具有重要作用。特别是对于中国而言，受自身经济发展阶段、技术条件、能源资源禀赋及消费结构等特点的影响，CCUS技术将成为中国履行气候变化责任、完成温室气体减排目标、控制总体减排成本的重要技术路径之一。在推广应用该技术的过程中，通过技术路线设计和创新CO_2利用途径等方式，可实现其他环境问题的协同治理，以及创造可观的经济效益。

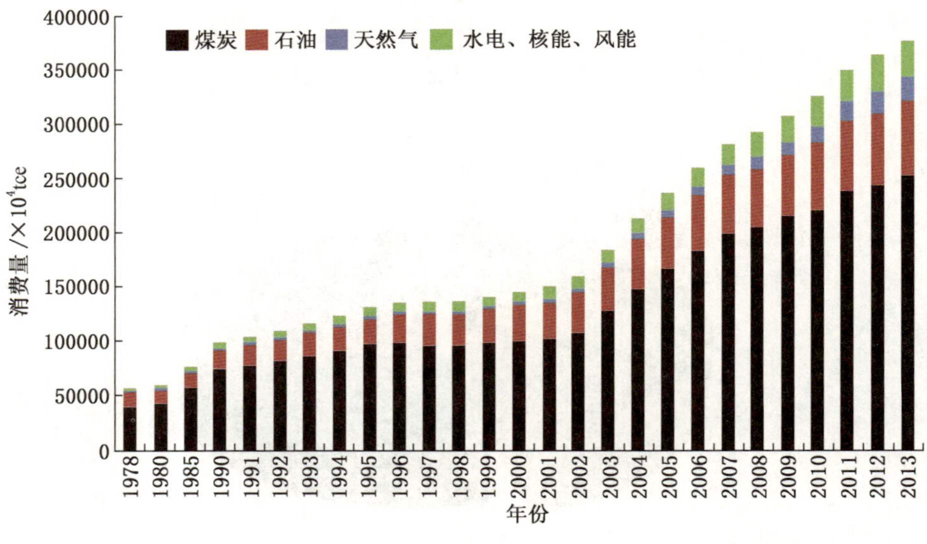

数据来源：中国煤炭消费总量控制方案和政策研究，2014

图19－18 1978—2013年中国一次能源消费结构图

减排方面，CCUS 技术是中国实现经济低碳发展的战略性选择之一。从中国经济和能源发展趋势来看，未来 10 ~ 15 年，中国的能源需求量及其 CO_2 排放量均将保持一定速度的增长，煤炭消费量及其产生的温室气体排放量也将保持一定时期的增长。煤电、煤制油、煤制气、煤化工等行业均是大规模固定排放源，是碳捕集技术应用的重点行业，尤其是煤制油、煤化工等行业可能具有低成本甚至负成本捕集、利用与封存 CO_2 的早期机遇。

大气环境治理方面，CCUS 技术可以发挥防治大气污染的协同效应。中国大气污染主要来自于煤炭消费，煤炭燃烧产生大量 SO_2、NO_x、粉尘、汞等污染物。因此，实现大气污染物控制和碳捕集在实质上是一致的，在工艺流程设计和技术路线选择方面加以科学规划，可以在大气污染物和碳排放方面达到双控目的，实现能源消费的环境、气候友好型发展。

其他社会经济效益方面，CCUS 技术为解决能源安全、水资源问题提供技术选择。CO_2 提高石油采收率等能源增产技术在美国、加拿大已经较成熟。该技术在中国已经进入二次、三次开采阶段的部分油田，具有广阔的应用前景，可以缓解石油对外依存度不断上升所带来的能源安全挑战。中国是一个水资源短缺且时空分布不均的国家，人均水资源拥有量约为世界平均水平的 28% 。水资源短缺对于农业、工业发展均有一定的制约，尤其是未来中国煤炭开发利用将逐步向西北部煤炭资源富集地区转移，而煤电、煤制油、煤化工等均是高耗水行业，中国西北部地区水资源相对匮乏对于国家能源基地和现代工业园区规划建设形成瓶颈制约，这为 CO_2 驱采地下水（CO_2 - EWR）技术提供了发展空间。此外，其他 CO_2 地质、生物以及化工利用技术在实现减排效益的同时，还可以延伸煤炭下游行业产业链，产生良好的社会、经济与环境生态综合效益。

19.5 本章小结

“气候变化既是环境问题，也是发展问题，但归根结底是发展问题，应对气候变化只能在可持续发展进程中加以推进”（《中华人民共和国气候变化第二次国家信息通报》，2011）。未来一段时期内，中国经济和能源消费总量仍将保持合理上升的趋势，但同时能源供应安全、生态环境修复、气候变化减缓与适应等多方面问题限制和约束着中国未来的发展。中国政府树立了绿色、低碳、可持续发展理念，积极推动能源生产与消费革命以实现构建生态文明社会的宏伟目标。当前和今后相当长的一段时期内，煤炭在中国能源与经济发展中的地位和作用很可能无可替代。因此，推进煤炭生产与消费革命是中国提高生态文明水平的必由之路。CCUS 技术在大规模开发利用煤炭资源，促进煤炭产业升级转型的同时，可以有效降低 CO_2 排放。该技术是中国实现低碳发展战略的关键技术之一。中国煤炭与 CCUS 技术的关系如图 19－19 所示。

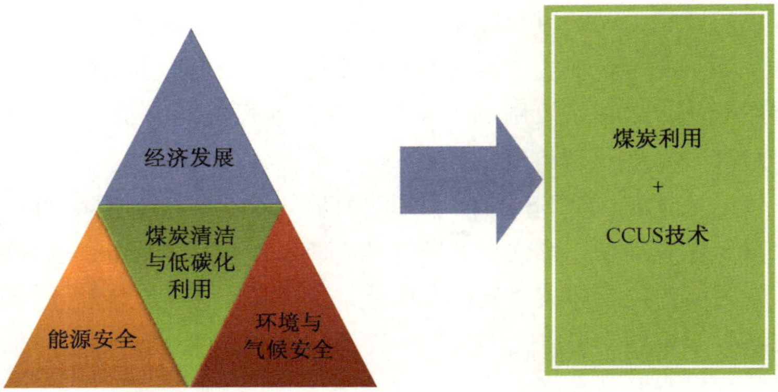

图 19－19　中国煤炭与 CCUS 技术的关系图

20 中国 CCUS 技术发展现状与存在问题

20.1 中国 CCUS 技术发展的政策环境与国际合作

20.1.1 中国政府应对气候变化的态度

中国政府高度重视全球及本国的气候变化，将应对气候变化视为中国可持续发展的内在要求和应尽的国际义务。中国是最早制定并实施了《中国应对气候变化国家方案》的发展中国家，该方案在促进节能减排、发展新能源与可再生能源、增加森林碳汇等方面发挥了积极作用。在《京都议定书》的减排框架下，中国并不承担减排责任，但 2009 年中国仍向国际社会作出正式的自愿减排承诺，“到 2020 年单位 GDP 碳排放比 2005 年下降 40% ~45%”，并将其写入《国民经济和社会发展十二五规划纲要》，作为约束性指标严格执行。截至 2013 年底，与 2005 年相比中国碳排放强度累计下降了 28.5%，相当于少排放 CO_2 25×10^8 t。2014 年 9 月，中国政府出台了《国家应对气候变化规划(2014—2020 年)》(以下简称《规划》)，进一步明确了下一步应对气候变化的目标、思路和行动方案。同时，中国政府发布了国家碳排放交易体系的基本路径与路线图，《规划》中提出在目前启动 7 省市碳排放交易试点工作的基础上，力争 2016 年推进全国统一碳排放市场平台上线运行，2020 年探索同国际碳排放市场的连接。

20.1.2 CCUS 技术在中国气候变化战略中的定位及支持力度

中国政府高度重视并积极应对全球气候变化，针对 CCUS 这项新型而且最具发展潜力的 CO_2 减排技术，中国政府在多个政策文件中已经明确了该技术的重要性，并积极引导支持相关技术的研发工作(图 20－1、表 20－1)。国家发展和改革委员会、科技部、财政部、外交部、工信部、国土资源部等多个国家部委先后参与制定并发布了

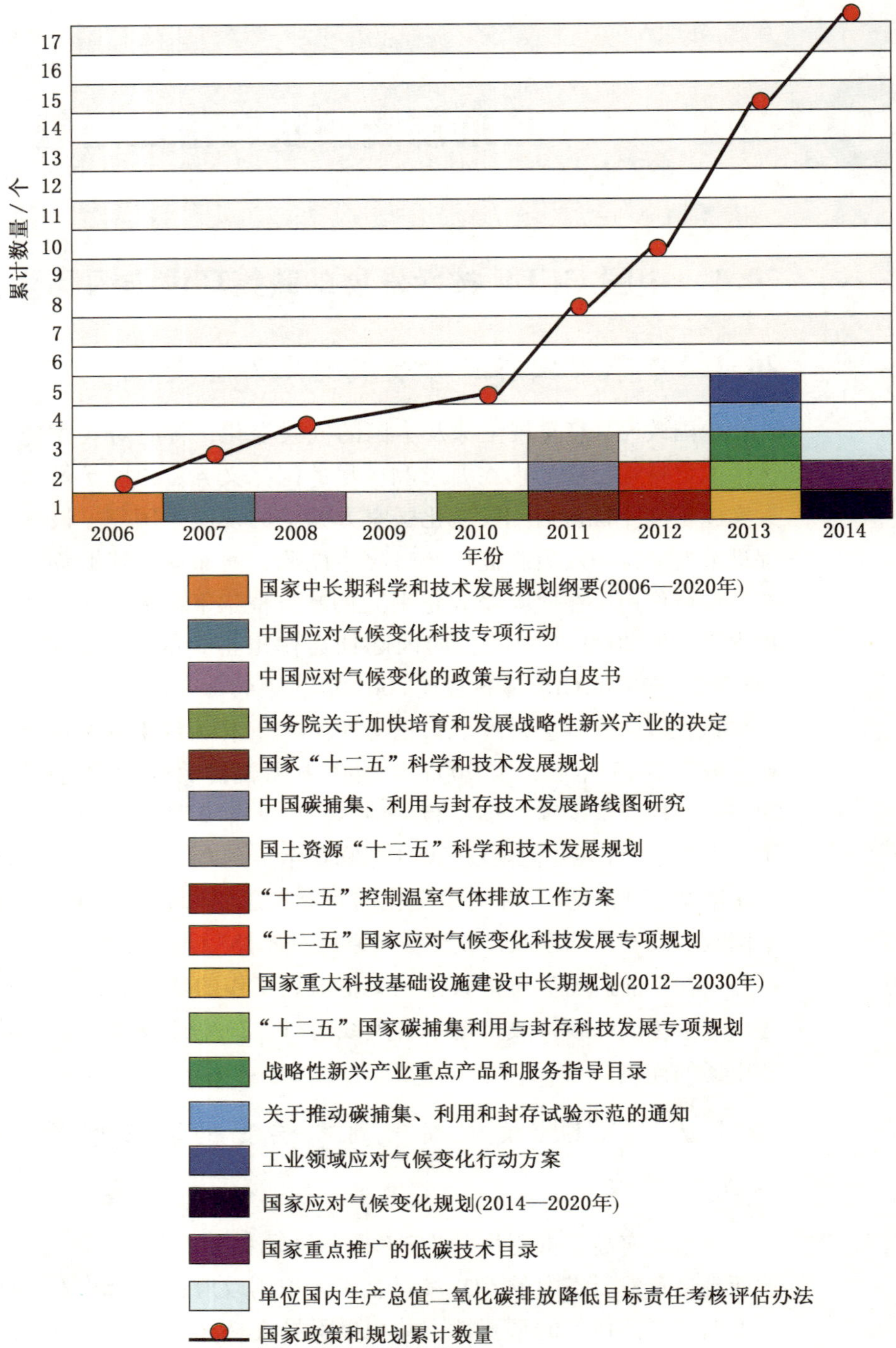

图 20-1　中国政府颁布的关于 CCUS 技术的相关政策

10 多项与 CCUS 技术相关的国家政策和发展规划，如《国家中长期科学和技术发展规划纲要（2006—2020 年）》《中国应对气候变化科技专项行动》《工业领域应对气候变化行动方案（2012—2020 年）》和《“十二五”国家碳捕集利用与封存科技发展专项规划》等。这些国家级文件确立了 CCUS 技术的国家战略、发展方向和具体步骤。

20.1.3 中国 CCUS 技术领域的国际合作

目前，我国 CCUS 技术国际合作的内容以技术交流和合作研究为主，参与国际合作的主体可以是政府、企业、学术机构及其他相关机构，根据合作项目的具体要求吸收合作方参与，合作方式灵活。

中国积极参与碳收集领导人论坛（CSLF）、国际能源署（IEA）、清洁能源部长级会议（CEM）等多边框架合作，并组织国内研究机构和企业参与一系列双边和多边合作项目，有力地促进了中国相关领域的能力建设。另外，中国也与多个国家或地区（如欧盟、美国、澳大利亚等）开展国际合作项目，其中包括中欧近零排放合作项目（Near Zero Emissions Coal，NZEC），第一期已经完成（2007—2009 年），第二期进入筛选示范工程阶段；中澳二氧化碳地质封存能力建设项目（CAGS），第一期已经完成，第二期正在开始；已完成的中意二氧化碳捕集与封存技术合作项目（SICCS），主要工作集中在二氧化碳捕集方面。中美合作包括两个项目，分别为中美清洁能源联合研究中心和中美整体煤气化联合循环的低排放技术联合研究。资金主要来源于中国科技部、国家能源局和美国能源部等。部分国际合作项目的具体情况见表 20－1。

表 20－1 部分国际合作项目的具体情况

项目名称	资助来源	执行时间	主要参与单位
中欧近零排放合作项目（NZEC）第一阶段	中国科技部，欧洲联盟，英国环境、食品与乡村事务部	2007—2009 年	中国 21 世纪议程管理中心、西安热工院、清华大学、中科院工程热物理研究所等
中欧近零排放合作项目（NZEC）第二阶段	欧洲联盟、英国、挪威	2013—	中国 21 世纪议程管理中心、中科院武汉岩土力学研究所、华北电力大学、中科院工程热物理研究所、华中科技大学等
中美清洁能源联合研究中心	中国科技部、国家能源局，美国能源部	2010—2015 年	华中科技大学、清华大学、华能集团、中科院武汉岩土力学研究所等

表 20－1（续）

项 目 名 称	资 助 来 源	执行时间	主 要 参 与 单 位
中澳 CO_2 地质封存合作项目（CAGS）	中国科技部，澳大利亚资源、能源与旅游部	2009—2011 年	中国 21 世纪议程管理中心、中国地质调查局、中科院武汉岩土力学研究所、清华大学等
中意 CCS 技术合作项目	中国科技部、意大利环境部	2010—2012 年	中国 21 世纪议程管理中心、华能集团、清华大学等
中美整体煤气化联合循环的低排放技术联合研究	中国科技部、美国能源部	2010—2012 年	中科院工程热物理研究所，大连化物所等

资料来源：ACCA21，2012；Xie et al.，2013；Li et al.，2013

20.2　科技研发与工程示范

中国 CCUS 技术研发活动主要以政府指导，企业为实施主体，科研单位和高等院校共同参与的方式进行，并主要由国家发展和改革委员会、科技部、基金委等部门部署。自“十五”以来，“国家重点基础研究发展计划”（973 计划）、“国家高技术研究发展计划”（863 计划）、国家科技支撑计划（支撑计划）等有关国家科技计划先后围绕与 CCUS 技术减排潜力、CO_2 捕集、CO_2 生物转化利用、CO_2 驱油和地质封存相关的基础研究、技术研发与示范等方面进行了较系统的部署，涉及不同种类的 CO_2 排放源、不同的捕集技术方向、不同的 CO_2 转化和利用模式等。国家重大科技专项“大型油气田及煤层气开发”对 CO_2 驱油、驱替煤层气技术研发与工程示范进行了部署，投入了大量资金（ACCA21，2011）（ACCA21，2012）（李小春、陈征澳，2013）。中国政府、企业，以及国际合作支持的部分 CCUS 技术的研发情况见表 20－2。

表 20－2　中国政府、企业，以及国际合作支持的部分 CCUS 技术的研发情况

项 目 名 称	资助来源/渠道	执行时间	主 要 参 与 单 位
温室气体提高石油采收率的资源化利用及地下埋存	973 计划	2006—2010 年	中国石油集团科学技术研究院、华中科技大学、中科院地质与地球物理研究所、中国石油大学（北京）等
CO_2 减排、储存与资源化利用的基础研究		2011—2015 年	中国石油集团科学技术研究院等

表 20－2（续）

项目名称	资助来源/渠道	执行时间	主要参与单位
CO_2 的捕集与封存技术	863 计划	2008—2010 年	清华大学、华东理工大学、中科院地质与地球物理研究所等
CO_2 驱油提高石油采收率与封存关键技术研究	863 计划	2009—2011 年	中国石油集团科学技术研究院、中国石油化工集团勘探开发研究院等
基于 IGCC 的 CO_2 捕集、利用与封存技术研究与示范	863 计划	2011—2013 年	华能集团、清华大学、中科院工程热物理研究所等
30×10^4 t 煤制油工程高浓度 CO_2 捕集与地质封存技术开发与示范	863 计划	2011—2014 年	神华集团、北京低碳清洁能源研究所、中科院武汉岩土力学研究所等
大规模燃煤电厂烟气 CO_2 捕集、驱油及封存技术开发及应用示范	863 计划	2012—2016 年	中石化胜利油田分公司、中科院武汉岩土力学研究所、北京大学等
全国 CO_2 地质储存潜力评价与示范工程	国土资源部	2010—2014 年	中国地质调查局、中科院武汉岩土力学研究所、北京大学等
新型结合增强地热系统的大规模 CO_2 利用与封存技术研究	科技部国际合作项目	2012—2014 年	清华大学、中国 21 世纪议程管理中心、中科院武汉岩土力学研究所、中国农业科学院
CO_2 驱油与埋存关键技术	“大型油气田及煤层气开发”重大专项	2011—2015 年	中国石油集团科学技术研究院、中石油吉林油田分公司等
松辽盆地 CO_2 驱油与埋存技术示范工程	“大型油气田及煤层气开发”重大专项	2011—2015 年	中石油吉林油田分公司、中国石油集团科学技术研究院等
中联煤深煤层气开发技术试验项目	“大型油气田及煤层气开发”重大专项	2011—2015 年	中联煤层气有限责任公司等
CO_2 深部地质封存的长期稳定性预测与控制研究	国际科技合作计划支持的 CCUS 合作研发项目	2009—2011 年	北京交通大学
二氧化碳捕集及地质封存技术研究	国际科技合作计划支持的 CCUS 合作研发项目	2010—2011 年	太原理工大学
新型结合增强地热系统的大规模 CO_2 利用与封存技术研究	国际科技合作计划支持的 CCUS 合作研发项目	2012—2014 年	清华大学

资料来源：科技部社会发展科技司、科技部国际合作司、中国 21 世纪议程管理中心。中国碳捕集、利用与封存（CCUS）技术：进展报告［R］. 北京：中国 21 世纪议程管理中心，2011

CCUS 技术是一个系统技术工程，目前，中国 CCUS 技术在 CO_2 捕集、运输、封存和利用 4 个环节都已具备一定的研发基础，但总体上还处于研发和示范的初期阶段。

20.2.1　捕集技术

在捕集方面，围绕低能耗吸收剂、不同技术路线捕集工艺等关键技术环节开展了一系列研究，已开发出可商业化应用的氨吸收剂，建成了燃煤电厂、煤制油工厂年捕集 10 万吨级 CO_2 的示范工程。众多大型能源企业均涉及碳捕集技术领域内的探索研究，包括华能集团、神华集团等在内的众多企业，在不同领域参与了碳捕集环节的试验和示范研究。捕集源包括燃煤电厂和煤化工煤制油工厂，捕集技术涉及传统煤电厂燃烧后捕集、IGCC 电厂燃烧前捕集、富氧燃烧，以及煤制油工厂高浓度 CO_2 捕集。

具体来看，燃烧后捕集技术相对成熟，广泛应用的是化学吸收法，中国的技术与发达国家的技术相比差距不大。制约该技术商业化应用的主要因素是能耗和成本较高，华能集团热电厂捕集项目采用燃烧后技术，年捕集 CO_2 可达 10 万吨级。华能集团在天津开展的绿色煤电 IGCC 燃烧前捕集示范项目尚处于建设阶段，面临着单位投资成本和发电成本巨大的挑战；中国对富氧燃烧技术进行了多年研究，目前正在进行中试，低能耗、大规模制氧技术是降低能耗的关键，华中科技大学与神华国华电力公司合作，共同启动了 35 MWe 富氧燃烧技术研究与示范项目，捕集量为 5×10^4 t/a，下一步将扩大至200 MWe 的工业规模。

随着气候变化科学论据的不断深入和全球低碳化发展趋势的逐渐清晰，中国大型国有电力企业成为 CO_2 捕集技术的研究和示范主体，加大研发与工程示范投入以求掌握未来燃煤电厂所需要的碳捕集技术，具备未来煤电企业的核心竞争力。

20.2.2　运输技术

运输方式主要有槽车运输、轮船运输和管道运输，根据 CO_2 运输规模、距离、运输条件等有不同的选择。当前中国 CCS 技术还处于早期研发与示范阶段，管道运输和槽车运输都有小范围的应用实践。

在长距离、大规模运输方面管道运输具有明显优势，中国在 CO_2 管道运输方面的研发投入正在加大，目前主要集中对 CO_2 物性计算与模拟、杂质含量对管道运输的影响、管输水力、热力物性计算机试验验证、不同相态的适应性分析、CO_2 管道运输泄漏/放空影响、管道输送材料，以及其他安全性问题进行研究。在运输技术方面中国同美国等发达国家的差距较大，中国开展了低压 CO_2 运输工程的应用，高压、低温和超临界 CO_2 运输研究刚刚起步。

未来中国大规模发展 CCUS 产业，需要在 CO_2 管道运输网络技术设施规划、建设方面投入巨大资本，将 CO_2 排放源与封存地、利用场所紧密衔接起来，优化源汇匹配。

20.2.3　封存技术

中国已启动 CO_2 封存选址、储存潜力、适宜性评价与源汇匹配等研究。经过初步评价，中国地质封存理论容量可达 $(1 \sim 10) \times 10^{12}$ t，主要封存空间类型为深部盐水层，潜力巨大。2009 年，中国地质调查局制定了《中国二氧化碳储存潜力调查评价实施纲要》。同年，国土资源部将 CO_2 地质储存调查评价纳入《地质矿产保障工程实施方案（2010—2020 年）》地质基础支撑计划内的全球变化调查监测与评价和地下空间资源调查之中。针对 CO_2 储存机理，中国也已开展了大量研究工作，初步研究在 CO_2 盐水层封存过程中 CO_2 在盐水层中的运移规律、化学反应、固化机理，以及盐水层中 CO_2 注入技术、封存控制等技术（ACCA21，2011）(ACCA21，2012)(李小春、陈征澳，2013)。

中国已建成若干 CO_2 封存示范项目，工程能力得到了加强，初步验证了技术可行性。经过近几年不断的研发与示范投入，中国 CO_2 封存技术已有一定的研发基础，若干关键核心技术取得了重大突破，已具备大规模集成示范的条件。其中，盐水层封存 CO_2 达到 10×10^4 t/a 的封存规模，未来将进一步扩大封存规模；CO_2 驱油利用技术建成多个示范工程，为百万吨级驱油示范与应用积累了经验；CO_2 驱水利用技术工业级示范条件已经成熟，CO_2 驱替煤层气技术正在开展中试，还有部分技术处于前期探索阶段。

现有示范工程验证了诸多科学理论问题，积累了丰富的工程经验，但同时面临许多亟待解决的问题，需大规模集成示范加以突破。此外，多种 CCS 技术与 CO_2 资源化利用耦合与集成，如 CO_2 驱油利用和盐水层封存技术、CO_2 驱水利用技术、CO_2 驱替煤层气结合煤化工工艺等，是未来中国 CCUS 技术研发与应用的主要方向。另外，中国 CO_2 地质封存研究起步晚于欧美发达国家，在相关基础研究、核心技术的研发和掌握上与国际先进水平存在较大差距，尤其是在 CO_2 驱油与地质封存相关理论，重大设备研发，CO_2 封存的监测、风险预测、预警与应急管理技术和方法，以及大规模 CO_2 封存工程经验等方面（ACCA21，2011）(ACCA21，2012)。

20.2.4　利用技术

为解决 CCS 技术早期高投入、高成本的制约，CO_2 资源化利用技术在实现减排效益的同时创造了可观的经济与社会效益，得到了中国政府和企业的重视，并在 2009 年提出了 CCUS 创新性技术的概念，此后不断加大研发与示范投入。这一技术越来越得到国际社会的重视与认同，CSLF 最新的 CCS 技术路线图（2013 年版）

中也首次强调了CO_2资源化利用对于CCS技术的促进与推动作用，其被视为在短期内支持CCS技术实施和加速技术革新的一种重要跳板和早期机会（CSLF，2013）。

CLSF的报告中将CO_2利用分为三类（表20-3）：①油气资源回收，如目前应用最广泛的CO_2-EOR技术，即将捕集的CO_2通过管道运输，最终注入油气层中来增加石油的开采量，这已经成为石油生产过程中降低CCS技术高成本的重要手段，此外还有CO_2-ECBM、CO_2-EGR、CO_2-EGHR等，但这些方式仍在发展或测试中；②非消耗性利用；③消耗性利用。

表20-3 CO_2资源化利用分类

序号	分类	应用
1	油气资源回收利用	CO_2强化采油（CO_2-EOR） CO_2提高煤层气采收率（驱煤层气）(CO_2-ECBM) CO_2提高气藏采收率（增强产气）(CO_2-EGR) CO_2提高天然气水合物采收率（CO_2-EGHR） CO_2采增油页岩等
2	非消耗性利用	尿素 藻类燃料 温室气体利用等
3	消耗性利用	CO_2驱油利用等

资料来源：CSLF，2013

在借鉴国际国内CO_2利用技术的研发与实践成果经验的基础上，结合实际情况，中国对CO_2利用技术进行了专题研究，目前已经形成了较完整的CO_2资源化利用技术体系。2014年，21世纪议程管理中心发布了《中国二氧化碳利用技术评估报告》，该报告对于中国和全球的CCUS技术发展是一个重要的理论贡献。根据学科领域（原理）的不同，该报告将CO_2利用技术主要分为地质利用、化工利用和生物利用三大类（表20-4），并对各技术的定义、发展定位与早期机会等进行了研究（ACCA21，2014）。

目前，围绕CO_2驱油、驱替煤层气、CO_2生物转化和化工合成等利用途径，中国政府、企业进行了多种CCS技术与CO_2资源化利用耦合的理论和关键技术研究，已开展了CO_2驱油工业试验，并进入技术示范后期，即将进入工业应用阶段。此外，还有CO_2生物转化和化工合成等利用途径，中国开展了理论和关键技术研究，建成了微藻制备生物柴油中试和小规模的CO_2制备可降解塑料生产线。中国政府支持、企业自主开展的部分CO_2利用项目见表20-5。

表 20-4 CO_2 利用技术分类

学科分类	应用领域	技术/产品目标
地质利用	能源	CO_2 强化采油（CO_2-EOR）
		CO_2 驱煤层气（CO_2-ECBM）
		CO_2 增强产气（CO_2-EGR）
		CO_2 增强页岩气开采（CO_2-ESGR）
		CO_2 增强地热系统（CO_2-EGS）
	资源	CO_2 铀矿浸出增采（CO_2-EUL）
		CO_2 强化深部咸水（CO_2-EWR）
化工利用	材料	CO_2 合成可降解聚合物材料（CO_2-CTP）
		CO_2 间接非光气合成异氰酸酯/聚氨酯（CO_2-CTU）
		CO_2 间接制备聚碳酸酯/聚酯材料（CO_2-CTPC）
		CO_2 间接制备乙烯基聚酯（CO_2-CTPET）
		CO_2 间接制备聚丁二酸乙二醇酯（CO_2-CTPES）
	能源	CO_2 与甲烷重整制备合成气（CO_2-CDR）
		CO_2 经一氧化碳制备液体燃料（CO_2-CTL）
	有机化学品	CO_2 直接加氢合成甲醇（CO_2-CTM）
		CO_2 合成碳酸二甲酯（CO_2-CTD）
		CO_2 合成甲酸技术（CO_2-CTF）
	无机化学品	钢渣直接矿化利用 CO_2（CO_2-SCU）
		钢渣间接矿化利用 CO_2（CO_2-ISCU）
		磷石膏矿化利用 CO_2（CO_2-PCU）
		钾长石加工联合 CO_2 矿化（CO_2-PCM）
生物利用	能源	微藻固定 CO_2 转化为生物燃料和化学品（CO_2-AB）
	消费品	微藻固定 CO_2 转化为生物肥料（CO_2-AF）
		微藻固定 CO_2 转化为食品和饲料添加剂（CO_2-AS）
		CO_2 气肥利用（CO_2-GF）

资料来源：ACCA21，2014

表 20-5 中国政府支持、企业自主开展的部分 CO_2 利用项目

项目名称	资助来源	执行时间	主持与参与机构
温室气体提高石油采收率的资源化利用及地下埋存	973 计划	2006—2010 年	中国石油集团科学技术研究院、华中科技大学、中科院地质与地球物理研究所、中国石油大学（北京）等
致密多孔介质内超临界 CO_2、水及原油输运特性的基础研究	自然基金	2008—2011 年	大连理工大学

表20-5（续）

项目名称	资助来源	执行时间	主持与参与机构
CO_2 驱油提高石油采收率与封存关键技术研究	863计划	2009—2011年	中国石油集团科学技术研究院、中国石油化工集团勘探开发研究院等
CO_2-油藻-生物柴油关键技术研究	863计划	2009—2011年	新奥集团、暨南大学等
干热岩综合利用关键技术研究	863计划	2012—2015年	吉林大学、清华大学、天津大学、广东能源所、中石油、中科院武汉岩土力学研究所等
高炉炼铁 CO_2 减排与利用关键技术开发	支撑计划	2011—2014年	中国金属学会、钢铁研究总院等
CO_2 在多孔介质中扩散规律的影响因素及机理研究	自然基金	2009—2011年	中国石油大学（北京）
CO_2 减排、储存与资源化利用的基础研究	973计划	2011—2015年	中国石油集团科学技术研究院等
CO_2 驱油与埋存关键技术	重大专项	2011—2015年	中国石油集团科学技术研究院、中石油吉林油田分公司等
松辽盆地 CO_2 驱油与埋存技术示范工程	重大专项	2011—2015年	中石油吉林油田分公司、中国石油集团科学技术研究院等
CO_2 驱油系统热力学性质和传递性质的QSAR研究	自然基金	2012—2014年	天津大学
CO_2 驱油对储层的伤害机理研究	自然基金	2012—2015年	中国地质大学（北京）
大规模燃煤电厂烟气 CO_2 捕集、驱油及封存技术开发及应用示范	支撑计划	2012—2016年	中石化胜利油田分公司、中科院武汉岩土力学研究所、北京大学等
醇氨法 CO_2 捕集和超临界 CO_2 驱油过程的界面性质研究	自然基金	2012—2016年	华北电力大学（保定）
注二氧化碳提高煤层气采收率/二氧化碳埋藏	科技部	2002—2007年	中联煤层气有限责任公司
多元气体吸附解析模式及二氧化碳驱替煤层甲烷机理研究	自然基金	2003—2005年	中国矿业大学（北京）
中国 CO_2-ECBM潜力评价与基础科学问题研究	百人计划	2005—2009年	中科院武汉岩土力学研究所
煤层甲烷回采和二氧化碳注入的改进模型	自然基金	2007—2008年	中国矿业大学

表 20 -5（续）

项目名称	资助来源	执行时间	主持与参与机构
CO_2 - ECBM 过程中煤基质性质对煤的膨胀性和 CO_2/CH_4 在煤中渗透性变化的影响	自然基金	2007—2009 年	中科院山西煤炭化学研究所
注气驱替煤层甲烷过程中煤基质差异膨胀效应实验研究	自然基金	2008—2010 年	中国矿业大学（北京）
固流热耦合作用下深部低渗透不可采煤层储存 CO_2 驱替回收煤层 CH_4 的应用基础研究	自然基金	2009—2011 年	辽宁工程技术大学
深部煤层封存 CO_2 的固 - 气作用关系及封存实验模拟	自然基金	2010—2012 年	中科院过程工程研究所
全国煤田二氧化碳地质储存潜力与适宜性评价	中国地质调查局	2011 年	中科院武汉岩土力学研究所
深部煤层处置 CO_2 中的二元气固耦合作用与双重孔隙效应研究	自然基金	2011—2013 年	中国矿业大学
超临界 CO_2 注入低渗透煤层运移规律及增透机理研究	自然基金	2011—2013 年	辽宁工程技术大学
深煤层注入/埋藏二氧化碳开采煤层气技术研究	科技部	2011—2015 年	中联煤层气有限责任公司
煤层中注二氧化碳驱甲烷的热流固耦合作用机理研究	自然基金	2012—2014 年	中国矿业大学
地层约束条件下 N_2/CO_2 混合气体驱煤层气的机理及最佳气体组分比研究	自然基金	2012—2014 年	中科院武汉岩土力学研究所
基于深部煤层 CO_2 封存的超临界 CO_2 与煤相互作用及其对碳封存影响研究	自然基金	2012—2015 年	山东科技大学
超临界二氧化碳在非常规油气藏中应用的基础研究	自然基金	2011—2014 年	中国石油大学
新型结合增强地热系统的大规模 CO_2 利用与封存技术研究	科技部国际合作	2012—2014 年	清华大学、中科院武汉岩土力学研究所
干热岩综合利用关键技术研究	863 计划	2012—2015 年	吉林大学、清华大学、中石油、中科院武汉岩土力学研究所

表20-5（续）

项目名称	资助来源	执行时间	主持与参与机构
基于页岩气藏CO_2封存的CO_2-CH_4页岩体相互作用机理研究	自然基金	2013—2015年	重庆大学
CCUS新方法新技术研究	神华集团	2011—2012年	四川大学、神华集团
CO_2矿化利用技术研发	支撑计划	2012—2015年	四川大学、中石化

注：自然基金代表国家自然科学基金项目，百人计划代表中国科学院百人计划项目。

资料来源：ACCA 21，2012；MOST，2013；Xie et al.，2013

从目前中国的CO_2资源化技术水平来看，CO_2地质利用技术的各项发展水平参差不齐，各具特点（Xie et al.，2013；ACCA21，2014）：①CO_2-EOR技术发展历史最久，技术成熟度较高，只要CO_2捕集技术水平提高使CO_2成本降低到一定基准之下，大规模实施该技术基本上不存在技术障碍；②CO_2-EGR技术虽具备示范的技术条件，但中国大多数天然气并未枯竭，使得现阶段大规模实施该技术的时机并不成熟；③虽然CO_2-ECBM技术的基础研究较成熟，机理明确，但是受煤层特殊条件的限制，规模化实施的技术难度较大，因此离商业化较远；④CO_2-ESGR技术研发处于滞后状态，其原理虽然与CO_2-ECBM技术的原理类似，但是页岩储层的特殊条件使该技术的研发难度可能比ECBM技术还要大，且相关技术的研发基本上还没有开始，也只属于概念阶段；⑤CO_2-EGS技术基本属于概念阶段，在中国地热能源还不能与石油、天然气、煤炭三大传统能源相比，技术研究相对滞后；⑥CO_2-EUL技术的相关研究开展不久，技术可行性并不明确，但其潜力巨大，成本可能会较低；⑦CO_2-EWR技术已经进入示范工程建设阶段，其作为一项可以大幅提高深部咸水和液体矿产资源采收，缩短CCS部署周期，降低CCS成本，并有利于国家能源安全和区域经济发展的新型技术，在中国具有广泛的应用前景。

在化工利用方面，多种技术已经进入或接近商业化阶段，主要包括CO_2与氨气合成尿素、CO_2与氯化钠生产纯碱、CO_2与环氧烷烃合成碳酸酯，以及CO_2合成水杨酸技术等。在CO_2合成转化能源产品的各类技术中，CO_2与甲烷重整制备合成气技术已进入中试放大阶段；CO_2经一氧化碳制备液体燃料技术现处于基础研究阶段。目前CO_2合成有机化学品、有机功能材料大多处于中试放大或示范工程阶段；目前CO_2矿化技术已经进入中试放大研发与示范工程建设阶段（ACCA21，2014）。

在生物利用技术中，微藻固定CO_2转化为生物肥料技术已经进入中试放大研发与示范工程建设阶段，微藻固定CO_2转化为食品和饲料添加剂技术，以及CO_2

气肥利用技术尚处于技术研发阶段（ACCA21，2014）。

20.2.5 中国全流程 CCUS 项目现状

目前中国有 13 个大型一体化 CCUS 项目①正处于开发或规划的不同阶段（表 20－6），但由于成本、政策的不确定性等问题，上述已规划项目均未进入投资阶段（建设或运营阶段）。中国大型一体化 CCUS 项目如图 20－2 所示。

表 20－6 中国大型一体化 CCUS 项目 10^4 t/a

序号	项目阶段	项 目 名 称	项目规模/（$\times 10^4$ t/a）CO_2	技 术 路 线
1	定义	中国石化集团胜利油田捕集和驱油封存示范工程（二期）	100	燃烧后捕集＋EOR
2	评估	中石油吉林油田 CO_2－EOR 研究与示范（二期）	50～100	燃烧后捕集＋EOR
3	评估	华能天津 IGCC 试验示范（二期）	未定	燃烧前捕集＋EOR
4	执行	延长 CCS 项目（二期）	40～400	煤化工＋EOR
5	评估	陕甘宁蒙地区二氧化碳捕集驱油和封存项目	100	煤化工＋EOR
6	评估	山西国际能源集团 CCUS 项目	100 以上	富氧＋EOR/盐水层
7	评估	广东离岸 CCUS 项目	100 以上	石油炼化＋离岸枯竭油田

资料来源：参考 GCCSI（2014），在其基础上进行了更新

20.3 中国 CCS 技术的成本与经济性

20.3.1 成本构成及特点

CCS 技术整体上尚处于研发与示范阶段，总体成本较高，但也呈现出不同排放源、不同环节、不同技术路线及不同地域的成本差别较大的特点。

（1）捕集。CO_2 集中排放源主要包括燃煤电厂、煤化工厂、水泥厂、钢铁厂等，所排出的 CO_2 浓度往往决定了捕集成本，燃煤电厂是中国最大的 CO_2 集中排

①定义 大型一体化 CCUS 项目（LSIPs）定义为涉及 CO_2 捕集、运输和封存的燃煤电厂且其 CO_2 捕集量规模至少为 80×10^4 t 的项目，或 CO_2 捕集量规模至少为 40×10^4 t/a 的其他排放密集型工业设施（包括燃气发电）。

放源。工程示范及模型研究结果表明，燃煤电厂 CO_2 捕集成本较高，中国富氧燃烧的减排成本为140～200元/t（王云，2011；邢晓娜，2011），燃烧后捕集的减排成本为170～340元/t（晏水平，2007；熊杰，2008；黄斌，2009）。排放纯 CO_2 的合成氨厂和制氢厂捕集成本最低。典型企业 CO_2 捕集成本见表20－7。

表20－7 典型企业 CO_2 捕集成本

典型行业	CO_2 浓度/%	CO_2 捕集成本/（元·t^{-1}）	典型行业	CO_2 浓度/%	CO_2 捕集成本/（元·t^{-1}）
水泥	15～25	280	炼油	3～18	290～424
钢铁	15～20	290	制氢（尾气）	8	360
合成氨（尾气）	8	360	制氢	80～90	100～120
合成氨	80～90	100～120	石油化工	8～13	320～360

数据来源：Chris Hendriks，2009

（2）运输。槽车运输适用于流量小、距离短的 CO_2 陆上运输；管道运输是成本最低的大规模 CO_2 陆上运输方法；对于海上 CO_2 运输，还可以考虑船舶运输。中国500 km长的 CO_2 管道运输成本为80元/t以下（张东杰，2012），与捕集成本相比要小很多。

（3）封存。研究表明，当 CO_2 流量大于200 t/h时，盐水层 CO_2 封存成本为0.8～4.2元/t（王宝群，2012）；CO_2 提高石油采收率可以带来一定的经济效益，某些情况下，其减排成本为负值。

（4）CCS系统集成。CCS技术成本包括捕集、脱水与压缩、运输、注入（场地考察、建设、运行与维护、监测与评估）等多环节的成本。由于减排规模、不同CCS技术组合、地域（排放源类型、源汇匹配条件等），以及地质条件差异等因素，CCS技术成本变化较大，中国CCS技术成本为－500～1350元/t（Dahowski et al.，2009）。中国典型CCS技术组合的 CO_2 减排成本为40～60美元/t，技术组合主要是煤电、煤化工捕集源与陆上盐水层封存的组合。总之，CO_2 捕集和压缩成本占CCS技术成本的绝大部分，降低该成本是降低CCS技术成本的重点。除了 CO_2－EOR以外，现阶段其他CCS技术很难获得盈利。中国CCS技术成本曲线如图20－2所示。

综上所述，燃煤电厂 CO_2 捕集成本高昂，在没有政府资金、政策支持的条件下很难具有商业化的经济可行性。由于捕集成本占CCS总成本的绝大部分，捕集示范项目可从合成氨厂、制氢厂以及煤制油、煤化工工厂等高浓度、成本相对低的 CO_2 排放源入手。此外，近期应将 CO_2－EOR等利用技术作为示范与推广的主要方

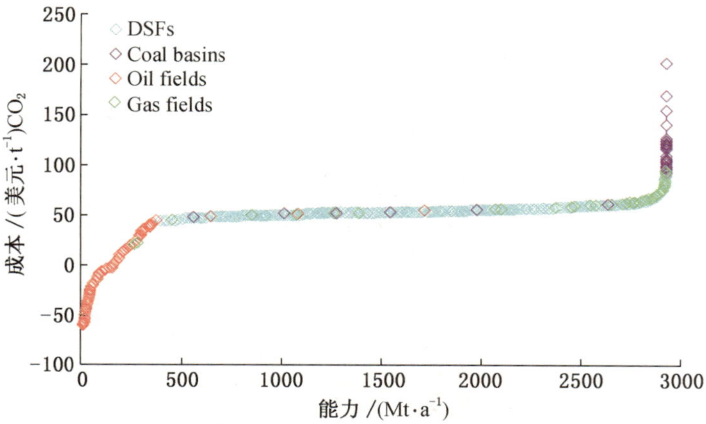

资料来源：中科院武汉岩土力学研究所，2013

图 20－2　中国 CCS 技术成本曲线

向，以弥补 CCS 系统的高成本与高投入。

20.3.2　CCUS 技术发展的基本思路

CCUS 技术在没有外部政策支持，如碳税、碳排放交易等的环境下，很难具有商业化竞争力。因此，合理的碳价对于 CCS 技术具备经济性至关重要，完善的减排政策环境是 CCS 技术得以发展、应用的大背景和前提。CCUS 技术作为新技术在向大规模商业化过渡的过程中，一方面，通过技术积累与代际进步，加大示范与推广应用工程建设产生的规模经济效应都可以使 CCUS 技术整体成本逐步下降；另一方面，CO_2 利用技术的进一步研发、示范与产业化应用，可以部分化解 CCUS 技术前期的高成本障碍。通过“边做边学”，在积累与进步中不断提高 CCUS 技术的经济性、安全性，在减排效益、社会效益与成本经济性等不同层面的综合权衡比较下，才能识别与发挥 CCUS 技术同其他可再生能源与新能源技术在未来低碳产业中的地位及优势。

20.4　中国 CCUS 技术发展的制约因素与障碍

基于对中国 CCUS 技术发展现状的阐述，得出中国 CCUS 技术发展面临的挑战主要来自于两个层面，即全世界发展 CCUS 技术所面临的共同障碍（经济动力缺乏、政策缺失、技术难题和理解有限）之外，还需要解决本国自身特有的突出问题。此外，中国 CCUS 技术发展主要面临 3 个方面的制约（图 20－3），分别是

CCUS技术瓶颈亟待突破、CCUS经济性动力缺乏，以及CCUS相关政策支撑力度不足。

图20-3 中国CCUS技术发展的制约因素与障碍

1. 技术方面

中国CCS技术仍处于发展的初级阶段，其发展瓶颈与难题包括：

（1）捕集环节：捕集量小，高成本、高能耗捕集工艺，水耗问题。

（2）运输环节：安全性问题，许可问题。

（3）封存环节：地质条件复杂、人口密度大，封存技术实施难度大，安全性要求高；缺乏大规模项目长期运行经验；长期责任权问题。

（4）利用环节：地质利用方式中除强化采油之外，其他方式的一些关键技术尚未突破或者技术概念尚未建立，近期实施工业规模示范的可能性小，但是部分技术具有很大的减排潜力及经济效益。

（5）全流程CCS项目：虽然中国现有的示范工程已经验证了诸多科学理论问题，积累了丰富的工程经验，已经具备了实施“吸收法燃烧后捕集、富氧、IGCC或者工业分离-陆上管道输送-EOR或者地质封存”的工业规模集成示范的设计与建设能力。但运行能力还需要验证，需要通过多个大规模集成示范对可靠性、经济性、安全性进行验证和发展，还需要形成产学研相关机构的相互协作，上中下游市场行业间有机合作的体制机制。

2. 经济性方面

（1）中国国家碳市场尚未建立，缺乏合理而稳定的碳价来降低CCS技术成本。

（2）CCS 技术产权相关价值利益亟待评估。

（3）现有 CCS 技术的商业机会有限，盈利空间狭窄。

（4）缺乏 CCS 技术商业化投融资机制和财税激励政策。

（5）利益相关的企业间缺乏合作机制，如缺乏二氧化碳承购协议实践经验，技术知识产权的转移与保护等。

3. 政策支撑方面

（1）国家性 CCS 法律体系缺失。

（2）全球/国家性长远气候缓解目标的不确定性。

（3）公众对于 CCS 技术的认知度和接受度普遍较低。中国低碳技术公众认知度见表 2－8。

表 2－8　中国低碳技术公众认知度　　%

低碳技术	从未听说	听说过	有一定了解
太阳能	5.7	35.9	58.4
核能	5.1	52.5	42.4
风能	5.2	41.1	54.6
节能电器	7.8	42.0	50.2
混合动力车	12.4	49.2	38.4
氢燃料汽车	16.2	54.5	29.3
生物质能	36.2	46.5	17.3
二氧化碳捕集与封存	61.7	31.5	6.9
森林碳汇	32.2	45.3	22.5

资料来源：NEZC IIA 报告，2014

21 CCUS 技术的减排潜力

在气候变化的背景下，二氧化碳减排潜力是指随着时间的推移能够实现，但尚未实现的碳减缓量或适应量，其最终的实现量级与实施技术主体的客观条件、技术成本、经济成本、社会成本、政府行政成本、信息和交易成本等因素息息相关（戴彦德、胡秀莲等，2013）。

毋庸置疑的是，未来 CCUS 技术的应用主要集中于碳排放大国。根据全球碳排放分布的时空特征，在未来中长期内该技术的应用会由发达国家逐渐向发展中国家转移。预计到 2020 年，发达国家与发展中国家的减排量为 1 : 1，而到 2050 年，该比例会变为 3 : 7，届时，排放量较大的发展中国家（如中国、印度等）的碳减排量将超过美国、欧盟，成为 CCUS 技术商业化应用的主要国家。IEA 预计，在 2DS 情境下，2015—2050 年，中国碳减排量可达 442×10^8 t，占全球的 37%，累计投资规模将达到 2.1 万亿美元，占全球的 33%（IEA，2013）。

目前，中国 CCUS 技术总体上处于研发与早期示范阶段，绝大多数 CCUS 技术尚未达到商业化水平，不同技术的减排潜力差别较大。就现阶段而言，各 CCUS 技术的减排潜力还未充分体现，总减排量不大于 100×10^4 t/a，且盈利空间狭窄，但从长远来看减排潜力巨大。根据不同的模型测算结果（Chinese MARKAL 模型、CE3METL 模型等），2050 年 CCUS 技术对中国碳减排的贡献为 0.7 ~ 2.19 Gt（Chen et al.，2009；Duan et al.，2013），以上结果仅是在未涵盖全部利用技术的情况下计算得出的（只考虑 CO_2 - EOR，CO_2 - ECBM）。2013 年，由 21 世纪议程管理中心牵头对中国 CO_2 利用技术进行了全方位的科学评估，并于 2014 年发布了首部《中国二氧化碳利用技术评估报告》，评估了中国各类利用技术的减排潜力与效益。根据该报告评估 CCUS 技术的减排潜力包括二氧化碳地质利用与封存潜力，二氧化碳资源化用利用潜力以及二氧化碳生物利用潜力，涵盖了能源增采与合成、资源增采、化学品合成、消费品生产等众多领域。其中，二氧化碳地质利用与封存的理论封存容量高达 $1\sim10\times10^{12}$ t（Lietal.，2009）。考虑到资源的最大供给和市场的最大容纳能力，到 2030 年，二氧化碳化工和生物利用的年综合减排潜力将分别达到 4500×10^4 t/a 和 1.3×10^8 t/a（ACCA21，2014）。

21.1　CCUS 技术的减排潜力分析

21.1.1　中国二氧化碳地质利用与封存潜力

CO_2 地质利用与封存（CGUS）技术属于二氧化碳捕集、利用与封存（CCUS）技术的范畴，具体是指以地下矿物或条件及原本要排放的 CO_2 为原料，生产或者强化有利用价值的产品，且相对于其他没有 CO_2 参与的工艺可减少 CO_2 排放的过程（ACCA21，2014）。CO_2 捕集、地质利用与封存如图 21－1 所示。

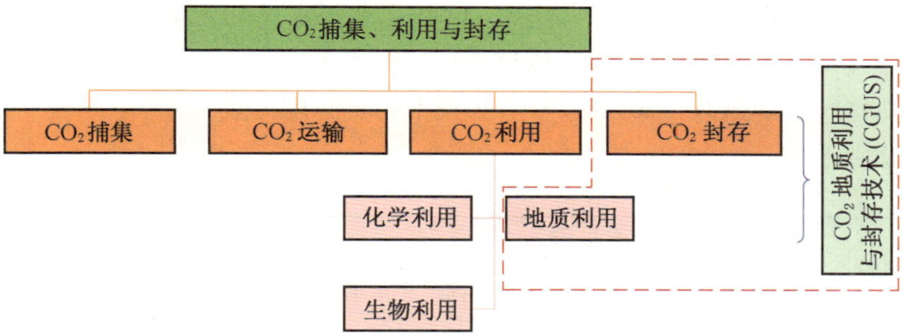

图 21－1　CO_2 捕集、地质利用与封存

地质利用与封存的总容量直接决定了 CCUS 技术可能实现的 CO_2 减排量。理论容量是指一定区域、深度范围内地层基于某种技术概念和物理化学机理能够容纳的二氧化碳质量。中国的 CO_2 理论封存潜力可达数万亿吨（Lietal.，2009）。相关数据显示了多种地质利用与封存技术的封存潜力，其中，增强地热开采、盐水层封存、封存采水的潜力较大，均在千亿吨级以上，强化采油、驱替煤层气、增采页岩气的潜力处于中等水平，而驱页岩气技术的潜力很小，基本低于百亿吨封存容量。总体来说，从量级角度来看，中国地质条件为二氧化碳封存提供了充足的容量空间。

但需要注意的是，中国的 CO_2 理论封存潜力是在理想状态下估算出的结果，实际封存容量远小于理论容量，并具有很大的不确定性。另外，由于 CCS 技术经济性的场地依存性特点，目标越大，利用产生的减排量占比越小，条件较差场地的封存量占比越大，平均减排成本也越高。尽管如此，实际封存容量也可达 1000 ×

10^8 t，贡献技术以盐水层封存技术、封存采水技术为主，其可发挥的减排贡献仍巨大。国际能源署（IEA）2013 年版《碳捕集与封存技术路线图》报告为实现 IEA 的 2DS 发展情景，确定了到 2020 年、2030 年和 2050 年的具体目标。基于此，IEA 给出了世界各国（或地区）在 2015—2030 年，2030—2050 年的累计封存减排量，即从现在至 2050 年，共有 1230×10^8 t 的二氧化碳需要被捕集并封存，其中中国被期望完成全球总量的 1/3（约 420×10^8 t）。客观上，根据上文的封存与利用潜力数据，中国或许可以完成这一设定目标，但就中国现阶段的国情（经济社会发展水平较低）和发展阶段（发展中国家）而言，在世界二氧化碳减排工作中，应本着“共同但有区别的责任”的总原则。

目前，在 CGUS 技术中 EOR、盐水层、封存采水应进行技术示范（30 万 ~100 万吨级）；驱替煤层气应进行万吨级中试；增采铀矿贡献有待观察。其他新型技术的经济性、安全性尚不清楚，应加强基础研究与关键技术开发。预计到 2020 年，中国可建成若干（3 ~5 套）百万吨级的 EOR 项目，进行 10 万吨级的 EGR 示范工程建设，开展万吨级的 ECBM、ESGR、EGS 工业试验，可实现二氧化碳总减排量约 330×10^4 t/a；预计到 2030 年，该技术市场占有率将达到 10%，约减排二氧化碳 2500×10^4 t/a（ACCA21，2014）。CGUS 技术的贡献度见表 21 -1。

表 21 -1 CGUS 技术的贡献度

技术类型	2020 年贡献度/(10^6 t · a^{-1})			长期贡献度/($\times10^8$ t · a^{-1})			
	小于 1	1 ~5	大于 5	小于 0.1	0.1 ~1	1 ~10	大于 10
强化采油			+		+		
驱替煤层气	+				+		
强化采气	+				+		
强化页岩气	+			+			
增强地热开采	+					+?	
增采铀矿	+			+			
封存采水	+					+?	
盐水层封存		+?					+

注：表中的“?”代表该技术的减排贡献度存在不确定性。

资料来源：IRSM 李小春研究员提供

21.1.2 化工利用

二氧化碳化工利用是指以化学转化为主要特征，将二氧化碳和共反应物转化成为目标产物，从而实现二氧化碳资源化利用。二氧化碳化工利用技术体系（图

21－2）主要包括能源、化学品和有机功能材料等方向（ACCA21，2014）。

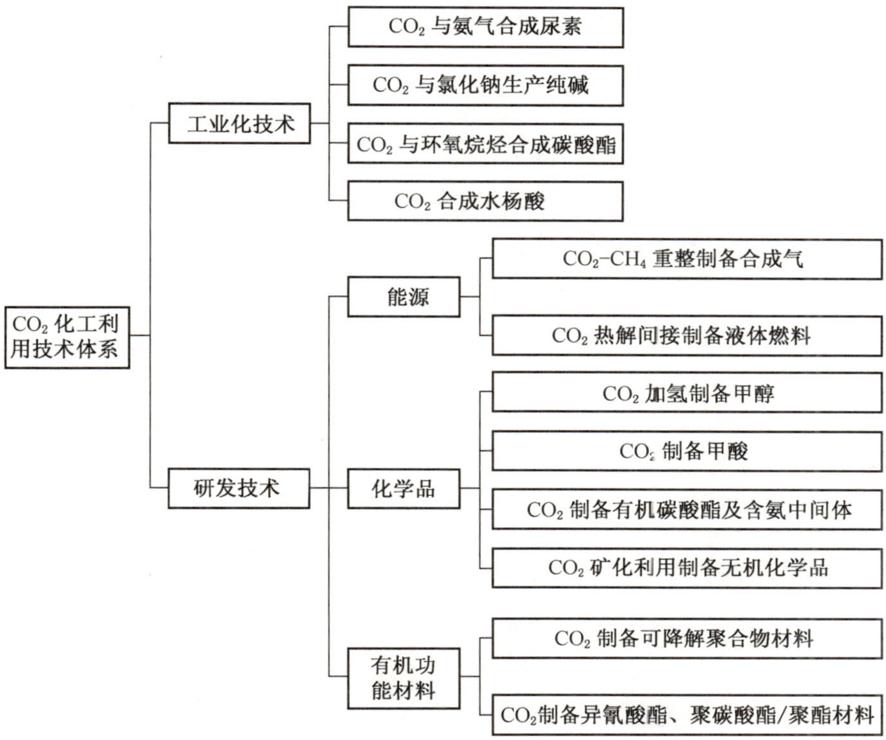

资料来源：ACCA21，2014

图 21－2　二氧化碳化工利用技术体系和目标产品

整体来看，二氧化碳化工利用技术可实现在经济运行过程中的二氧化碳减排。目前，已经实现了二氧化碳较大规模化学利用的商业化技术主要包括二氧化碳与氨气合成尿素、二氧化碳与氯化钠生产纯碱、二氧化碳与环氧烷烃合成碳酸酯，以及二氧化碳合成水杨酸；接近商业化推广阶段的技术有二氧化碳经尿素醇解合成碳酸二甲酯和二氧化碳合成可降解材料；处于工业化示范阶段的技术包含二氧化碳与甲烷制备合成气、二氧化碳与氢气合成甲醇、二氧化碳间接合成异氰酸酯/聚氨酯、二氧化碳间接合成聚碳酸酯，以及二氧化碳与工业固体废弃物矿化合成碳酸盐等；处于基础研究阶段的技术包括二氧化碳经一氧化碳合成液体燃料、二氧化碳间接合成聚酯材料、二氧化碳矿化合成钾肥等。另外有许多具有广阔应用前景的探索性技术，包含二氧化碳加氢合成甲酸、二氧化碳直接合成碳酸二甲酯等。除此之外，还有若干正在研发的技术，未来也可能会显示出较好的减排前景和经济效益（AC-

CA21，2014）。

根据以上对化工利用技术水平的阐述，二氧化碳化工利用技术早期示范机会（或领域）主要包括二氧化碳合成碳酸二甲酯在溶剂、汽油添加剂、锂离子电池电解液等领域的应用；二氧化碳间接非光气合成异氰酸酯/聚氨酯在大宗工程塑料、煤化工、天然气化工等领域的应用；二氧化碳间接制备聚碳酸酯/聚酯材料在电子器件、通信、医疗器械、光盘、汽车、包装、光学器械等领域的应用；二氧化碳间接制备聚丁二酸乙二醇酯用于替代通用塑料，用于塑料薄膜、包装材料、生物材料等；二氧化碳矿化利用技术在建材行业的运用等。预计到 2020 年，二氧化碳化工利用技术综合减排量可达（3000～5500）$\times 10^4$ t/a。到 2030 年，可以实现二氧化碳减排量超过 1×10^8 t（图 21－3）。

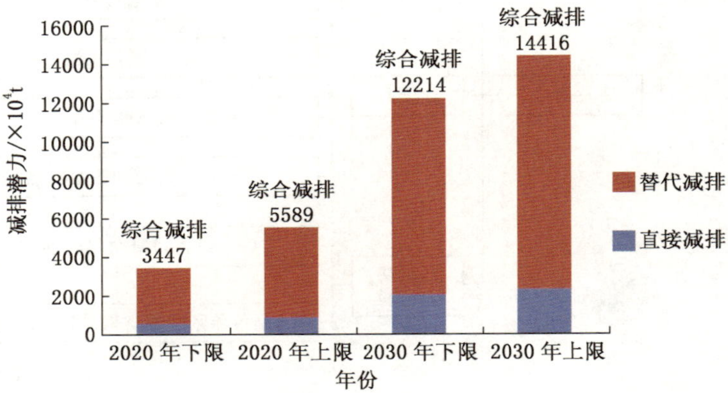

资料来源：ACCA21，2014

图 21－3　二氧化碳化工利用技术中长期减排潜力

21.1.3　生物利用

二氧化碳生物利用技术是指以生物转化为主要特征，通过植物光合作用等，将二氧化碳用于生物质的合成，从而实现二氧化碳资源化利用。二氧化碳生物利用技术不仅将在二氧化碳减排上发挥作用，还将带来巨大的经济效益，因此，加快二氧化碳生物利用技术重要核心的研发、积极培育相关产业，对我国工农业的可持续发展十分重要（ACCA21，2014）。二氧化碳生物利用技术体系如图 21－4 所示。

二氧化碳生物利用技术总体上处于初期发展阶段，生物固碳的研究工作主要集中在微藻固碳上。另外，由于我国拥有世界上面积最大的种植大棚，二氧化碳气肥使用也具有广泛前景，若给予适当政策或经济鼓励，其将具有较强的市场竞争力。

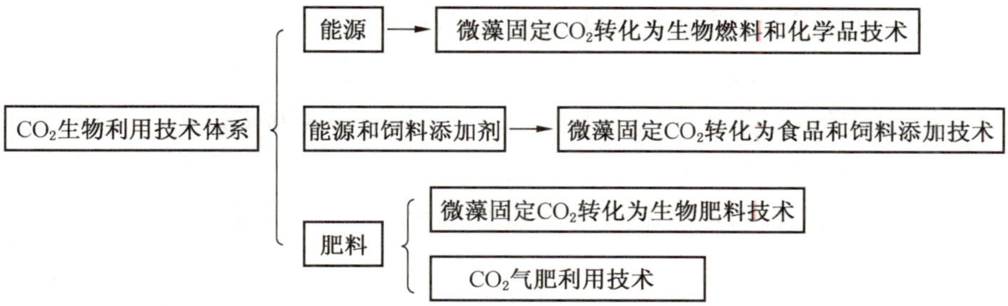

资料来源：ACCA21，2014

图 21－4　二氧化碳生物利用技术体系

根据图 21－5 中的显示，预计到 2020 年，总生物固碳量可达 10×10^4 t/a，到 2030 年，固碳量可达 120×10^4 t/a（ACCA21，2014）。

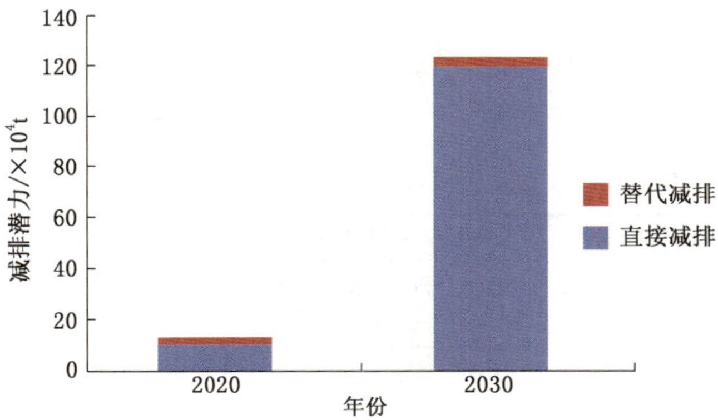

资料来源：ACCA21，2014

图 21－5　二氧化碳生物利用技术中长期减排潜力

21.2　二氧化碳源汇匹配评估

初步研究表明，我国有 1600 多个大型的固定排放源，每个排放源的 CO_2 排放量在 10×10^4 t/a 以上。超过 90% 的大型 CO_2 排放点源都分布在距离潜在封存地 191 km 范围内，这为 CCUS 技术的实施提供了良好的源汇匹配条件（Li et al.，2009；Dahowski et al.，2009）。另外，3 种利用与封存技术的优势各不相同，地质利用与封存技术主要适合于中国中西及东北部地区，化工利用技术与生物利用技术主要适合于东部、南部地区，因此，具有很好的地域互补性，也利于就地利用碳源。

通过以上分析可知，我国的 CO_2 源汇分布总体上具有3个特点：①碳源“量大”“面广”，但“相对集中”；②封存与利用地质条件“多样”但“复杂”；③工业基础设施较完备。以鄂尔多斯盆地为例，该区域具有丰富的煤炭资源和已具规模的煤化工产业，鄂尔多斯、榆林和宁东是 CO_2 排放较集中的区域，而这些盆地的煤化工基地（捕集的高浓度 CO_2 流可以以非常低的边际成本进行压缩，以便运输）多与现有油田相邻（可供开发的石油资源超过 100×10^8 t），体现了明显的源汇匹配优势。

良好的二氧化碳源汇匹配对CCUS全流程产业链整合至关重要。中国现有研发和示范项目多聚焦单一技术环节，尚无全流程工业规模的CCUS示范项目。但CCUS不只是单纯的技术或系统，它涉及多变、庞大、复杂的工业产业链。就其技术发展而言，各环节之间（捕集、运输、利用和封存）是环环相扣、相辅相成的（陈征澳，等，2013）。再者，单一的CCS项目成本可能会很高，一个二氧化碳源集群（即多源匹配多汇）可以通过分享运输和封存基础设施实现规模经济效益，同时使较小的碳源（如生物质转化）能够包含到CCS项目中。这就要求中国要重视整个CCUS系统的有效整合和源汇优化匹配（李小春、陈征澳，2013）。

表21－2给出了二氧化碳利用与封存技术实施条件良好的区域（或行业），在

表21－2　二氧化碳利用与封存技术实施区域（或行业）

二氧化碳利用与封存技术	实施条件良好的区域（或行业）	技术产业集群
二氧化碳盐水层封存	长庆、大港、大庆、华北、辽河、胜利、塔里木、新疆和中原等	煤电－地质利用与封存技术产业集群 煤化工－地质利用与封存技术－CO_2 化工转化的碳循环利用产业集群 钢铁/水泥－矿化利用技术－微藻－生态农业产业集群
二氧化碳强化采油	大庆、长庆、新疆、胜利、吐哈、塔里木、青海等主要油田	
二氧化碳驱替煤层气	鄂尔多斯盆地、准格尔盆地、吐哈盆地、海拉尔盆地、三塘湖盆地、阴山盆地、依兰－伊通盆地等	
二氧化碳增强产气	鄂尔多斯盆地、四川盆地、塔里木盆地、柴达木盆地等	
二氧化碳增强页岩气开采	松辽盆地、鄂尔多斯盆地、吐哈盆地、准格尔盆地、四川盆地等	
二氧化碳增强地热系统	羊八井、腾冲热海等	
二氧化碳铀矿浸出增采	伊犁盆地、吐哈盆地、鄂尔多斯盆地、松辽盆地和二连盆地等	
二氧化碳强化深部盐水	西部增采咸水淡化，南部增采高附加值矿产，东部控制和修复严重地面沉降等	

表 21－2（续）

二氧化碳利用与封存技术	实施条件良好的区域（或行业）	技术产业集群
二氧化碳与甲烷重整制备合成气	石油和天然气化工以及煤化工等	煤电－地质利用与封存技术产业集群 煤化工－地质利用与封存技术－CO_2 化工转化的碳循环利用产业集群 钢铁/水泥－矿化利用技术－微藻－生态农业产业集群
二氧化碳经一氧化碳制备液体燃料	可再生能源行业等	
二氧化碳直接加氢合成甲醇	有机合成、医药、农药、涂料、染料、汽车和国防等	
二氧化碳合成碳酸二甲酯	溶剂、汽油添加剂、锂离子电池电解液等	
二氧化碳合成甲酸技术	化学工业、食品工业、医药、农药、制革行业	
二氧化碳合成可降解聚合物材料	食品和医用包装等	
二氧化碳间接非光气合成异氰酸酯/聚氨酯	大宗工程塑料、煤化工、天然气化工等	
二氧化碳间接制备聚碳酸酯/聚酯材料	电子器件、通信、医疗器械、光盘、汽车、包装、光学器械等	
二氧化碳间接制备乙烯基聚酯	纤维、薄膜、容器、工程塑料、汽车配件等	
二氧化碳间接制备聚丁二酸乙二醇酯	替代通用塑料，用于塑料薄膜、包装材料、生物材料等	
钢渣直接矿化利用二氧化碳	混凝土、水泥等	
钢渣间接矿化利用二氧化碳	混凝土、水泥等	
磷石膏矿化利用二氧化碳	纤维、薄膜、容器、工程塑料等	
钾长石加工联合二氧化碳矿化	建材、钾肥等	
微藻固定二氧化碳转化为液体燃料	可再生能源行业等	
微藻固定二氧化碳转化为生物肥料	生态农业等	
微藻固定二氧化碳转化为食品和添加剂	食品行业、保健品行业等	
微藻固定二氧化碳转化为气肥	农业等	

源汇优化匹配的基础上，多行业间技术集成耦合也十分重要。高浓度排放源煤化工/煤电/钢铁/化工/CTL 同 EOR/ECBM/EWR/EGS/EGR 可形成多线路的耦合路径，

如中国中西部地区适合CCI/钢铁-EWR/EOR/ECBM耦合技术，东部地区在煤电/IGCC电厂可进行EWR/EOR/EGS技术结合的应用，而南部地区可实施CO_2驱卤水等技术（Li et al.，2013，Li et al.，2014）。因此，区域间以及多区域（或行业）与电力、能源、化工、钢铁和水泥等部门的复合系统集成耦合可作为未来短、中期实施CCUS技术的早期机会或突破口。

22 中国 CCUS 技术商业化路线图研究

中国的资源禀赋呈现以煤为主的特征，且低位利用导致诸多能源问题积重难返，与此同时，中国碳排放压力已经先于资源消耗达到瓶颈。CCUS 技术作为现有接近成熟的技术中唯一可实现化石能源 CO_2 近零排放的技术，对于中国的可持续发展、低碳化利用，避免庞大化石能源资产的“碳锁定”，保障能源安全具有重要的战略意义。本章基于上文对 CCUS 技术商业化影响因素的阐述与分析，从 3 个角度（技术、经济、政策）提出符合中国国情的 CCUS 技术发展路径的路线图，并针对不同的时间阶段（现在至 2050 年），就具体实施提出相关建议。

22.1 路线图设计原则与方法

新兴技术是基于科学的创新，这种创新具有创立一个新的产业或者改变已存在产业的潜力。新兴技术的商业化是指从新兴技术的基础知识理论研究开始到技术产品产业化，并以获利为主要目的的行为，即突破技术“死谷”，使其从实验室中的“奢侈品”顺利转化为市场上具有社会和经济效益的“商品”的动态过程（杨壬飞、仝允桓，2004）。CCUS 产业作为新兴的技术密集群，其商业化研究涉及诸多科学领域（如技术、工程、经济学、管理学、政策、法律、社会学等）。因此，在商业化运行过程中，承担的风险要远高于一般传统单一型的技术行业。

22.1.1 路线图选取与设计方法

本篇选取技术、商业化、政策 3 个维度制定了针对中国 CCUS 技术发展的路线图，即中国 CCUS 技术路线图、中国 CCUS 技术商业化发展路线图、中国 CCUS 技术政策支撑路线图。

路线图设计方法主要通过对比参照其他机构、国家发布的 CCS 技术路线图，分析借鉴其他机构的研究成果和结论，从中国国情及

CCS技术发展现状出发，综合分析提出中国CCUS技术发展的主要时间节点和阶段目标，并通过技术进步的成本降低曲线验证、专家咨询讨论等方式，对阶段目标进行校验和修正。

22.1.2 阶段与目标的设定

历史经验表明，一项技术通常需要30年或更长的时间才能发展成熟（Hetland，2012）。CCS技术如其他新兴能源技术一样，正在经历从技术诞生、发展，到未来实现商业化的过程。本篇依据其他低碳技术的发展经验，以及其他机构发布的CCS技术路线图中的划分结果，将中国CCUS技术发展分为3个阶段（图22-1）：当前至2020年，研发与示范阶段；2020—2030年，产业化阶段；2030—2050年，商业化阶段。

图22-1 CCUS技术发展阶段划分

22.1.3 愿景设定

中国CCUS技术发展愿景的设定主要基于两个方面的考虑：从应对国际气候变化对于CCUS技术的需求出发，CCUS技术的减排贡献应当保证中国可以实现煤电、煤化工等产业的大规模减排，在2050年以前推动CCUS技术达到商业化应用水平；从技术可实现的减排贡献能力出发，在不断扩大技术的研发与应用的过程中，通过技术进步和规模效益逐步降低总体减排成本，成为在未来低碳技术选项中安全可靠且具有成本优势和综合竞争力的减排技术之一。

综上所述，本篇将中国CCUS技术发展的总体愿景确定为：为应对气候变化提供技术可行、经济可承受的技术选择，保障经济、社会、能源与环境协调可持续发展。

22.2 CCUS技术发展路线图

研发推动技术不断升级换代，对于CCUS产业的市场化、商业化有着至关重要的作用。值得一提的是，CCUS技术不只是一个单纯的技术单元，它涉及多个技术环节所组成的庞大、复杂的工业产业链，待其成熟需要更长的时间。因此，明确短、中、长期发展目标与路径，识别技术层面早期机会与优先研发领域十分关键。

在此前提下，本篇分别选取 CCUS 技术额外能耗、成本和减排贡献作为中国 CCUS 技术未来发展的 3 个关键性指标。本篇在 2011 年中国 CCUS 技术路线图（ACCA21，2011）的基础上，给出了 CCUS 技术各环节阶段性发展路径、主要任务和目标，并将阶段性的技术成果应用于 CCUS 全流程项目（图 22－2）。

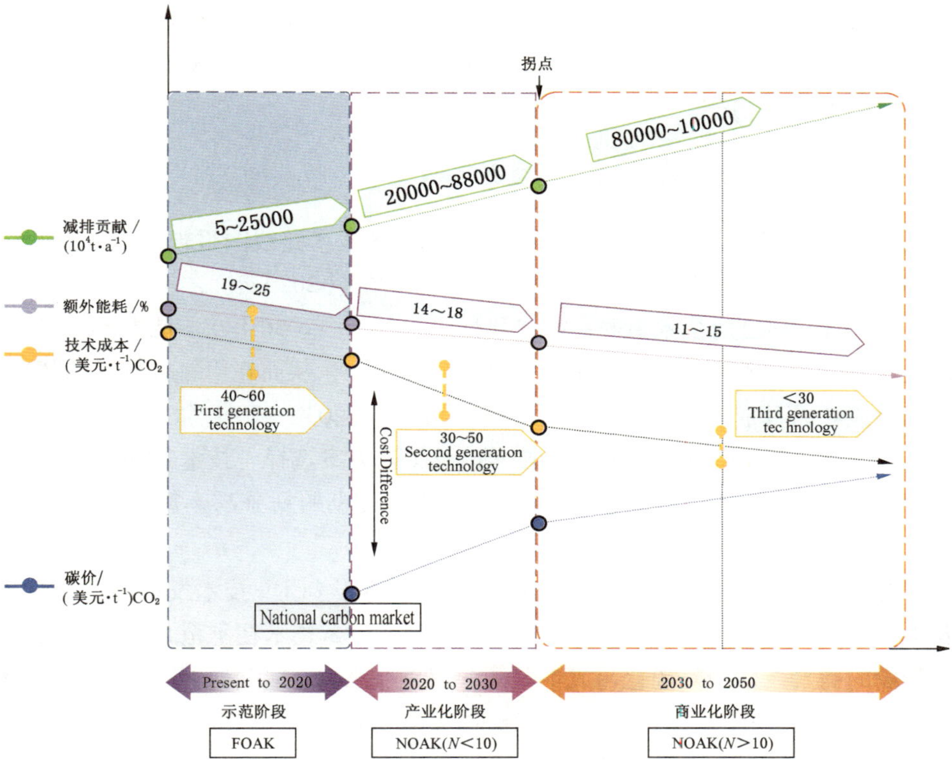

注：①图中 CCUS 技术成本曲线仅代表整体成本下降趋势，并不代表实际走向。根据清洁技术发展历史经验，前期设计与性能实施经验的“有限性”以及技术创新固有的“迭代性”“非线性”发展特点，FOAK 成本会在示范时期存在一定波动且呈现“先升后降”的趋势。而后进入成本（NOAK 成本）快速下降的技术产业化阶段。当技术成熟，市场建立后（商业化阶段），技术成本下降速度逐渐放缓，并最终趋平。②FOAK（First Of A Kind）代表第一代 CCUS 项目；NOAK（Nth Of A Kind）代表第 N 代 CCUS 项目；N 代表 CCUS 大规模全流程项目

图 22－2　中国 CCUS 技术发展路线图（总图）

22.2.1　CCUS 技术减排贡献度

IEA 的 CCUS 技术发展路线图从全球 2 ℃温升目标的前提出发，限定全球总的排放空间和按地区划分减排量，2015—2050 年，中国 CCUS 技术累计碳减排量可达

442×10^8 t，占全球的 37%；2050 年中国 CCUS 技术的碳减排贡献约为 24×10^8 t。根据不同的模型测算结果（Chinese MARKAL 模型、CE3METL 模型等），2050 年 CCUS 技术对中国的碳减排贡献为 0.7～2.19 Gt（Chen et al.，2009；Duan et al.，2013）。《中国二氧化碳利用技术评估报告》中指出，当前 CO_2 利用技术大多尚未商业化，减排潜力尚未充分体现，预计到 2020 年和 2030 年仅利用技术可分别实现 CO_2 减排约 2.5×10^8 t/a 和 8.8×10^8 t/a（ACCA21，2014）。在综合分析各机构的研究成果和专家讨论的基础上，本书提出到 2050 年中国 CCUS 技术的综合减排贡献可以达到 10 亿吨级。

22.2.2 CCUS 技术成本与额外能耗

根据 2013 年碳收集领导人论坛（CSLF）CCUS 技术路线图报告，CCUS 技术代级可划分为 3 个，判断依据为：第一代技术（现在至 2020 年），是指可应用于首批大规模 CCUS 项目的技术集群；第二代技术（2020—2030 年），是指系统基于第一代技术概念和技术设备进行一定程度的改进和优化，从而在第一代技术的基础上技术额外能耗以及成本可降低 30%；第三代技术（2030—2050 年），是指一系列明显区别于第一代 CCUS 技术的新型技术以及工艺方案选择，技术额外能耗和成本在第一代技术的基础上降低 50% 左右。这一技术代级的划分与本篇中技术的 3 个发展阶段一致。

因此，基于中国 CCUS 技术发展现状、CSLF 对于 CCUS 技术发展趋势的判定，以及中国 CCUS 技术专家讨论，本书给出了中国 CCUS 技术在示范、产业化以及商业化阶段的捕集技术额外能耗与成本预测，即现在至 2020 年，19%～25%，40～60 美元/t CO_2；2020—2030 年，14%～18%，30～50 美元/t CO_2；2030—2050 年，11%～15%，30 美元/t CO_2 以下。

22.2.3 推进技术路线图的政策建议

【建议 1】

CCUS 技术“降本增效”。在通过 863 和 973 等计划的互补研发推进单项技术升级的同时，重视全流程、大规模集成示范。CCUS 技术并不是单一技术，它涉及一整个庞大、复杂的工业产业链，各环节相辅相成。中国现有的示范工程已经验证了诸多科学理论，积累了丰富的工程经验，但同时面临许多亟待解决的问题，需大规模集成示范加以突破。此外，多种 CCUS 技术与 CO_2 资源化利用耦合，如 CO_2 驱油利用和盐水层封存技术、CO_2 驱水利用技术、CO_2 驱替煤层气结合煤化工工艺等，也是未来发展的一大趋势。该路线图给出了具体的时间规划，即 2014—2020 年，进行全流程中试以及百万吨级项目示范；2021—2030 年，进行技术验证，从而不断完善 CCUS 全流程设计、建设和运营的产业化技术能力；2031—2050 年，建成若干 CCUS 全流程商业项目。

【建议 2】

发展多种 CCUS 技术与 CO_2 资源化利用（“U”）耦合，重视各技术间以及与能源、化工等部门的产业集成。例如，煤电、煤化工与强化驱水技术，强化地热开采技术、强化石油开采和驱替煤层气等技术的结合，钢铁/水泥与矿化利用技术、微藻产业耦合等方式。其具有三大优势：①可大幅度减少能源、化工、水泥等大型排放源的 CO_2 排放量，有利于完成中国制定的减排目标。②保证中国能源安全、优化能源结构。以煤基系统为例，在煤炭储量占中国化石能源储量 94% 的特有资源禀赋条件下，无论将煤炭作为燃料还是原料，都将产生大量的 CO_2 排放。CCUS 技术与煤基产业系统的集成耦合可以保障中国在较长时间内低碳、高效、清洁利用传统化石能源，促进能源产业的转型与延伸。③促进资源增产、增效，可作为 CCUS 技术发展的负成本早期机会。例如 CCI－EOR/EWR/EGS 技术耦合，可有效整合、利用各项产业元素，实现企业优势互补，地域资源（水资源、矿产资源等）互补，进而降低 CCUS 技术与生产成本以及内化外部环境足迹，并促进 CCUS 技术多链条、多向发展。

【建议 3】

搭建产学研协调合作、政企互动的体制机制。构建 CCUS 技术创新链、产业链，消除 CCUS 技术上中下游市场行业间的隔阂与壁垒，做好技术研发与成果转化、技术推广与技术转移。

22.3 CCUS 技术经济性推动路线图

目前中国 CCUS 技术整体水平尚处于研发与示范阶段，总体成本较高。根据不同的排放源类型、技术路径及地质条件，其成本在一定区间内波动。但随着减排幅度的增大，CCUS 技术的应用对我国降低碳减排边际成本②的贡献越来越显著（Chen et al.，2009）。因此，根据 CCUS 技术不同阶段的发展特点和减排目标的不断调整，实施合适的经济激励政策，对降低 CCUS 产业成本，形成成熟的 CCUS 市场机制十分重要。图 22－4 展示了在不同时间区块中，CCUS 项目投资特点与建议实施的商业手段。

【建议 4】

完善 CCUS 技术商业化投融资机制，拓宽技术与项目的投融资渠道，以保障 CCUS 技术商业化发展。在现阶段（现在到 2020 年），特别是实现大规模商业化之

② 边际减排成本是度量一个国家减排难易程度的指标，其值越大表明该国减排所需付出的经济成本越高。

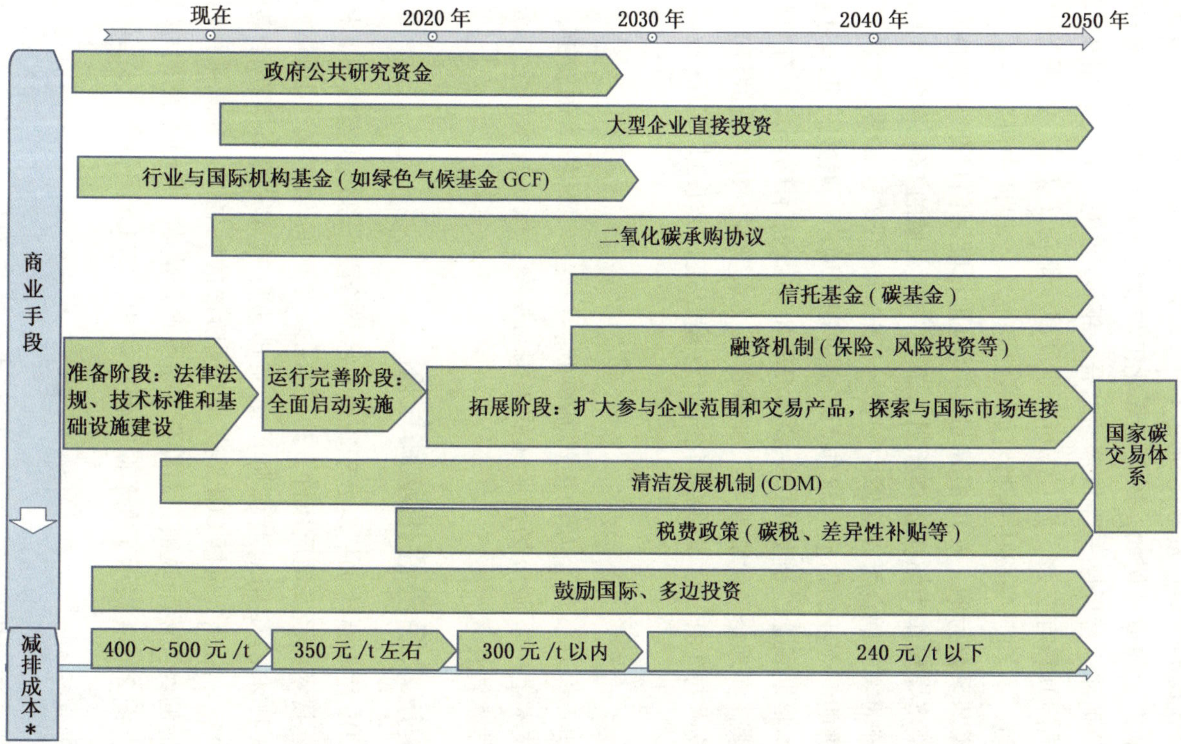

注：* 以深部盐水层 CCS 技术成本为例

图 22－3　CCUS 技术商业化发展路线图（经济篇）

前，在 CCUS 技术尚未成熟、成本较高的情况下，CCUS 技术发展需要一定程度的引导和支撑，因此，其技术发展和项目建设的资金主要来自于政府的公共资金，CCUS 行业的主体企业（如大型能源国有企业）投资，以及行业与国际机构基金等。随着技术的不断发展与示范，该技术逐渐步入商业化（2020 年以后），通过市场机制调节和鼓励私人资本，多种投融资渠道应引入 CCUS 产业市场当中，如成立专门的 CCUS 信托基金（碳基金）、商业保险、项目风险融资、贷款担保、风险投资等。

【建议 5】

调整税费结构，制定 CCUS 税费激励政策，鼓励 CCUS 技术发展。在 CCUS 技术可完全实现商业化规模之前，中国政府应对 CCUS 产业给予一定的税费激励政策。这其中包括税收抵免、豁免或减免，差异化补贴，开采税减免等。此外，还应根据大型 CO_2 排放源的排放特点，研究其资源消耗的跨代外部性与开采中的环境外部性，制定合理的碳税政策。这些政策通过价格传导机制实现调节中国能源消费结构，以及实现环境污染损失补偿和资源代际补偿的目的，可以减轻 CO_2 捕集、压缩、存储、运输等各环节的资金成本。

【建议 6】

将 CCUS 纳入中国国家碳交易体系，乃至统一的全球碳交易市场，形成各区域子市场的联动机制。碳排放权交易是《京都议定书》提出的，即把 CO_2 排放权作为一种商品，并进行碳排放权交易的过程（何璇，2014）。2014 年 9 月，国家发展和改革委员会公布了中国国家碳交易体系实施路线图，目的在于通过碳配额管理和碳交易制度体系，以市场化手段发现排放配额价格，激励企业有效降低减排成本，转变发展方式，调整经济结构和能源结构，最终实现经济和社会健康持续发展。将 CCUS 纳入中国（全球）碳交易体系，稳定以及合理的碳价将会对 CCUS 技术商业化起到重大的推动作用。

【建议 7】

加强企业间的合作，签订二氧化碳承购协议。二氧化碳承购协议是 CCUS 项目投资决策的基础，可以在很大程度上避免二氧化碳的来源以及价格的不确定性，同时可以实现企业间的资源优化，实现优势互补。

22.4 CCUS 技术政策支撑路线图

中国政府虽然已出台了一系列政策文件将 CCUS 技术列为 CO_2 减排关键技术，但到目前为止，中国 CCUS 技术的相关法律法规体系建设仍然处于初级阶段，专门针对 CCUS 技术的国家性发展规划或法律法规尚处于缺失状态（图 22 -4）。

现阶段的 CCUS 技术是一项需要依赖法律、政策和强制减排目标才能体现减排

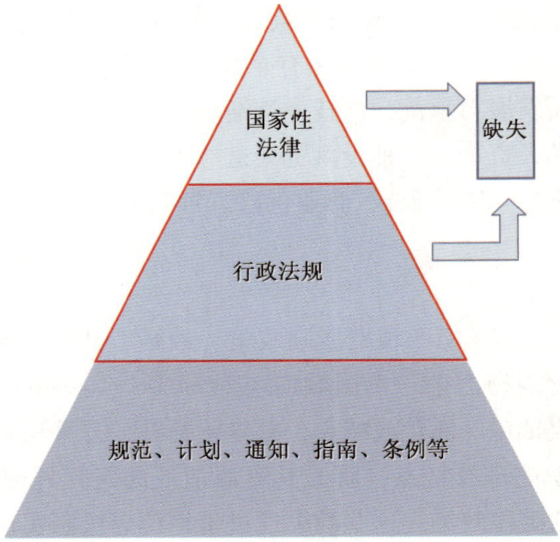

图 22－4　法律体系等级

空间的技术，因此，明确而强有力的政策信号对 CCUS 技术商业化发展尤为重要。图 22－5 阐述了中国 CCUS 技术商业化发展过程中不同阶段应该给予的技术与产业政策。驱动政策分为市场拉动政策（Market push policies）和技术推动政策（Technology pull policies），具体包括相关法律、法规的制定与完善，制定相关行业、技术规范与标准，加强能力建设相关政策，以及其他影响 CCS 技术发展的外部政策等。

【建议 8】

尽快颁布《中华人民共和国应对气候变化法》，明确温室气体减排的法律依据，确定 CCUS 技术在节能减排、气候变化中的重要地位。近 10 年来，中国政府应对气候变化的态度越发鲜明。通过释放坚定的低碳发展政策信号可以让企业更加积极地研发和利用低碳技术。具体地说，未来可从控制能源消费总量与能源强度两个侧面严控能源消费过快增长和粗放式低效率利用，从碳排放总量和碳排放强度两个方面实现碳减排的双向约束，规划、设定未来发展的碳排放总量空间及减排路径，预估能源消费峰值和碳排放峰值，用市场手段来控制减排成本、提高减排的效率和效益，倡导低碳发展、节能减排要结合市场机制来引导企业执行。

【建议 9】

验证与现有相关法律、法规的相容性，并及早构建、完善 CCUS 技术法律体系。中国共有 13 个大型一体化 CCUS 项目正处于开发或规划的不同阶段，但均未

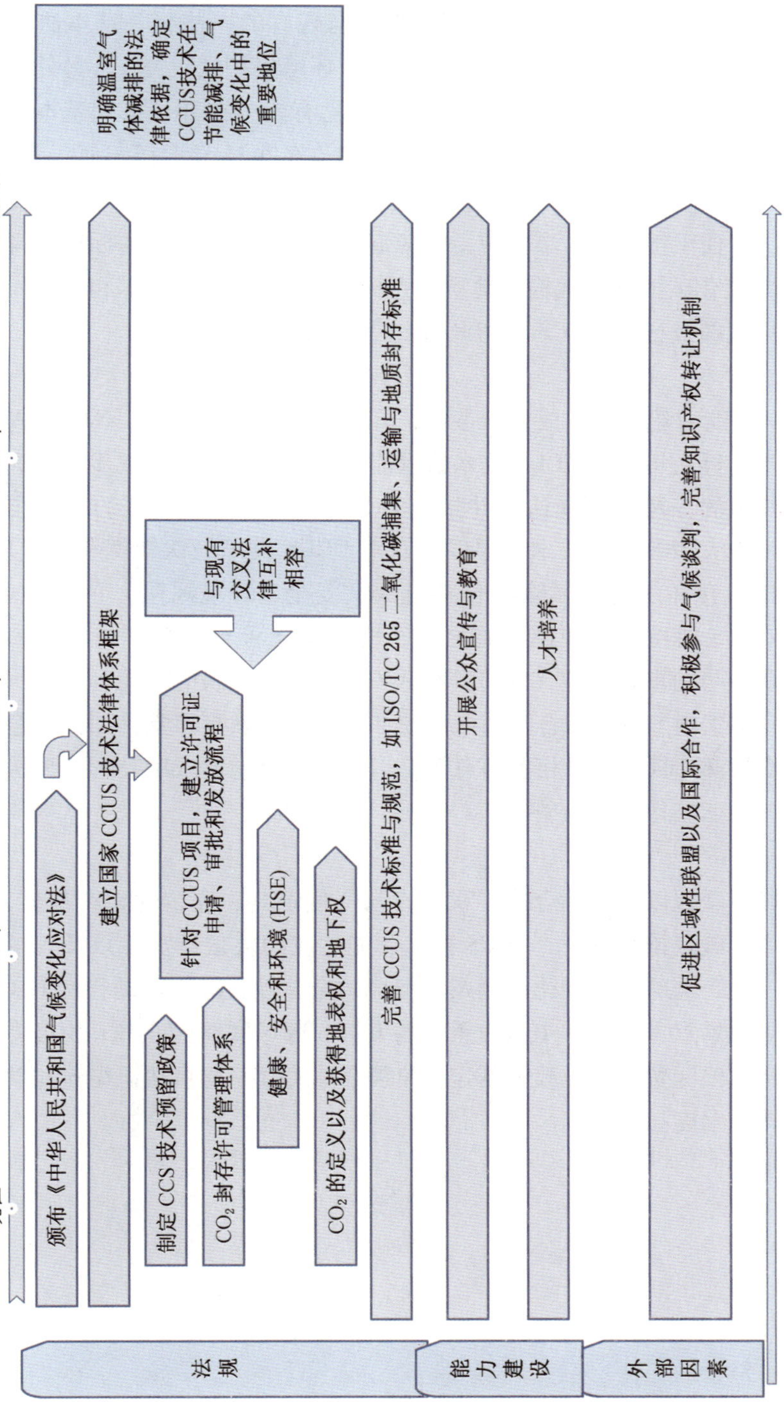

图 22－5　CCUS 技术商业化发展路线图（政策篇）

进入投资阶段。CCUS技术法律地位的不明确已经成为阻碍相关开发商实施投资计划的主要因素之一。因此，首先要保证该技术与现有的一些相关基本法相容（如《中华人民共和国土地管理法》《中华人民共和国环境保护法》等）。另外，根据世界资源研究所的研究表明（WRI，2010），中国已有能力在其一系列基本法的基础上建立一个有效的CCUS技术法律体系，包括建立各个环节责任归属、责任转移、所有权和使用权的明确法律规范（项目申请和核准制度、封存许可证制度、监管与报告制度、责任承担制度、事故应急响应制度，完善CCUS技术标准与规范（如ISO/TC 265二氧化碳捕集、运输与地质封存标准），制定促进技术和产业发展的法律（如制定排放绩效标准、CCS预留政策）等（何璇等，2014）。

【建议10】

加强CCUS能力建设，重视公众参与，开展公众宣传与教育。NZECIIA项目的研究结果表明，近几年中国CCUS技术研发能力不断提高，项目逐步确立，以及气候变化相关知识的普及为公众认同并接受CCUS技术提供了良好的科学与社会土壤。但相较于绝大多数低碳技术，中国公众对CCUS技术的认知度和接受度略低，并对应用该技术存在的潜在风险（包括健康、安全、环境风险）的关注度颇高。因此，中国CCUS项目在大规模实施之前，应及早完善与公众参与相关的法律法规，明确公众参与的重要地位，并将其纳入CCUS项目立项的决策程序。另外，应建立多维度、多渠道CCUS综合沟通机制，如开展公众教育课堂，加强信息交流与沟通，向公众披露CCUS项目相关信息等，以理解公众的诉求以及形成原因，提高公众参与性，从而获得“社会许可”。

【建议11】

促进区域性联盟以及国际合作，积极参与气候谈判，完善知识产权转让机制。由于不同二氧化碳减排约束下，CCUS技术所能达成的碳减排贡献以及其减排成本截然不同。因此，全球气候变化谈判及其形成的全球性碳减排行动目标对CCUS技术未来商业化前景意义重大。中国应重视与CCUS区域联盟的合作；积极参与气候变化国际谈判和国际贸易碳税政策制定；加强全球CCUS技术知识交流与共享，完善知识产权转让制度。

参 考 文 献

[1] 戴彦德，胡秀莲. 中国二氧化碳减排技术潜力和成本研究［M］. 北京：中国环境出版社，2013.

[2] Carey, W. K., Gürcan, G., Stuart, M. C., et al. The system – wide economics of a carbon dioxide capture, utilization, and storage network: Texas Gulf Coast with pure CO_2 – EOR flood［J］. Environmental Research Letters, 2013, 8 (3) 1402 – 1416.

[3] CSLF. Carbon sequestration leadership forum technology roadmap 2013［R］. Washington: CSLF, 2013.

[4] IEA. Technology roadmap: carbon capture and storage［J］. Technology Roadmap Carbon Capture & Storage, 2009, 325 (5948).

[5] MOST. An assessment reporton CO_2 utilization technologies in China［M］. Science Press, Beijing, 2013.

[6] Li, X. C., Liu, Y. F., Bai, B., Fang, Z. M. Ranking and screening of CO_2 saline aquifer storage zones in China［J］. Chinese Journal of Rock Mechanics and Engineering, 2006, 25 (5): 963 – 968.

[7] 李琦，陈征澳，张九天，等. 中国 CCUS 技术路线图未来版的（更新）启示：基于世界 CCS 路线图透视分析［J］. 低碳世界，2014（7）：7 – 8.

[8] 王建秀，吴远斌，于海鹏. 二氧化碳封存技术研究进展［J］. 地下空间与工程学报，2013（01）.

[9] Chris Hendriks, Wina Graus. Global carbon dioxide storage potential and costs［J］. Jul, 2004.

[10] 王宝群，李会泉，包炜军. 燃煤电厂 CO_2 捕集与咸水层封存全过程经济性模型［J］. 化工学报，2012，63（3）：894 – 903.

[11] 王云，赵永椿，张军营，等. 基于全生命周期的 O_2/CO_2 循环燃烧电厂的技术：经济评价［J］. 燃煤电厂，2011，41（1）：119 – 128.

[12] 张建府. 碳捕集与封存技术（CCS）成本及政策分析［J］. 中外能源，2011，16（3）:21 – 25.

[13] IPCC. Climate change 2013: the physical science basis［M］. Cambridge: Cambridge University Press, 2013.

[14] 汤道路，苏小云. 美国"碳捕捉与封存"（CCS）法律制度研究［J］. 郑州航空工业管理学院学报（社会科学版），2011，30（05）：159 – 162.

[15] 陈征澳，李琦，张贤. 欧洲能源复兴计划 CCS 示范项目实施进展与启示［J］. 中国人口·资源与环境，2013，23（10）：81 – 86.

[16] 李小春，方志明，魏宁. 我国 CO_2 捕集与封存的技术路线探讨［J］. 岩土力学，2009，30（09）：2674 – 2678.

[17] 刘延锋，李小春，方志明. 中国天然气田 CO_2 储存容量初步评估［J］. 岩土力学，2007，

27 (12): 2277 -2281.

[18] 张金带，李子颖，蔡煜琦. 全国铀矿资源潜力评价工作进展与主要成果 [J]. 铀矿地质，2012, 28 (06): 321 -326.

[19] 李琦，魏亚妮，刘桂臻. 中国沉积盆地深部 CO_2 地质封存联合咸水开采容量评估 [J]. 南水北调与水利科技，2013，11 (4): 93 -96.

[20] 张洪涛，文冬光. 中国 CO_2 地质埋存的条件分析及有关建议 [J]. 地质通报，2005，24 (12): 1107 -1110.

[21] 杨壬飞，仝允桓. 新技术商业化及其评价的研究综述 [J]. 科学学研究, 2004，12 (S1): 82 -88.

[22] 何璇，黄莹，廖翠萍. 国外 CCS 政策法规体系的形成及对我国的启示 [J]. 新能源进展，2014，2 (2): 157 -163.

第 5 篇

全球CCS技术的商业化路径

本篇将对CCS技术商业化路径开展综合、系统的研究，在前四篇研究的基础之上，评述CCS技术特点，评价其减排潜力与竞争力及其商业需求。梳理分析国际气候政策、CCS技术成熟度和成本竞争力，以及投融资机制等影响和制约其商业化的主要因素。其中，国际气候变化谈判和全球碳减排目标对CCS技术的商业化需求影响最为直接而关键。基于此，结合IPCC最新的典型浓度路径情景分类，根据未来不同减排强度情景，CCS技术商业化可以分为弱减排情景和强减排情景，相应的商业化驱动模式分为市场驱动型和战略驱动型两种模式。进一步在不同减排情景下，分阶段、分区域对CCS技术的商业化路径进行设计与分析。经过对CCS技术发展现状的实际分析，未来CCS技术商业化进程很可能介于弱减排与强减排情景之间。本书提出，CCS技术商业化的最佳战略将是“利用带动封存，政策驱动商业，技术研发作储备，运输网络作基础”，短期内注重CO_2资源化利用的经济收益抵消部分增量成本，长期通过碳市场定价的发展完善，依靠经济效益驱动CCS技术向大规模商业化应用方向发展。

23 CCS技术发展概况与商业需求分析

23.1 CCS技术发展概况

23.1.1 CCS技术简介

碳捕集与封存（Carbon Capture and Storage，CCS）技术是指将来自大型碳排放源的 CO_2 捕集、分离、压缩，通过管道或其他方式输送，最终封存于深部地层，从而长期与大气隔绝的一系列过程（Careyetal.，2013）（图23－1）。CCS技术是一个系统技术工程，主要包括 CO_2 捕集、运输和封存三个阶段。

碳捕集、利用与封存（Carbon Capture Utilization and Storage，CCUS）技术是CCS技术新的发展趋势，即把生产过程中排放的 CO_2 进行提纯，继而投入到新的生产过程中，可以循环再利用，而不是简单地封存。与CCS技术相比，CCUS技术可以将 CO_2 资源化，能产生经济效益，更具有现实操作性。CCUS技术被视为支持CCS技术实施和革新的一种重要跳板和早期机会。本篇中讨论“CCS”技术与“CCUS”技术的商业化路径，除着重区分外，二者所指概念一致。

据研究，全球 CO_2 总体封存量达数万至数十万亿吨量级（IPCC，2005）。中国油气田 CO_2 理论封存容量可达2～4 Gt，盐水层封存理论容量在数千亿吨到数万亿吨之间，占封存总量的90%以上（李小春，等，2006）。

23.1.2 CO_2 利用技术

CO_2 利用技术主要分为地质利用、化工利用和生物利用三大类（MOST，2013）。其中，正在商业运行的 CO_2－EOR项目达120个左右，主要集中于北美地区；而其他利用方式仍处于待发展或试验阶段（CSLF，2013）。

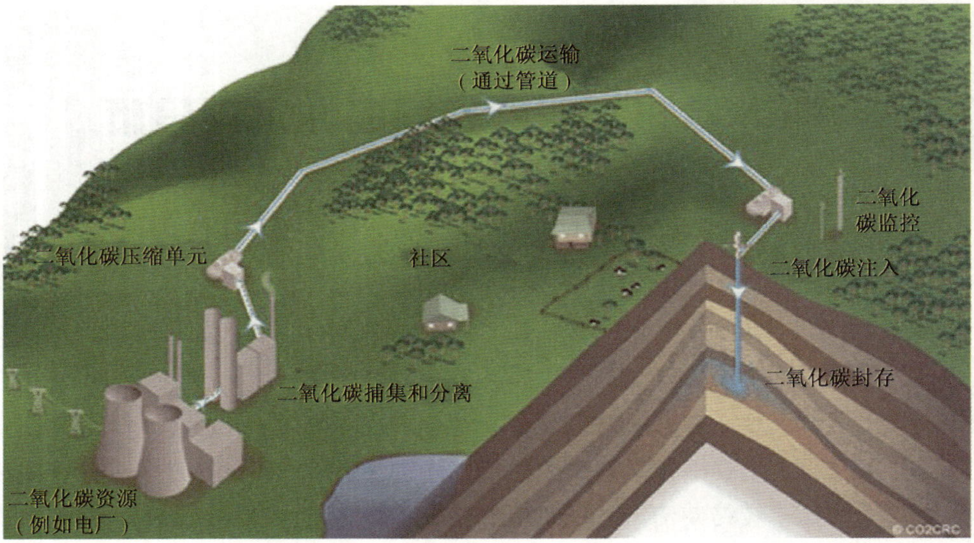

图 23－1　CO_2 捕集与封存技术

23.1.3　CCS 技术早期机会与前景

当前 CCS 技术还未商业化，成本低、相对成熟的高浓度 CO_2 捕集和 EOR 的技术组合为 CCS 技术发展提供了早期机会。

CCS 捕集的三种主流技术都不具备绝对的应用优势，任何一项技术都有可能成为未来商业化推广的选择。未来运输技术需形成成熟的管道运输管网体系。未来 20 年内，枯竭油气田地质封存仍被作为主流方式。另外，盐水层封存也将是未来主要的发展方向。

23.2　CCS 示范项目进展

目前，全球 CCS 项目（包括单一捕集、运输或封存环节项目和全流程项目）超过 300 个，其中大型 CCS 项目 65 个（图 23－2），12 个处于“运行”状态的全流程项目分别分布在美国、欧洲、加拿大等国家及地区，均与石油、天然气领域直接相关，其规模在百万吨以上，并已达到工业化生产能力（GCCSI，2014）。到 2015 年，若正在建设的其他 8 个 CCS 项目也投入运行，CO_2 捕集量可增加至 37 Mt/a。

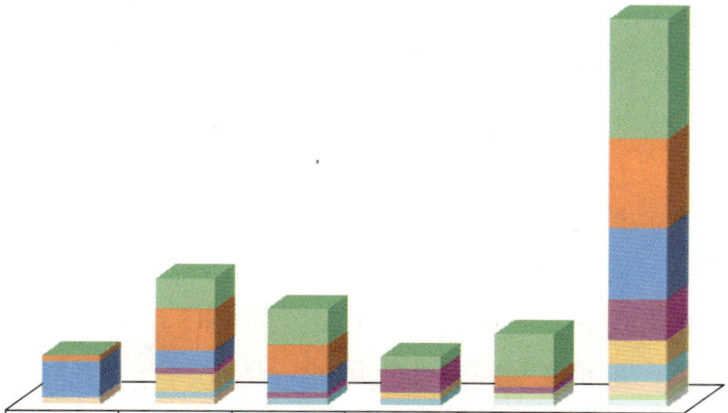

	立项	评估	定义	建设	运行	总计
总计	8	21	16	8	12	65
美国	0	5	6	2	7	20
欧洲	1	7	5	0	2	15
中国	6	3	3	0	0	12
加拿大	0	1	1	4	1	7
澳大利亚	0	3	0	1	0	4
中东	0	1	1	1	0	3
亚洲其他国家	1	1	0	0	0	2
南美	0	0	0	0	1	1
非洲	0	0	0	0	1	1

资料来源：GCCSI，2014

图 23－2　全球大型 CCS 项目发展现状（个）

23.3　CCS 技术的作用及综合竞争力评价

23.3.1　环境效用及影响

（1）可实现相对低成本的大规模减排 CO_2。CCS 是在应对全球气候变化的背景下提出的技术概念。目前研究表明，为避免严重的生态灾难，应争取将工业革命以来的全球温升控制在 2～3 ℃以内，而这意味着需要将大气中的 CO_2 浓度稳定在 400～500 ppm① 的范围内。为达成这一目标，需要将 2050 年的全球 CO_2 排放量削减至 1990 年的 50% 以下。为此，必须综合应用各种 CO_2 减排手段。除了实施节能、提高能效、发展核电和可再生能源、低碳燃料转换（如“煤改气”）、增加生物碳汇等常规手段外，还应考虑实施 CCS（IEA，2014）。若不采用 CCS，则需要

① ppm 为百万分之一体积浓度。

不计代价地强化能源效率和核能、可再生能源的发展，可能导致减排 CO_2 的单位成本急剧上升，甚至影响整个能源系统的安全。IEA 分析认为，为了实现 2 ℃温升目标，不采用 CCS 技术将比采用 CCS 技术的总减排成本上升约 70% （IEA，2009）。

（2）有利于其他有害气体减排。采用 CO_2 捕集后，由于单位供电煤耗升高，单位 NO_x 排放、粉尘排放和汞排放都略有上升。但在富氧燃烧、燃烧前捕集（煤气化）等技术路线下，脱碳的过程可以实现 SO_x、NO_x 等污染物的协同脱除；在盐水层封存方式中也可以实现酸性气体的一体化封存。总体上说，CCS 技术更有利于达到减低大气污染物排放的协同效应。

（3）能源资源消耗总量有所增加。采用 CO_2 捕集后，燃煤电厂供电效率下降，导致发电煤耗增大。对于超临界电厂，CO_2 捕集会增加 20% ~40% 煤耗，而对于 IGCC 电厂将增加 14% ~25% （IPCC，2005）。采用 CCS 技术后，燃煤发电机组的单位水耗增加 45% ~90% 。为了减少用水量的增加，可使用空冷技术，但这会导致单位能耗的增加（EPRI，2002）。

23.3.2 成本与经济性

CCS 的经济性地域差别较大，本书主要以中国为例研究其经济性。

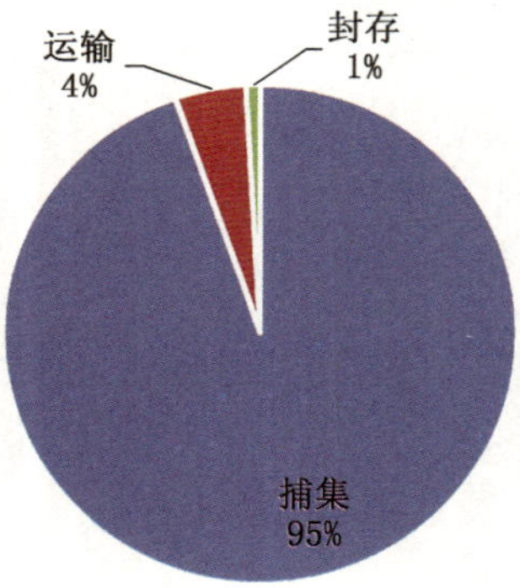

注：捕集单元包含压缩装置；MEA 燃烧后捕集，捕集率为 90%；100 km 管道运输；1000 m 深盐水层封存；煤价：28 元/GJ

资料来源：王宝群，2012

图 23-3 CCS 系统成本分布

CCS 全流程成本。CCS 成本由捕集、运输和封存成本相加而得。由于 CCS 技术组合和地域差异，CCS 成本变化较大，在 14 ~91 美元/t CO_2 之间（IPCC，2005）。总的来说，捕集成本占 CCS 成本的绝大部分（图 23-3），是降低 CCS 成本的重点；除了 CO_2 - EOR 外，其他 CCS 技术现阶段很难获得盈利的空间。

23.3.3 其他社会价值

CCS 技术的应用会协同减排其他污染物。为了防止捕集溶剂中毒，烟气在捕集 CO_2 以前需要预先进行精脱硫；氨基 CO_2 捕集装置在分离 CO_2 的同时还会捕集部分酸性气体，如 SO_2、NO_x 等；使用富氧燃烧技术时，部分有毒有害气体可随 CO_2 一起封存。

此外，CCS 技术的发展还可以促进传统产业升级和创造就业。未来可能每年会有数以亿吨计的 CO_2 被捕集和封存，CCS 将是未来全球低碳经济中的一个巨大新兴产业。CCS 产业的发展，将会创造大量的工作岗位以满足其自身发展的需求。

23.3.4 综合效用与竞争力分析

在减排 CO_2 方面，与 CCS 技术直接竞争的是可再生能源技术和核能技术。仍以中国为例，通过在环境、经济、资源、技术和安全等方面进行对比分析，可获得 CCS 在中国市场竞争力的全面评价。

（1）环境效益。通常可再生能源和核能的发电过程是“零排放”，但在其整个生命周期里，其开发、建设、运行和退役过程也会带来一定温室气体排放。从全生命周期的角度看，中国风电和核电的温室气体排放量仅有 10 g/(kW · h)左右；水电的排放量不超过 35 g/(kW · h)；太阳能光伏发电排放量介于 56 ~ 98.4 g/(kW · h)之间；生物质发电排放量达到 210 ~ 260 g/(kW · h)，但生物质属于碳中性，其燃烧不会引起大气碳含量增长。估算表明，对于 CO_2 捕集率为 90% 的燃煤电厂，若采用盐水层封存则温室气体排放量为 138 ~ 179 g/(kW · h)；若采用 EOR，由于循环 CO_2 有散逸量，其排放量为 192 ~ 242 g/(kW · h)。以上数据显示，CCS 在环境效益方面不占优势。

（2）经济效益。CCS 和其他可再生能源的减排成本对比，见表 23 - 1。由表 23 - 1 可以看出，只有核电、水电和煤电 + EOR 的减排成本为负值，其他可再生能源的减排成本均为正值。且以煤电 + EOR 技术表现最好，由此可见，EOR 可有效改善 CCS 的经济性，是早期 CCS 示范项目的首选技术。如果实施盐水层封存，则 CCS 面临巨大的成本约束。

表 23 - 1 CCS 和其他可再生能源的减排成本对比

项　目	年运行小时数/h	供电成本/[元 · (kW · h)$^{-1}$]	减排成本/(元 · t^{-1})CO_2
水电	3300	0.24	-158
生物质直燃发电	6000	0.66	296
PV 强光	1800	0.77	415
陆上风电	2096	0.41	26
海上风电	2600	0.53	156
核电	7500	0.32	-71
煤电 + 盐水层	5000	0.48 ~ 0.56	418 ~ 501
煤电 + EOR	5000	0.16 ~ 0.32	-907 ~ -680

（3）资源储量与供应。中国陆上 10 m 高度处技术可开发量为 2.97×10^8 kW，近海 50 m 高度风电可装机容量约 2×10^8 kW（人民日报，2010），全国水能经济可

开发装机容量为4×10^8 kW，生物质可作为能源利用的总量约为3×10^8 t/a。而中国2030年全社会用电量约为10.37×10^{12} kW·h，装机容量需要20×10^8 kW以上。因此，仅仅依靠可再生能源和核能，则无法满足中国电力的巨大需求，储量巨大的化石能源资源相当长时期内仍将是能源供应的主要来源，在应对气候变化的背景下，CCS技术未来有很大发展空间。

（4）技术特点与成熟度。风能、太阳能发电的电力输出呈现不连续性和不稳定性，并网发电还需要其他发电技术（水电、火电等）来调峰。核电只能作为电网的基本负荷，不能参与调峰。水电在枯水期发电量会大幅下降。CCS技术的使用，降低了原有燃煤机组8%～10%的效率，但却增大了机组的调峰能力，煤电+CCS有利于提高能源电力系统的稳定性。

（5）安全风险。核泄漏和核废料处理是核电面临的两大安全问题，近期全球核电建设基本处于停滞状态。CCS技术存在CO_2泄漏的风险，能否长期、安全、有效地将CO_2封存在地质结构中，是人们对CCS技术的最大质疑。从目前研究及工程示范看，CO_2地质封存的整体安全性较高。

（6）低碳技术路线的对比与综合评估。CCS技术与可再生能源、核能的综合对比，如图23-4所示，其中技术方面是技术成熟度、效率及调峰能力的综合评价。与可再生能源和核电相比，作为新生技术的盐水层CCS和EOR在技术、安全和环境（减排效果）方面都不占优势；但盐水层CCS可利用的资源最丰富，可满足未来能源需求的大幅增长；EOR可增产石油从而在经济性上具有很大优势，可作为CCS的首选商业示范技术来发展。

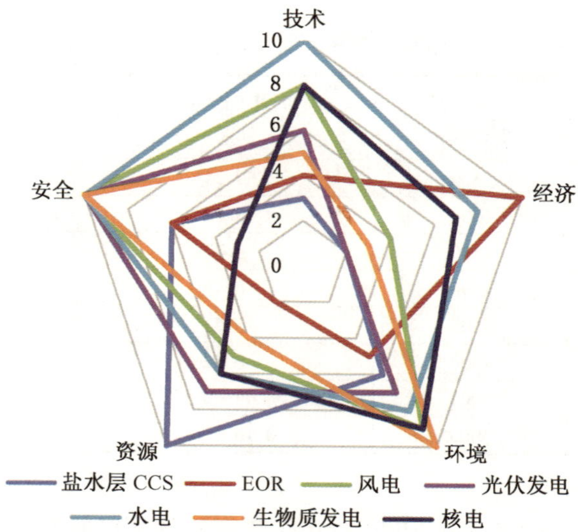

图23-4　CCS与可再生能源、核能性能对比雷达图

23.4 CCS 技术的商业需求分析

应对气候变化挑战是关系到全人类生存与发展的全球工程，又是一个涉及经济发展、能源安全、社会与环境的系统问题，需要科学、协调、平衡地加以解决。CCS 技术是为减少大规模温室气体集中排放（特别是以煤为主的化石能源的 CO_2 排放）而研发的，其技术需求和商业化进程将受到能源需求和人类减排意愿的影响。2013 年，化石能源占全球一次能源消费总量的 86% 左右，未来相当长时期其占比仍将保持在 80% 以上。世界一次能源结构演化走势，如图 23－5 所示。以传统化石能源为主体的能源结构调整必将是个长期而复杂的过程。

CCS 是唯一可实现化石燃料 CO_2 近零排放的技术，可以在保障能源供应安全稳定的前提下，既有效控制碳排放总量，又显著降低总减排成本。随着人类经济活动的增长，能源需求也呈快速增长趋势，特别是以中国为代表的新兴发展中国家的能源需求增长迅速（BP，2014）。可再生能源和核能还不足以满足世界能源需求，可再生能源的不可控性也需要煤电来调峰，同时核电发展会因安全性而备受阻力。因此，煤炭对于满足世界（特别是中国）的长期能源需求仍是必不可少的，CCS 作为煤炭利用的碳减排技术有其发展的巨大空间。

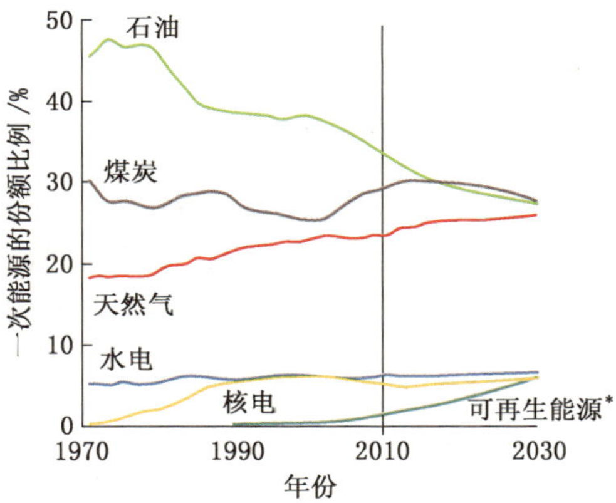

注：* 包括生物燃料

资料来源：BP 世界能源展望，2012

图 23－5 世界一次能源结构演化走势（1970—2030 年）

23.4.1 CCS 技术的价值与商业需求

按照市场价值论来分析，可以将 CCS 的商业价值概括为两个方面，首先是降低 CO_2 排放、控制温室效应。就这方面而言，CCS 技术的“消费者”或“需求方”是全人类，其商业价值在于公众构建起对控制温室气体排放的“价值发现”和“市场需求”。随着大量人为 CO_2 排放引起的全球气候变化和极端气候现象的发生，人类的环境意识和温室气体减排意识逐渐加强，人类对能源的环保要求会越来越高。这种背景下，全球应对气候变化战略将推动国际社会、各国政府（包括地方政府）通过政策手段设定碳排放空间、制定严苛的排放标准，传统化石能源产业将面临前所未有的发展挑战。CCS 是目前能够实现最大程度降低化石能源碳排放量

（高达90%）的唯一近商业化体系的技术。在减排形势不断趋紧的趋势下，“碳排放权”将成为重要而稀缺的生产要素，其市场价值将日益显现。或许在不久的未来，CCS 技术与脱硫脱硝技术一样，将成为燃煤电厂的标配技术，成为煤炭利用技术不可分割的一部分。

其次是 CO_2 资源化利用所创造出的其他商业价值。其商业价值体现于为产业链下游市场供应具有成本竞争力、足够规模的碳源。CO_2 利用技术在全球各地的发展方兴未艾，北美地区 CO_2 强化采油技术应用已经初具规模，基于相似原理还有 CO_2 强化采气、CO_2 驱替煤层气、CO_2 强化采水、CO_2 强化采地热等地质利用技术；此外，CO_2 可用于生产尿素、甲醇、合成碳酸二甲酯、生物燃料、生物肥料、食品等化工和能源产品，这些技术目前处于研发、示范、推广商业化应用等不同阶段。CO_2 资源化利用产业市场的逐步培育和壮大将成为未来延伸化石能源产业链的重要方向之一。

23.4.2 CCS 技术价值链

CCS 是一个跨行业的系统工程，从碳捕集，到运送、封存以及利用，涉及煤炭、电力、化工、石油天然气、运输、钢铁、水泥工业等多个行业。随着 CCS 技术不断发展，将会形成全新的产业链及商业模式。CCS 技术的价值链见表 23－2。

表 23－2 CCS 技术的价值链

CO_2 来源→	处理→	运输→	利用→	封　存
■ 化石燃料燃烧发电 ■ 石油行业 ■ 天然气行业 ■ 化工行业 ■ 钢铁行业 ■ 水泥等建材行业 ■ 生物质转化利用 ■ 造纸 ■ 其他	■ 提纯 ■ 压缩 ■ 液化	■ 管道 ■ 槽车 ■ 船舶 ■ 铁路	■ 地质利用 • 强化采油 • 驱替煤层气 • 增强采热 • 强化采水 ■ 化工利用 • 重整制合成气 • 合成甲醇 • 合成碳酸二甲酯 • 钢渣矿化 ■ 生物利用 • 微藻制备生物燃料 • 微藻制备生物肥料 • 气肥 ■ 其他	■ 陆地盐水层 ■ 陆地枯竭油气层 ■ 深部煤层 ■ 海底 ■ 其他深部岩层

23.4.3 CCS 技术商业需求的政策环境及地区差异

全球气候变化谈判及其形成的碳减排行动机制将对 CCS 未来商业化前景和进

程起到决定性影响。在不同减排压力或约束下，CCS 技术的碳减排贡献及商业需求也有所不同。在严格的减排集体行动机制下，CCS 会更加迅速、广泛地推广应用于火电、化工、钢铁、水泥等大型化石能源利用行业，发挥其大规模减排 CO_2 的潜力，成为应对气候变化的低碳技术组合的战略选择之一；在没有强碳排放约束的条件下，CO_2 下游利用市场牵动 CCS 技术的发展方向。

在碳减排压力和约束一定的情况下，不同国家和地区，由于技术条件、经济发展水平、资源禀赋、能源系统的碳强度等方面有很大差异，碳减排的总量和紧迫程度会有所不同，选择减排路径会有各自侧重。OECD 国家经济规模、能源消费总量趋于稳定，可再生能源、新能源技术水平较高，从经济结构、能源结构的调整上可部分地实现降碳目标。中国、印度等发展中国家仍处于工业化、城镇化的中后期阶段，经济发展、能源消费仍处于快速上升期，能源结构以煤炭等相对廉价但碳强度高的化石能源为主，对于这些国家而言 CCS 技术将是其实现发展经济、保障能源安全、控制碳排放等多元目标的重要手段。

CCS 技术可以解决传统化石能源与工业系统的碳排放瓶颈，保证其可持续地发展；在 CCS 技术推广的初期，CO_2 利用技术在实现减排 CO_2 的同时创造可观的经济效益，可以部分解决投资巨大、成本高昂的问题，为规模化、产业化应用 CCS 技术提供工程实践和技术储备，是通往 CCS 商业化推广利用的重要桥梁。因此，CCS 技术是未来一段时间化石能源资源产业低碳发展的重要技术选择，是人类能源结构从高碳向低碳、零碳直至负碳转变的重要过渡技术路线，在未来的低碳经济、低碳产业中将会占据一席之地。

综上，CCS 目前处于新兴技术的兴起阶段，具有高昂的成本、未被完全证明的技术可行性、较低的社会认知和社会接受度等特点。但煤炭等化石能源对满足人类能源需求的长期不可或缺性，以及人类对能源环保要求的逐步提高，都昭示着 CCS 技术是未来煤炭大规模低碳利用的必然选择。像燃煤电厂脱硫技术一样，随着 CCS 技术的大规模应用，可极大提高其技术成熟度、降低成本，从而在与可再生能源及核能的竞争中获得更多的商业机会。但其商业化则受到人类减排意愿的极大影响，弱减排情景和强减排情景下，CCS 将会呈现完全不同的商业化进程。在有明确商业预期的背景下，现在所需做的就是建立 CCS 示范工程，边学边做，逐步推进 CCS 的商业化。

24 CCS技术商业化的主要影响因素及商业化模式

商业化是促进CCS技术落地的重要途径。如果CCS不能实现大规模的商业化运营，其所谓的巨大减排潜力恐怕只能沦为空谈。虽然在理论和示范项目上，CCS技术已接近于成熟；但到了商业化推广时，仍然会引发投资人和公众对其技术风险的担忧，以及对环境、健康和安全等方面的考虑。如何找到稳定的投融资渠道来保证高昂的前期投入，更是CCS商业化的巨大障碍。在这些问题面前，明确的政府政策、法规和公共资金的支持对CCS商业化至关重要。从国际层面来看，具有法律约束力的国际公约对CCS商业化发展同样起着决定性的作用。

在影响CCS技术商业化最重要的八个因素中（图24－1），国际气候变化谈判、投融资机制、政策法规体系、区域性联盟及国际合作以及公众参与和宣传属于外部因素，CCS技术成本竞争力，技术可

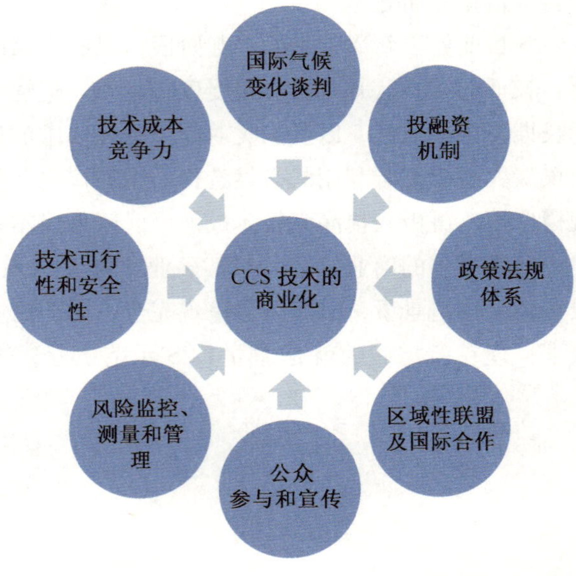

图24－1 CCS技术商业化的影响因素

行性和安全性，风险监控、测量和管理属于内部因素。而国际气候变化谈判、CCS 技术可行性和安全性及投融资机制等是影响 CCS 技术商业化进程的核心因素。

24.1 国际气候变化谈判进展对 CCS 技术商业化的影响

CCS 技术作为一种重要的减排手段，其地位和作用日益突显。IPCC 于 2005 年发布了《二氧化碳捕集和封存》特别报告，体现了国际社会对 CCS 技术发展的重视。2014 年 IPCC 最新发布的第五次气候变化评估报告第三工作组报告，就将未来减排的重担在很大程度寄托在 CCS 上。

然而，若缺乏有法律约束力的排放限额，CCS 技术的商业化很难有经济上的吸引力。国际气候变化谈判的进展将直接影响投资者对 CCS 项目的信心和进一步的投资决策。推动国际社会早日达成具有法律约束效力的气候变化协议，是 CCS 技术大规模商业化的发展基础。

24.1.1 国际气候变化谈判进程简述

1992 年《联合国气候变化框架公约》签署以来，国际气候变化谈判进展缓慢。目前谈判的焦点仍然集中在发达国家和发展中国家的责任分担上。眼下国际社会正致力于在 2015 年巴黎气候变化谈判大会上达成一致，将全球温升幅度控制在 2 ℃以内。

24.1.2 将 CCS 纳入国际主要减排行动机制的前景和意义

虽然《联合国气候变化框架公约》中把 CCS 技术视为一项减排选项，提倡鼓励、加强 CCS 技术的开发、推广和转让；但直到 2010 年的坎昆会议，才终于明确将 CCS 纳入到清洁发展机制（CDM）中（WRI，2010）。即便如此，相关的程序和技术细节问题仍有待正式讨论，如减排量的核算方法等都尚未成型。因此，在有法律约束力的减排限额之外，对 CCS 技术的明确定位，是未来气候变化谈判与相关协议的起草中需要解决的问题。

在 CDM 机制之外，《京都议定书》中提出的碳排放交易机制，将 CO_2 排放权作为一种商品，以限额交易为基础，提供了一种以最低经济成本实现减排的市场机制。允许来自 CCS 的减排量进入排放贸易体系将成为 CCS 长期发展的融资手段。稳定且具有吸引力的碳价是保障 CCS 投资的关键，建立成熟稳健的全球碳交易市场将成为 CCS 技术商业化的一项主要激励机制，并成为推动 CCS 商业化发展的主要工具之一。

24.1.3 国际气候变化谈判未来走势对 CCS 技术商业化的影响

国际气候变化谈判的进展还直接影响 CCS 技术商业化的融资渠道、规模和风险性。目前，2009 年在哥本哈根气候变化会议上达成的绿色气候基金（GCF）和国家适当减排行动（NAMA）框架，可以为 CCS 技术商业化发展提供资金支持。世界银行和全球环境基金等机构也建立了 CCS 信托基金来为 CCS 技术商业化推广筹集资金。国际气候变化谈判的任何突破都将给 CCS 技术商业化的融资机制带来更多的渠道和更大的空间。

《世界能源投资展望》特别报告指出，目前国际气候变化谈判释放的政策和市场信号还不够强，导致对 CCS 技术的投资不足或投资搁浅的风险增加（OECD/IEA，2014）。因此，在未来的气候变化谈判中，能否取得突破，释放出清晰的政策信号，对于开启一个全新的 CCS 技术商业化投资格局至关重要。

近年来，国际气候谈判形式正在发生一些新的变化，展现出积极乐观的态势。在刚刚结束的 2014 年 APEC 会议上，中美发表气候变化联合声明，美国表示到 2025 年在 2005 年基础上减排 26% ~28% 并将努力减排 28% 。中方计划 2030 年左右 CO_2 排放达到峰值且将努力早日达峰。两国将成立中美清洁能源研究中心，促进双方在 CCS 技术方面的合作。中国对温室气体减缓的态度也正在发生变化，由抵制变为积极参与，由被动行动变为主动引领。习近平主席表示，应对气候变化是中国可持续发展的内在要求，也是负责任大国应尽的国际义务，这不是别人要我们做，而是我们自己要做。2014 年 11 月刚刚发布的《能源发展战略行动计划（2014—2020 年）》，就表示要积极控制煤炭消费总量，到 2020 年控制在 42×10^8 t 左右；同时降低煤炭消费比重，到 2020 年下降至 62% 以内。这些积极因素都对传统化石能源产业（尤其是煤炭产业）带来了压力和挑战，但有利于包括 CCS 技术在内的碳减排技术的发展。

24.2 CCS 技术可行性和安全性对商业化的影响

CCS 技术本身的发展是商业化能否成功的关键因素，突破技术障碍是该技术真正走上商业化道路的前提。

24.2.1 CCS 三个主要技术环节对商业化的影响

在碳捕集环节，随着各项技术的进步以及相关法律的出台或者政府相应的政策刺激，任何一项技术都有可能成为推广 CCS 商业化的选择。在运输环节，大规模的 CCS 运行项目运输量大，需要进行区域内的源汇匹配，精确计算运输距离和运输量，比较各种运输方式的经济性。封存环节是 CCS 商业价值链的重要组成部分，同样也是一个巨大的挑战。对封存场地有多方面的要求，如容量、可注入性、密封性、工业成熟度、基础设施和公众接受度等。封存地点的勘察和筛选需要数年的时间和大量的资金，在风险的监控等方面仍有许多的不确定性。目前而言，最易于实

现 CO_2 埋存的技术是 CO_2 提高石油采收率（EOR），即使没有相关的政策激励，EOR 的封存方式依然可以商业化应用，获得利润。

24.2.2 技术成本竞争力对 CCS 技术商业化的影响

在减排 CO_2 方面，与 CCS 技术直接竞争的是可再生能源技术和核能技术。与可再生能源和核电相比，作为新生技术的盐水层 CCS 和 EOR 在技术、安全和环境（减排效果）方面上都不占优势；但盐水层 CCS 可利用的资源最丰富，可满足未来能源需求的大幅增长；EOR 可增产石油从而在经济性上具有很大优势，可作为 CCS 的首选商业示范技术来发展。

24.2.3 EOR 和运输共享网络对 CCS 技术商业化发展的影响

从捕集、运输和封存这三个环节的技术现状和现有的在建和运行项目的案例分析来看，CCS 技术全面商业化推广将很可能依赖一种复杂的运输基础设施的建设。即通过利用管道和船舶的方式将多个 CO_2 排放源与多个 CO_2 封存点连接起来，形成一个运输共享网络，降低成本，减少投资障碍，从而提高 CCS 技术商业化的推广速度。

但该复杂运输共享网络的构建仍面临一系列的风险。虽然 EOR 是目前最具有成本效益的封存类型选择，并且有几十年的经验可以参考，但仍然需要对二氧化碳的埋存范围、可能移动的距离以及其他可能的影响变化进行分析和监测，目前这方面的检测技术和风险评估系统的发展还相对迟滞，这将成为阻碍 CCS 技术商业化长足发展的一大障碍。

24.2.4 CCS 在建项目进展及商业化经验借鉴

截至 2013 年，全球 CCS 运行项目的现状可以归结为：计划多，实施少；化工多，电力少；利用多，埋存少（金红光，高林，2014）。其背后最主要的原因还是集中在缺乏政府支持和明确的法律框架，导致公共资金的不确定性和经济衰退或投资者信心不足。因此，现阶段如何推出强有力的政策行动和市场机制，继续对 CCS 在建项目提供资金支持，推进在建和运行项目的实施，以确保 CCS 技术与其他低碳技术相比没有处于劣势显得尤为重要。

24.3 投融资机制对 CCS 技术商业化的影响

投融资机制对 CCS 技术商业化发展起着决定性的作用，因为密集的资金需求是贯穿 CCS 技术研发、示范和商业化过程中的最艰难的挑战。根据 IEA 的预测，为了实现 IEA 的 CCS 路线图，在 2010 年和 2020 年间，OECD 国家需要投入（35～

40)亿美元/a，而非OECD国家需要投入（15～20)亿美元/a的资金来支持CCS的发展（IEA，2009）；与2009年设立的目标相比，近几年来，CCS发展所需要的资金还存在巨大的缺口（IEA，2013）。

24.3.1 CCS技术商业化的投融资渠道概述

全球经济的疲软，碳价、油价波动和CCS项目初期高投入和高风险的特征等因素导致市场机制的不足和私人部门投资的匮乏，致使CCS技术商业化的资金来源仍以公共资金为主，主要包括政府直接投资、补贴、减免税等方式。在北美、欧洲、澳大利亚、亚洲，CCS示范项目的发展都离不开政府的援手。同时，一些国际金融机构，如世界银行和亚洲开发银行等也为CCS技术的商业化提供资金支持。在CCS技术发展的不同阶段，所适用的投融资机制相应的有所不同，表24－1将CCS技术的商业化进程大致划分为研发、示范和商业化三个阶段，归纳总结了主要的、适用于该技术的投融资机制。

表24－1 CCS技术不同发展阶段的投融资机制

<table>
<tr><th>研　发</th><th>示　范</th><th>商 业 化</th></tr>
<tr><td colspan="2">政府公共研究基金</td><td></td></tr>
<tr><td colspan="3">大型企业直接投资</td></tr>
<tr><td colspan="2">行业或国际机构基金</td><td></td></tr>
<tr><td></td><td colspan="2">政府直接投资、补贴、减免税</td></tr>
<tr><td></td><td colspan="2">信托基金</td></tr>
<tr><td></td><td colspan="2">公私合营</td></tr>
<tr><td></td><td colspan="2">全球碳交易和定价</td></tr>
<tr><td></td><td colspan="2">长周期项目风险管控和保险</td></tr>
<tr><td></td><td colspan="2">张制性法规与技术标准</td></tr>
<tr><td></td><td colspan="2">风险投资</td></tr>
</table>

24.3.2 CCS技术商业化的投融资机制的发展方向和创新

巨额的资金需求和捉襟见肘的资金来源，决定了未来的CCS投融资之路绝非坦途。在实现商业化之前，CCS示范项目的资金来源以公共资金为主。随着CCS技术变得更为成熟，减排成本具备一定市场竞争力时，政府可考虑通过包括碳交易、碳税、强制性法规与技术标准等手段来提高 CO_2 的排放成本，制定清晰的碳价，提高 CCS 项目的运行收益，加速 CCS 技术的商业化应用。公共资金如何进一步起到主导作用，并通过市场机制引导和鼓励私人资本的加入是未来 CCS 投融资机制发展的战略方向，主要包括以下五个方面：①将 CCS 项目纳入全球碳市场；②建立 CCS 信托基金；③发展公私合营机制；④引入风险资本；⑤开发创新型的长周期项目风险管控和保险产品。

将 CCS 项目纳入全球碳市场，允许来自 CCS 项目的减排量进入排放贸易体系将成为 CCS 技术长期发展的融资手段。由于目前世界上各区域性碳交易市场的管理规则不尽相同，碳交易市场的发展在很大程度上受制于国际气候政治，碳价受经济影响波动剧烈。因此如何建立一个全球的碳市场，并保证碳价在一个合理的范围波动是未来需要克服的困难。

建立 CCS 信托基金的融资模式可以通过接收政府在限制温室气体排放等方面的收入，将资金用于 CCS 项目的建设。目前由世界银行牵头成立的世界银行 CCS 信托基金（World Bank CCS Trust Fund）为发达国家和发展中国家在 CCS 项目中开展合作提供了一个平台，同时为发展中国家 CCS 项目的研发和商业化提供了融资渠道和能力建设的支持。

公私合营机制（Public - Private - Partnership，PPP）能形成更庞大的资金源，分摊风险，在一些领域已得到广泛的应用，但对于 CCS 而言仍属于研究中的创新机制，有赖于明确的政策和清晰的市场回报机制来促进私人资本的进入。

风险资本的资金投入方式非常灵活，随时可动态调整技术、市场和资金的关系；并可借助投资者丰富的关系网络和管理经验，推动技术创新联盟发展。因此风险资本对 CCS 的技术创新和商业化两方面都可以起到促进作用，是一种比较适合新兴技术开发的投融资方式。但是风险资本可能没有办法满足 CCS 技术商业化在数额和投资的长期性方面的要求。因此如何建立政府公共投资和风险投资的伙伴关系，或是将风险资本与银行贷款等长期融资形式相结合，以推动 CCS 技术商业化的进展是值得研究的课题。

对环境、人身安全和财产价值的影响是 CCS 技术商业化的主要风险。如何在财险和人身保险中增加 CCS 的险种，利用金融工具化解和分担风险，丰富 CCS 项目投融资的渠道，可以说是一个创新和前沿的研究方向。

24.4 CCS 技术商业化的其他主要影响因素

在国际气候变化谈判、自身技术的发展和投融资渠道的拓展等因素之外，相关法规和技术规范、公众等利益相关者的接受程度、产业联盟与合作、风险的监测与管理等方面的发展都会影响 CCS 商业化的推进速度和最终成效。

24.4.1　CCS 政策法规体系的建立

CCS 技术涉及的选址、风险评估和监测、使用权和产权、责任转移等问题都需要相关的法规和技术规范。大规模 CCS 商业化还会涉及 CO_2 的跨界运输和封存等问题，需要通过谈判等手段达成相关的国际协议或法规。

24.4.2　区域性联盟及国际合作

经过多年的实践和探索，围绕 CCS 展开的国际合作和区域知识共享机制在不断深化和完善之中；在全球、区域、多边和双边都取得一些新的进展。考虑到发达国家在 CCS 项目的研发和推广上面走在国际前列，发展中国家应该广泛参与国际合作，在研发方面和国际同行建立联系，跟踪进展；同时积极申请国际组织或合作项目的资金援助，支持 CCS 项目的研发和示范。

24.4.3　公众参与和宣传

公众参与对于创建和谐的 CCS 项目运行环境至关重要。考虑到公众对 CCS 项目的认知较少，有关风险技术的信息应该及时全面客观地传递给公众，在项目规划之初就应该考虑让公众参与进来，避免在项目大规模开展之后因公众抗议等原因而蒙受重大损失。沟通的内容应该包括技术应用可能带来的利益、潜在风险等多方面的信息，不能隐瞒或偏颇；传递的信息要具有科学性，让公众尽可能理性地对待技术风险问题，避免形成担忧或过度恐惧的公众情绪，提高公众对 CCS 项目的信任度和接受程度。

24.4.4　CCS 技术商业化的风险监控、测量和管理

CCS 技术商业化的风险主要来自于两个方面：一个是技术上带来的不确定性，另一个是投资和财务上的不确定性。

技术方面，在二氧化碳的运输和长期封存过程中，风险管理是一项重要内容。地质的不确定性或风险具有高度地点特性，主要风险包括潜在渗漏、诱发地震和地面位移，以及他们对健康、环境、资源和价值的潜在影响。目前国际上有一些示范项目，有助于为 CCS 运营中的风险管理提供指导文件和最佳实践。

投融资和财务方面，在项目的前期勘察、建设、运营和最后的封存阶段，与传统电厂相比较，CCS 项目面临更高的额外风险和成本，给投融资带来更大的困难。具备一个描述测量、监测和核证（MMV）过程的详细运营计划，是 CCS 项目规避和管理风险必须要满足的前提。通过示范项目的开展，需要进一步积累经验和建立

规范。

24.5 CCS 技术商业化模式

CCS 还处于产业生命周期的早期形成阶段，缺乏历史研究数据做支撑，商业化模式还很难被识别，但对其展开初步探讨将对 CCS 技术商业化发展具有重要的现实意义。本节将综合考虑影响 CCS 技术商业化的所有影响因素，分析未来 CCS 技术商业化的可能模式，初步研判 CCS 技术商业化路径、机制，进而为利益相关方的战略决策和实践提供有益指导。

24.5.1 市场和战略两种模式及要素

从研发、技术、产品、市场和政策 5 个层面将 CCS 技术商业化影响因素分类，结合产业生命周期（技术密集型产业演化阶段可划分为先导期、胚胎期、孕育期和成长期），可以构建市场驱动和战略驱动两种 CCS 技术商业化模式（图 24－2）。图 24－3 中，横轴表示时间，纵轴表示产业规模；实线代表 CCS 产业成长轨迹，虚线表示产业的新生或者衰退；不同层面之间有相互支撑的关系。CCS 技术商业化模式展示了 CCS 产业形成、发展的过程以及与影响因素之间的变化关系，因而能进一步预测和把握产业发展的未来趋势。

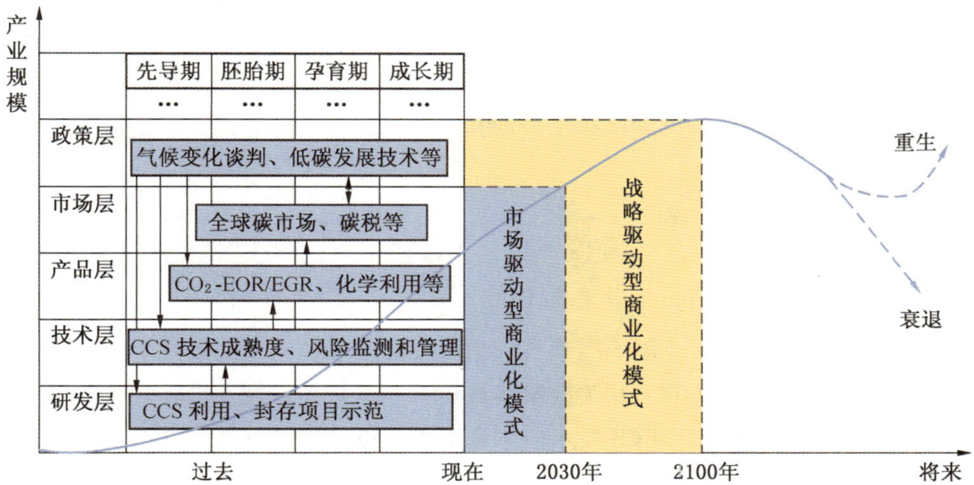

图 24－2 CCS 技术商业化模式及要素构成

市场驱动型模式，依靠研发、技术、产品和市场 4 个层面的支持，政府政策支持相对不足，呈现“自下而上”的特征。这一模式下，CCS 技术商业化应用主要依赖于CO_2资源化利用以降低经济成本，所取得的外部经济效益将促进技术成熟和增强竞争力。

战略驱动型模式，将涵盖5个层面的全部因素，重点侧重于政府政策支持，比如气候变化谈判协定、低碳发展战略等。在该模式下，各国必须开始大力减排，CCS将成为减排的主流技术之一，获得足够的外部战略驱动力。

24.5.2 商业化模式的阶段化特征

从产业分析角度看，CCS属于新兴产业，其形成以科学理论发展和社会需求为前提。形成过程具有显著的阶段性特征：①先导阶段，依赖于CCS科学技术的积累，科学研究活动占主导地位；②胚胎阶段，依赖于技术研究和开发，实现技术向应用过渡的转变；③孕育阶段，依赖于技术的应用和商业化，技术应用占据主导地位；④成长阶段，依赖于市场需求以及政策引导和支持，产业进入快速成长期。政府在上述不同阶段发挥着不同的作用，特别是在成长初期，政策支持对CCS产业培育与发展会起到明显的加速作用。

另外，在CCS技术商业化模式的4个阶段，研发、技术、产品、市场和政策的活跃程度有所不同。研发的活跃程度由弱变强，然后又逐渐减弱；技术的活跃程度相对地由强逐渐减弱；市场和政策的活跃程度由弱逐渐增强。

总之，在技术进步、市场需求和政策法规的综合协同驱动之下，CCS技术商业化必将得到快速发展。大致经历科学主导、技术主导、应用主导和政府培育市场需求等4个阶段。可以发现，CCS技术商业化模式实际上是以自身技术成熟度为起点，以技术应用为主导，由其他相关政策共同组成的技术发展和产业化过程。

24.6 本章小结

24.6.1 主要结论

CCS技术商业化的主要影响因素可归结为外部因素和内部因素两个方面：国际气候变化谈判、投融资机制、相关政策法规体系、区域性联盟及国际合作，以及公众参与和宣传是外部因素；CCS技术成本竞争力、技术的可行性和安全性，以及风险的监控与管理属于内部因素。

首先，CCS是一项需要依赖政策和强制减排目标才能有应用空间的技术。因此，国际气候变化谈判的进展（是否能达成具有法律约束力的国际气候变化协议）对CCS项目商业化进展起着决定性作用。

其次，CCS技术本身的发展是商业化能否成功的关键因素，突破技术障碍是该技术真正走上商业化道路的前提。

再次，巨额的资金需求，是 CCS 技术商业化面临的另外一个挑战。在 CCS 技术实现大规模商业化之前，其主要资金来源还是以政府公共资金为主。但长期来看，未来 CCS 技术商业化的投融资渠道可以更加丰富，将 CCS 纳入一个统一的全球碳市场，建立稳定且有吸引力的碳价是保障 CCS 投资的关键。国际或国家成立专门的 CCS 信托基金、吸引风险资本、开拓保险产品等创新的融资手段亦是未来投融资机制的发展方向。

最后，完善政策法规的制定、激励政策的设计；加强区域联盟和国际合作；及时、全面、客观的沟通信息，赢取公众对 CCS 项目的认知和接纳；风险评估、监测、管理规范的完善和知识共享等方面对 CCS 技术商业化也能起到推动作用。

24.6.2 展望与建议

未来 CCS 技术商业化取决于国际谈判、自身技术成熟度和成本竞争力、投融资、政策法规、利益相关者和风险管理等诸多因素。而这些因素本身就存在很大的不确定性，这就给未来 CCS 技术商业化增添了更多不确定性，从而影响 CCS 技术商业化进程。CCS 技术是针对碳减排而生的概念，因此，国际气候变化谈判的结果决定其商业化应用的前景。

具体而言，如果世界依然维持目前的发展和排放趋势，以及按照当前国际气候谈判中各国“自愿承诺减排目标”的方式，各国国内缺乏碳市场和碳价的支撑，那么 CCS 将失去外部经济驱动力，而只能靠 CO_2 利用（CCUS）这种内部利益驱动方式逐步实现商业化。相反，如果未来国际气候谈判按照《联合国气候变化框架公约》（UNFCCC）下达成的《哥本哈根协议》和《坎昆协议》规定的 2 ℃ 目标进行下去，各国开始大力减排，碳市场容量足够大，碳价足够高，CCS 将获得足够的外部经济驱动力，那么 CCS 将成为减排的主流技术之一，CO_2 封存将是 CCS 发展的趋势。

25 弱减排情景下CCS技术商业化路径

联合国政府间气候变化专门委员会（IPCC）在最新的第五次气候变化评估报告（AR5）中进一步深化研究了未来温室气体减排情景，开发了典型浓度路径（Representative Concentration Pathway, RCPs）②，分析了不同浓度路径情景的特点。本章通过对IPCC最新温室气体减排情景进行辨识和区分，在缺乏约束机制背景下分析全球主要地区和国家的气候政策走向，就全球不同地区差异化的CCS商业化路径给出优选方案和政策建议。

25.1　弱减排情景概述

IPCC AR5将来自世界最前沿的情景研究分为RCP2.6、RCP4.5、RCP6以及RCP8.5四类（表25－1）。四种情景中，RCP8.5和RCP2.6是两种极端情景。如果人类生产活动放任温室气体的排放就会出现最糟糕的RCP8.5情景，意味着国际社会公认的2℃目标在约2050年就要失守了。但如果人类社会从现在就开始减少温室气体排放，最佳的情况就是RCP2.6情景，这代表2℃的目标是可以实现的，只是需要现在就开始行动。如果把RCP8.5和RCP2.6分别看成是高端浓度路径和低端浓度路径，那么RCP4.5和RCP6则可以看成是中端的稳定浓度路径（图25－1）。

表25－1　IPCC AR5制定的RCP浓度情景

RCP情景	2100年CO_2浓度/ppm	相对于1850—1900年温升/℃
RCP2.6	430～480	2
RCP4.5	580～720	3
RCP6	720～1000	4
RCP8.5	>1000	>4

资料来源：IPCC AR5，2014；IEA，2013

②RCP的含义是辐射增温，单位是W/m^2，也就是太阳对于地表的加热作用并被温室气体滞留所产生的热量；ppm是体积浓度表示法，为百万分之一。

人类社会基于“预防原则”肯定不会任由最糟糕的情况发生，并且即使现在国际社会达不成全球范围内具有法律约束力的减排协定，各个地区或国家内部的气候能源政策仍然会发挥很大的减缓作用。当今的国际现实是，不同国家在不同时期运用不同手段来解决减排问题。这样的“弱减排情景”意味着 2030 年之前，全世界范围内仍延续稳健的减排政策，在 2030 年以后再达成长期的目标计划。因此，“弱减排情景”与 RCP4.5 浓度路径具有内在逻辑的一致性，本章所定义的“弱减排情景”是指到 2100 年的 RCP4.5 浓度路径情景。

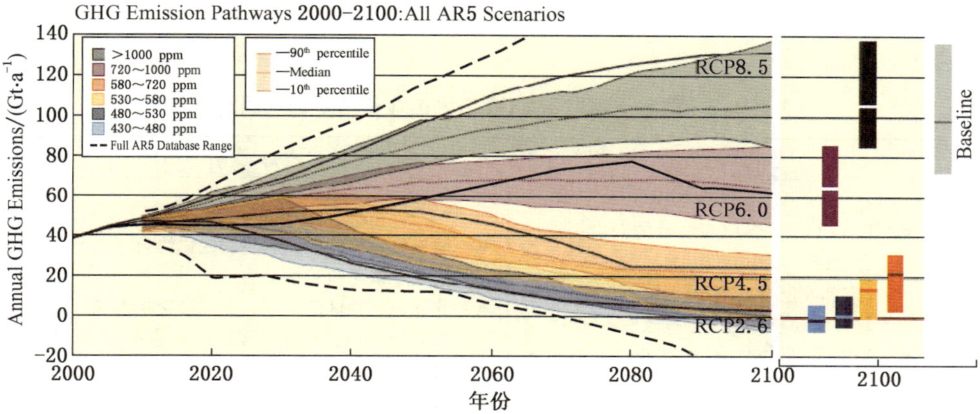

图 25-1 IPCC AR5 中的不同浓度路径情景

RCP4.5 浓度情景下，全球三类主要温室气体（CO_2、CH_4 和 NO_2）排放量将在 2040 年达到峰值，温室气体浓度将在 2070 年趋于稳定。2100 年全球 CO_2 的排放空间为 4.3 Gt，对应的 CO_2 浓度为 580 ~ 720 ppm。

25.2 CCS 技术商业化的驱动因素

弱减排情境下，主要地区和国家减排温室气体任务显得并不十分迫切。CCS 商业化将更多地由政策、技术以及经济协同驱动（表 25-2），具有减排温室气体和增加经济效益的双重效益。

在政策层面，虽然 UNFCCC 鼓励 CCS 技术开发、推广和转让，CCS 也被明确纳入 CDM，但主要地区和国家在未来较长时期将延续自主减排的气候政策，CCS 技术商业化发展缺乏足够的政策激励；国家、区域或全球碳排放交易市场的建立将为 CCS 技术商业化提供经济激励，但不断波动变化的碳价将构成不确定因素。此外，法律法规标准、国际合作机制与知识共享也是影响 CCS 商业化应用的政策环境因素。

在技术层面，现有 CO_2 捕集、运输和封存技术已经比较成熟，但风险监测和管理仍存在不确定性；未来将进一步建设 CO_2 运输的主干网络和分布式网络，构建运输共享网络；CO_2 提高石油采收率、化工利用以及生物利用等 CCUS 技术将成为短期内推动 CCS 技术商业化的成本有效手段。

投融资机制方面，现有 CCS 在建和运行项目资金一是来源于国际机构设立的 CCS 基金，二是来源于政府支持的公共资金，而私人资本投资不足且存在投资搁浅的风险；未来需要继续发挥公共资金的主导作用，并创新投融资机制引导更多私人资本的加入。

表 25－2 弱减排情景下 CCS 技术商业化的主要驱动因素

	现在	将来
政策环境	• UNFCCC 鼓励 CCS 技术的开发、推广和转让 • 《京都议定书》提出碳排放权交易机制具有实现减排的成本有效性 • 2010 年《坎昆协议》明确将 CCS 纳入 CDM 中，减排量核定问题仍有待讨论 • 发达国家 CCS 法律法规较为完善，发展中国家相关法律法规处于初级阶段	• 缺乏有法律约束力的气候变化协议，CCS 技术的商业化缺乏政策推动力 • 建立成熟稳健的区域、全球碳交易市场，允许来自 CCS 的减排量进入碳排放交易体系 • 波动的碳价将构成不确定性 • 发展中国家需要及时制定、完善适应国情的 CCS 技术法律法规体系
技术成熟度	• 燃烧前捕集、富氧燃烧捕集、燃烧后捕集技术均成熟 • 区域内源汇匹配，管道或船舶等多种运输方式相结合 • EOR 封存和盐水层封存，风险监控仍存不确定性，阻碍 CCS 技术商业化	• 捕集中的任何一种技术都可能成为推广 CCS 商业化的最佳选择 • 主干管网建设和分布式管网建设，形成运输共享网络 • CCUS 将成为短期内推动 CCS 技术商业化应用的成本有效方式
投融资机制	• 绿色气候基金（GCF）和国家适当减排行动（NAMA）框架提供资金支持 • 世界银行和全球环境基金等机构建立 CCS 信托基金 • CCS 示范项目的资金来源以公共资金为主，私有资本不足，投资搁浅风险增加	• 继续发挥公共资金主导作用，通过市场机制引导和鼓励私人资本的加入是未来 CCS 投融资机制发展的战略方向 • 碳市场、CDM 提供经济激励

25.3 区域差异化的商业化路径

25.3.1 美国

1. 2015—2035 年提高石油采收率模式

CO_2 提高石油采收率技术已广泛应用于美国和加拿大。美国是目前利用 CO_2 提高石油采收率最多的国家，每年有 50 Mt CO_2 被用于 CO_2 - EOR，且其中 90% 来自于天然 CO_2 气田。现有的 CO_2 管道基础设施包括大型长距离管道和小型分布式管道，它们承担着向特定 CO_2 - EOR 井运送 CO_2 的任务。

美国 CO_2 - EOR 的发展周期从现在到 2035 年，2035 年之后 CO_2 - EOR 的地点将枯竭。在该周期内，原油价格是影响 CO_2 - EOR 生产和 CO_2 利用的最主要驱动因子，而原油价格路径将表现出稳步上升的趋势。表 25 - 3 是美国不同地区在 2015 年、2025 年和 2035 年的 CO_2 - EOR 生产规模预测。石油生产单位是千桶/d，CO_2 购买和区域内运输的单位是 Mt/a。2025 年是美国 CO_2 - EOR 生产的高峰期，全国购买的 CO_2 有望达到 0. 145 Gt/a，其中 35 Mt 依靠区域内运输。这些 CO_2 中每年有接近 80 Mt 来自于人为排放。CO_2 - EOR 生产的石油将达到 110 万桶/d。2025 年之后，CO_2 购买和石油生产将随着地区枯竭而下降，同时遗留下潜在的未被充分使用的 CO_2 运输基础设施。

表 25 - 3 美国 CO_2 - EOR 发展情景

	2015 年			2025 年			2035 年		
地 区	石油	购买	运输	石油	购买	运输	石油	购买	运输
东部沿海	5. 2	0. 8	0. 0	17. 1	4. 2	0. 0	8. 2	4. 2	0. 0
湾区	81. 4	14. 6	0. 0	137. 0	19. 6	0. 0	92. 7	9. 7	0. 0
中陆地区	45. 2	5. 4	0. 0	250. 1	21. 0	11. 1	175. 1	27. 7	3. 2
西南地区	388. 6	69. 7	19. 5	534. 8	74. 3	24. 2	498. 7	74. 2	25. 9
落基山脉	71. 2	8. 1	0. 0	122. 1	13. 2	0. 0	85. 4	10. 0	0. 0
西部沿海	8. 6	0. 8	0. 0	38. 1	4. 8	0. 0	27. 6	3. 9	0. 0
总计	600. 2	99. 4	19. 5	1099. 2	137. 1	35. 3	887. 7	129. 7	29. 1

资料来源：美国能源信息署（EIA）

不同区域内 CO_2 运输形式也存在显著变化。用于 CO_2 - EOR 所捕集的 CO_2 增量主要来源于人为排放源。全国范围内相对低成本的可得 CO_2 中很大一部分在 Gulf Coast 地区，这意味着 CO_2 运输总量的很多变化归因于 CO_2 从 Gulf Coast 地区向西南

地区和中陆地区 CO_2－EOR 地点的输送。向西南地区运输的 CO_2 量从 20 Mt 增加到了 24 Mt，而额外的 11 Mt 被运输到了中陆地区。与之适应的基础设施可能形式是一条或两条主要干线，连接 Gulf Coast 地区的排放源和更西部地区的 CO_2－EOR 地点。

2. 2035 年后向封存过渡的模式

美国能源信息署（EIA）分析表明，到 2035 年每年将会有接近 5×10^8 t 的 CO_2 被捕集和封存，其中每年有 50 Mt 已经被运输和用于 CO_2－EOR，这一比例还将继续增加。因此，CO_2－EOR 基础设施能否用于 CO_2 封存并不是规模问题，而是地点问题，尤其是当 CCS 变得经济可行时 CO_2－EOR 管道能否具有额外容量的问题。现存的 CO_2－EOR 基础设施能否降低 CCS 早期的实施成本，取决于链接多个排放源的长距离主干线是否是 CCS 管道网络需要的形式。使用 CO_2－EOR 管道的价值依据是主干管道的位置和分布式网络与具有吸引力封存地点的关系，以及 CO_2－EOR 地点的枯竭时间。

最近关于 CO_2 在盐水层中封存的研究发现，CO_2 在不同地质构造中封存成本差异较大。美国现有的最具封存潜力的两个盐水层分别是 Gulf Coast 的 Frio 盐水层和伊利诺伊州和密歇根的 Mt. Simon 盐水层。这使得 CCS 运用主干线管道运输 CO_2 到最佳封存地点的可能性进一步增加。这些地质构造在地理上与 CO_2－EOR 的潜在地点重叠，这些地方 CO_2－EOR 注入井的任何基础设施发展都同样适用于 CCS。这些基础设施的规模和未来可得性将是主要问题。

25.3.2 欧盟

1. 当前欧盟立法不利于 CCS 技术大规模商业化推广

在推进碳减排的多个技术路线上，CCS 并非欧盟支持的重点方向。在 2014 年 3 月最新召开的欧洲议会会议期间，众多国家首脑讨论了 2030 年气候与能源框架。围绕能源安全的讨论占据了大部分议程，而设计气候目标的决议被推迟到了 2014 年 10 月。欧盟 2009 年颁布的一项法令明确指出，CCS 是减缓气候变化的桥接技术，它包括工业源排放 CO_2 的捕集、向封存地点的运输以及在理想地质结构中的注入封存。CCS 技术不应该为增加化石燃料发电厂的数量提供激励，CCS 的发展更不应该在研究和资金方面削弱支持节能技术、可再生能源以及其他安全和可持续低碳技术的努力。因此，欧盟认为 CO_2 提高石油采收率不可能成为 CCS 市场发展的主要驱动力。

2. 依靠 CCS 示范项目网络推进 CCS 技术发展

为了实现 2020 年温室气体减排 20% 的目标，欧盟将依托于欧洲 CCS 示范项目网络加速安全、大规模以及具有商业化可能性的 CCS 项目的应用。目前，欧洲 CCS 示范项目网络包括了欧洲领先的 5 个 CCS 项目，分别是 Compostilla（西班牙）、

DonValley（英国）、PortoTolle（意大利）、ROAD（荷兰）以及 Sleipner（挪威）。网络现有的组成包括两个燃烧后捕集发电站项目、一个富氧燃烧发电站项目、一个 IGCC 发电站项目和一个氨捕集项目，总共计划捕集超过 10 Mt/a CO_2。Sleipner 是迄今唯一还在运营的项目。Sleipner 项目捕集和封存的 CO_2 大约为 1 Mt/a。如果所有项目都得到发展，这一网络将拥有 1470 MW 的清洁发电装机容量，每年潜在发电量为 11000 GW · h，足以供给 330 万个家庭的用电。对这些示范项目的成功运营和管理能让欧洲到 2020 年实现近零排放发电站或工业设施的广泛商业化运用，让欧洲达到其环境目标，刺激就业，以及打造一个可持续的经济和工业基础。据初步估计，如果要在 2020 年实现温室气体减排 20%，并且 CCS 技术获得了私人、国家和社会的支持，被证明是一项环境安全的技术，那么 2020 年 CO_2 的封存潜力将达到 7 Mt，2030 年这一数值将增加到 0. 16 Gt。2030 年减少的 CO_2 排放将占欧盟要求减排量的 15%。

如果欧盟 CCS 示范项目网络得到充分发展，网络成员总计将永久封存 CO_2 将近 10 Mt/a，相当于去掉了公路上 200 多万辆车。如果该网络能帮助 CCS 实现商业化运用，并且合适的激励机制落实到位，到 2035 年将实现总计 32 GW 的清洁发电能力，到 2050 年这一数值将增加到大约 190 GW（基于 2050 年能源路线图中多样化供给技术情景的计算）。

25. 3. 3 中国

1. 依托早期机会的 CCS 项目

中国有着大量的煤炭储备，能源体系高度依赖于化石能源，这导致中国温室气体排放规模大、增长速度快。在 21 世纪，CCS 技术提供更多的、可持续的以及成本有效性的减排在中国具有显著的潜力。现有研究结果表明 CCS 技术可以通过具有早期机会的示范性项目向具有盈利的大规模应用阶段稳步发展。

低成本的源汇匹配（项目）可以是高纯度 CO_2 源为特征的匹配，或者是良好封存位置为特征匹配，或者是二者皆有的匹配。例如，高纯度 CO_2 排放源 + 任何封存位置，或者 CO_2 排放源 + EOR/EGR 项目，或者高纯度 CO_2 排放源 + EOR/EGR 项目。其中，CO_2 封存于油气田并且可用于 EOR/EGR 是极有可能被实施的项目，这些项目封存 CO_2 的成本可以通过生产额外的油气产品来得以降低。然而，这些具有附加价值的项目并不可能立刻注入 CO_2，也不可能马上得到所需的封存地点，这进一步使得具有附加价值的 CCS 项目的封存能力和地理分布都受到限制。已有的 CO_2 供应源将很可能超过 EOR/EGR 运行的使用速率和能力，因此还需要进一步评估潜在的枯竭油气田并同时深挖盐水层。

2. CCS 在电力与煤化工的商业化应用

电力部门将成为中国未来采用CCS技术的主要领域。鉴于对煤炭的高度依赖，中国不仅对清洁燃煤发电具有浓厚的兴趣，在整个煤炭处理链条的过程中捕集CO_2也将更好地使中国受益。随着中国能源结构和工业链的进一步发展，大量装备CO_2捕集的煤炭化工工厂和新建发电厂在不远的将来都会不断涌现。煤气化或联合生产与CCS的结合将是中国低碳发展的必备组合。这将为大规模应用CCS提供很好的机会。在不远的将来，将CCS与煤炭化学工程的结合将是中国发展CCS的一个潜在独特方面。与此同时，大量的新的排放源将会在好的封存位置建成，或者可以叫作“待封存项目”，也将为CCS应用提供很好的机会。

在成本和示范效应方面，在电力和煤化工领域，源汇匹配与早期机会的组合可以分成：氨/氢/氧化乙烯＋CO_2－EOR/EGR/盐水层，IGCC＋CO_2－EOR/EGR/盐水层，煤化工厂＋CO_2－EOR/EGR/盐水层，煤气化＋EOR/EGR/盐水层，煤制油（CTL）项目＋EOR/EGR/盐水层等。

这些具有早期机会的项目是基于成本和示范效应而选择的，但是企业的意愿和时间表也是决定早期机会的重要因素之一。

25.4 产业形态与规模

由于碳减排约束目标不够强烈，CCS产业形态发展受到经济效益的影响将呈现出短链与相对灵活的特点。已经具有成功经验的CO_2－EOR产业形态将在世界范围内进一步推广。随着利用技术的进一步发展，各种地质利用、化工利用、生物利用技术可能达到或接近商业应用水平。二氧化碳产业伴随着工程领域当中商业化技术的进步，会呈现出更加多样化的产业形态。

25.4.1 产业形态

CO_2利用技术已经在驱替难开采油气资源领域初步形成新的产业形态。全世界许多政府支持的CCS项目正考虑EOR作为在他们总体商业案例中的重要组成部分来抵消部分捕集成本。在未来20年内，各类CO_2利用技术将突破关键技术限制，得到较快应用，这将催生与能源利用、资源开采、材料制备行业相关的制造业、仪器设备生产等技术链上相关产业的迅速崛起，形成新的业态模式。

25.4.2 规模集聚

短链与灵活的特点可以使得部分CO_2利用之间通过捕集与输送系统的共享、物质与能量的整合实现成本能耗降低的协同效益，利用技术之间的集成可以形成相互依存的产业园。一个CO_2关联产业集群可以通过分享运输成本和基础设施实现规模经济效益。与此同时，即使较小的碳排放源在规模效益的作用下也能够包含在

CCS 项目当中，如生物质转换带来的碳源。在新兴经济体和发达国家，油气开采、炼油、生物质转化和生物燃料生产、某些水泥和钢铁工艺等产业构成的主要产业聚集体，通常都位于具有良好水路和公路运输网络的地方，这些大型产业聚集体都可进行 CO_2 产业集群建设。

25.5 本章小结

本章分析缺乏约束机制下的全球温室气体减排动向，比较主要国家的温室气体减排政策。在此背景下，由政策、技术以及经济共同驱动实现 CCS 商业化，表现为利用优先，封存次之。美国、欧盟、中国将根据自身情况选择实现 CCS 商业化的优选路径。

25.5.1 主要结论

（1）弱减排情景与 IPCC AR5 的 RCP4.5 浓度路径是一致的，表示 2100 年全球温室气体浓度将处于 530 ~ 720 ppm 的范围内，所蕴含的气候政策为“延迟行动”或“延缓减排”。减排的任务主要在 2030—2050 年间进行，减排对 CDR 技术有更高的依赖性，并且对经济造成更大更持久的影响。2030 年之前 CDR 技术成本降低，对实现目标具有重要意义。

（2）CO_2 – EOR 将成为美国推进 CCS 商业化的优先路线。2025 年是美国 CO_2 – EOR 生产的高峰期，原油价格的上升将为 CO_2 – EOR 的商业应用提供更多的经济激励，但世界原油价格的波动性也会造成一定的不确定性。在此阶段，美国 CO_2 – EOR 的发展短期内可以创造经济价值并推动 CCS 技术商业化应用的成熟，长期内有利于向封存阶段的过渡。

（3）欧盟法案规定 CCS 是一项 CO_2 减排技术，最终目的是通过减排 CO_2 实现国际社会规定的温升控制目标。EU – ETS 长期低位徘徊的碳价格阻碍了 CCS 发展。依托欧洲 CCS 示范项目网络，加速安全、大规模以及具有商业化可能性的 CCS 项目的应用，将成为欧盟 CCS 商业化的优选路线。对这些示范项目的成功运营和管理，能让欧洲到 2020 年实现近零排放发电站或工业设施的广泛商业化运用。

（4）中国实现 CCS 商业化需要注重经济、环境和社会的协同效益，重点发掘早期机会，以最具有成本有效性的方式促进技术的成熟，积累 CCS 项目管理经验。需要特别发掘短距离源汇匹配度好的 CO_2 利用机会。这些早期机会将为中国提供一个发展和扩张 CCS 技术的机会，进而使得该技术由早期阶段稳步迈向商业化阶段。

25.5.2 展望与建议

（1）假设原油价格在 2015—2035 年期间持续上升，则为美国 CO_2 – EOR 基础设施这样资本密集型项目的发展提供了很强的激励。但未来石油的价格更可能是高度变动的，这对 CO_2 - EOR 在成熟油田的使用构成了经济障碍。同时，如果 CO_2 需求峰值不能维持一段充分长的时期，有限地针对 CO_2 - EOR 基础设施的投资可能造成管道线路资产的潜在搁浅。

（2）目前欧盟现有法案决定了 CCS 商业化应用有限，尤其是目前最具经济可行性的 CCS - EOR 在欧盟成员国内的应用受到限制。欧盟议会已经就相关解决方案递送欧盟委员会。虽然这些解决方案在本质上不具有约束力，但对即将到来的欧盟 CCS 法案的评审工作却是非常及时有效的。欧盟委员会将于2015 年6 月30 日召开 CCS 法案的评审工作，并有可能提出一项修改 CCS 法案的提议。

（3）中国具有早期机会的 CCS 项目还受到企业决心和时间表的重要影响。因此，中国现有候选的项目与根据早期机会定义决定的源汇匹配项目略有不同。此外，利用技术和商业化的基础设施规划与行业协作机制尚未形成，如 CO_2 源汇匹配、运输管网等基础设施规划。未来，科研单位加强基础研究，政府制定鼓励发展 CCUS 的政策，企业之间加强协作，对做好源汇匹配、增加基础设施建设的规划以及中国 CCUS 和 CCS 的发展至关重要。

（4）短期侧重 CCUS，长期实现 CCS。实现 CCS 商业化需要从长期观点和目标下实施短期行为部署。很多 CO_2 利用技术同时是 CCS 技术的组成部分。利用技术的发展能够为 CCS 技术的协调发展起到积极的促进作用。短期内（2030 年之前）CCS 的商业化主要依靠 CO_2 利用技术推动，封存次之。通过 CO_2 资源化利用的经济收益抵消部分增量成本，以及增加管道网络基础设施建设。从长期来看，依靠经济效益驱动的 CCS 发展将为长期 CO_2 封存起到“跳板”的作用，最终实现大规模深度减排 CO_2。

26 强减排情景下 CCS 技术商业化路径

在本章中，统一用 RCP2.6 代表强减排情景（相当于 IEA 制定的 BLUE 情景）。IPCC AR5（2014）研究结论表明，在这一情景下，如果要在 2100 年将温室气体浓度维持在 450 ppm 水平，到 2050 年的排放需要比 2010 年降低 40% ~70%，并在 2100 年接近零排放或为负排放,这需要各国尽快实现峰值并开始绝对量减排。IPCC AR5 指出,要完成这一目标,就需要有大规模商业化而且成本足够低的 CCS 项目参与减排,否则要实现 2 ℃ 目标将是极为困难且成本十分高昂的。

26.1 CCS 技术的发展空间

国际能源署（IEA）发布的最新的《CCS 技术路线图（2013）》报告估计,在强减排情景下，2015—2050 年间，全球总共将有 120 Gt CO_2 会被捕集、运输和封存，CCS 技术累积减排量将占到全部减排量的 14%。到 2050 年，CCS 技术将全面应用于能源电力(如燃煤发电、生物质能源、天然气发电厂)和主要工业排放部门(如钢铁、水泥、石油化工、造纸等)进行减排。而且发展中国家应用 CCS 技术减排的比例将越来越大,将从 2020 年的 50% 提高到 2050 年的 70%。

26.2 全球 CCS 技术发展阶段与商业化特征

在强减排情景下，当前至 2050 年全球未折现的 CCS 产业总投资将达 3.6 万亿美元。到 2050 年全球将建成 3400 个 CCS 项目，CCS 的减排份额将达到 17%，成为减排贡献最大的单一技术之一（仅次于能效和新能源）。

可以根据 CCS 技术成熟度和关键时间节点将 CCS 技术商业化路径分为三个阶段：第一阶段（目前至 2020 年）为准备和起步阶段，第二阶段（2020—2030 年）为推广阶段，第三阶段（2030—2050 年）为大规模商业化阶段。图 26 – 1 详细描述了不同阶段 CCS 技术减排的规模、在工业和能源部门的分布情况。

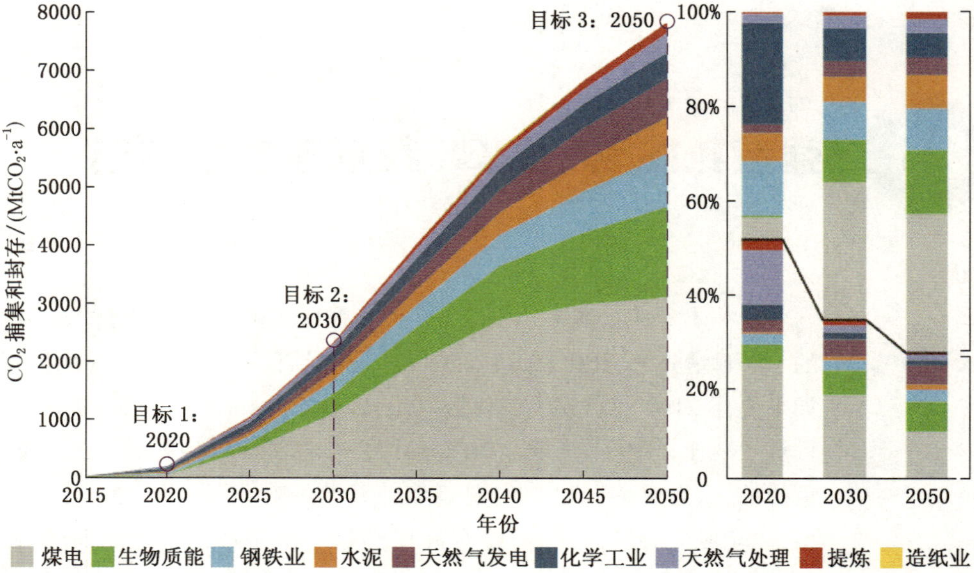

资料来源：IEA，2013

图26－1 强减排情景下CCS减排量及其在各部门和区域的分布（2015—2050年）

（1）第一阶段（目前至2020年）：准备和起步阶段。假定目前在实施和规划中的所有的CCS项目都能建成并投入运行，那么到2020年前，将有超过30个大型项目投入运行，可以实现每年封存50 Mt CO_2，主要应用于电力、化工等领域。这一阶段CCS技术商业化发展主要集中在前期项目建设和投资比较多的发达国家，例如美国、欧盟。中国作为后起之秀，如果进展顺利，在目前尚处于立项、评估和定义的项目将开始陆续投入建设和运行。

（2）第二阶段（2020—2030年）：推广阶段。由于2℃目标要求全球排放在这一期间达到峰值并开始实现绝对量减排，因此，这一阶段CCS项目数量和投资将获得大的政策和资金支持，从而得以加速发展。CCS技术被广泛用于发电、工业领域（例如水泥、钢铁、造纸、冶炼化工）和生物燃料。这一阶段每年捕集和封存的量将达到2 Gt CO_2。这一阶段北美和欧洲OECD国家CCS技术累积减排量分别是2.1 Gt CO_2和1.8 Gt CO_2；中国建立国内碳市场，在2030年前后达到排放峰值，CCS技术在发电和工业领域得到广泛的利用，这一阶段累积减排量可达到3.5 Gt CO_2。

（3）第三阶段（2030—2050年）：大规模商业化阶段。2030—2050年期间，全球要进行深度减排，全球2050年的排放总量要相对于2020年下降50%。这一阶段全球每年CCS技术减排量也显著提升，达到每年7 Gt CO_2。这一阶段，北美和欧洲OECD国家分别为19.2 Gt CO_2和12.2 Gt CO_2。估计中国在2030—2040年间开始实现绝对量减排，这一阶段中国的 CCS 累积减排量可能接近欧美 CCS 技术累积减排水平。

26.3 全球 CCS 技术发展的政策与产业路线图

未来 CCS 技术商业化路径的三个阶段，在不同阶段的具体政策都应有所不同，政策的重点也应随之而变。

26.3.1 第一阶段（目前至2020年）：起步阶段

在外部环境上，全球需要尽快达成一致的减排目标，而且这一目标要符合 2 ℃ 目标，相应的全球排放路径也要与之相匹配。

在 CCS 激励和规制政策方面，政府居于主导地位，政府需要在这一期间逐步设立起较为完善的、全面的、透明的政策和规制框架。对捕集、运输、封存各个环节和一体化运行等方面的研发和推广进行必要的财税补贴，创造稳定的 CCS 商业化环境，吸引私人资本进入。

这一阶段对 CCS 技术推广至关重要的具体政策和规制框架如下：

（1）提供和完善 CCS 技术的外部发展环境。首先，在体制机制上，应尽早完成国家层面的相关法律法规立法，对新建的化石能源发电厂制定强制排放标准、CCS 技术发电配额标准等规范性政策，要求新建的化石能源发电厂准备好向 CCS 技术过渡，以避免“锁定效应”。其次，各国政府和相关国际机构应拓宽融资渠道，制定多边投融资条款，为示范和早期建设运行的 CCS 项目引入资金支持机制，吸引私人资本参与项目融资。再次，政府应在 CCS 技术推广和应用中，通过各种途径和形式争取社会公众和利益相关者的理解和支持。最后，政府可以在 CO_2 的捕集、运输和储存基础设施的设计和运行上发挥重要的推动作用，对各个环节的技术标准和安全标准制定准则，实施严格监管。

（2）捕集的政策和行动。对政府来说，可以对新的捕集技术和发电过程研发进行资助，降低捕集成本；对那些还没有应用 CCS 技术的工业行业，通过财政资金资助示范项目建设，推广 CCS 技术。通过构建 CCS 技术的“官－产－学－研”联盟，进行技术开发和应用，尤其是在发电行业，通过应用最新的高效发电机组，降低 CCS 技术发电厂的发电成本。

（3）运输的政策和行动。未来一体化管道网络将是发展方向，各国政府和国际组织首先应解决 CO_2 跨界运输的法律问题，推动《伦敦公约》和《奥斯陆－巴黎公约》等相关国际条约的批准和实施。其次，制定适合管道运输和装船运输的法律和规制，政府需要对 CO_2 运输的安全性及对健康和生命的影响制定相应的法律法规，对负责管道运营监测和维护管理的企业制定标准和规定。再次，政府应资助运输网络规划、源汇匹配等方面的研究，预测未来 CO_2 源和汇的地点和产量。最后，相关国际组织应尽快制定国际标准。

（4）封存的政策和行动。对政府来说，应制定鼓励封存勘探、分类和 CCS 项目开发的政策，对利用 CO_2 驱油的项目，可以将其作为地质封存运行的一部分，确保其在专门针对封存的规制体系下运行；制定治理框架，确保安全、有效的封存，鼓励对自然资源（包括孔隙空间）的全面管理；对可大规模移除 CO_2 的利用技术的研发活动进行资助。对封存行业和企业来说，应继续发展和应用国际协调一致的方法和方法论，增进对封存资源的理解，应用最佳措施进行封存作业。

26.3.2 第二阶段（2020—2030年）：推广应用阶段

按照强减排路线图，全球应在2020年前后达到排放峰值，并开始实现绝对量减排。通过第一阶段 CCS 技术的扶持和发展，CCS 各项技术已经发展成熟，已经可以由示范进入商业化应用阶段，并开始在主要能源和工业领域大规模商业化推广应用。这一阶段全球每年 CCS 技术可以实现 2 Gt CO_2 减排量。但各部门依然存在阻碍 CCS 技术商业化推广的制度障碍和资金缺口，因此依然需要政府继续扶持，具体政策和行动包括：

（1）政府应促进 CCS 技术从示范走向大规模推广，具体措施可包括：通过 CCS 技术上网发电配额或电力配额组合标准等量化机制对 CCS 技术进行补贴；通过建立碳市场、制定碳价弥补部分 CCS 技术成本；对发电和工业领域商业化推广 CCS 技术实施扶持政策和财税补贴。

（2）通过国际合作机制（如 UNFCCC）和市场机制，促进发达国家向发展中国家转移相关技术和知识。此外，国际机构应协调统一各国 CO_2 检测和核证方面的法律和规制，为 CO_2 封存的国际市场发展提供良好的制度框架。批准《伦敦协议》修改案，达成多边或双边跨国界运输 CO_2 协议。

（3）CCS 行业和企业应持续推动研发和推广合作，进一步降低 CCS 电厂的成本和资源消耗，鼓励应用 CCS 技术的行业对新技术和工业流程进行研发和创新。

（4）不断改进封存技术和法规制度。鼓励一体化的运输和封存网络，允许长距离、跨界、多种方式运输。政府对地质封存的商业化环境进行优化和改善。

26.3.3 第三阶段（2030—2050年）：大规模商业化阶段

到2050年，CCS 技术将成为化石燃料发电厂和所有适用 CCS 技术的工业领域进行 CO_2 减排的重要技术。届时所有新建的燃煤发电厂、一半以上的燃气发电厂、1/5 以上的生物质能发电厂都将配备 CCS，其总容量超过 950 GW。全球工业领域 25%～40% 的钢铁、水泥、石油化工将配备 CCS。全球累计封存 CO_2 约 120 Gt。到

2050 年，CCS 技术完全商业化，政府完全退出 CCS 市场，但仍需保持常规的评估和监管，并进一步制定 CCS 技术下一阶段的发展、研发和推广政策。

26.3.4 全球 CCS 的产业路径图与投资需求

2015—2050 年，要实现强减排目标需要在全球部署 3400 座 CCS 项目，总增量成本累计约为（2.5～3）万亿美元，占强减排情景下低碳技术总投资的 6%。到 2050 年，CCS 需要的增量成本约为每年（3500～4000）亿美元。

不同地区和领域的 CCS 成本差别很大。2015—2050 年间捕集的增量投资约为 1.3 万亿元，CO_2 运输的投资需求为（0.5～1）万亿美元，埋存的投资需求为（880～6500）亿美元。

其中第一阶段（目前至 2020 年），CCS 在欧洲和北美经合组织国家的加速部署将需要约 770 亿美元（全厂投资）的资金投入，占全球 CCS 投资的一半以上。其中 CO_2 捕集增量投资约为 210 亿美元（其中发电行业需要 120 亿美元）。第二、三阶段（2020—2050 年），经合组织国家有望承担总投资的 42%，而非经合国家将承担 58%。

26.4 区域差异化的商业化路径

不同区域的技术发展进程和特点不同，CCS 技术商业化发展路径也有所差异（表 26－1）。

表 26－1 不同区域 CCS 技术商业化发展路径

区 域	北 美	欧 盟	中 国
捕集技术	美国当前大多数碳源来自天然 CO_2 气田及天然气处理，少数来自于煤化工等项目 正在加大煤电厂捕集示范	当前燃烧后捕集技术和富氧燃烧捕集技术较多 未来捕集技术将多样化	早期机遇在煤制油等高浓度 CO_2 排放源的捕集 未来捕集技术将多样化
封存技术	美国和加拿大当前主要采用 EOR 技术实现 CO_2 的封存 中长期采用深部盐水层等实现地质封存	欧洲在 CO_2 海底封存领域有成功工程与运营经验，具备技术优势，全部采用深部盐水层等实现地质封存	近期采用多种 CO_2 利用技术 中期采用 EOR 技术实现 CO_2 的封存 长期采用深部盐水层等实现地质封存
运输	陆上管道运输 CO_2	陆上和海底管道运输 CO_2	近期短距离管道运输为主 中长期将实现区域性管网运输
项目与技术	美国当前领跑全球 CCS 项目与技术的发展 未来的技术创新者和引领者	燃烧后捕集技术和富氧燃烧捕集技术引领者 深部盐水层地质封存技术引领者	未来是发展中国家发展 CCS 项目最重要的地区 中长期项目和产业规模居世界前列

26.5 本章小结

26.5.1 主要结论

（1）目前来看，CCS 技术是可以实现发电和工业领域大规模减排且具有成本竞争力的一项重要技术选择。对传统化石能源产业来说，发展 CCS 技术不仅有助于实现人类维护气候安全的目标，而且还可以作为保护各国化石能源产业资产价值及相关基础设施资产价值的一个重要的潜在风险对冲工具。

（2）可以根据 CCS 产业发展情况将其商业化路径分为三个阶段：第一阶段（目前至 2020 年）为准备和起步阶段，第二阶段（2020—2030 年）为推广阶段，第三阶段（2030—2050 年）为大规模商业化阶段。在不同的阶段，CCS 的产业发展形态、规模、成本和经济效益都不相同，政府应根据其不同阶段的特点出台相应的政策框架和支持行动。

（3）在 2 ℃目标下，当前到 2020 年前，全球每年可以实现的最大 CO_2 捕集和封存量为 50 Mt；2020—2030 年，全球每年可实现的最大 CO_2 捕集和封存量为 2 Gt；2030—2050 年，全球每年可实现的最大 CO_2 捕集和封存量为 7 Gt。2015—2050 年，全球将有 120 Gt CO_2 会被捕集、运输和封存，CCS 在总减排量中可贡献 14% 的累计减排量。

（4）投融资和产业规模。第一阶段，2015—2020 年，全球 CCS 全行业投资规模将达到 1300 亿美元，资金缺口来源以政府资金为主。第二阶段，2020—2030 年，全球 CCS 全行业投资规模将达到 10660 亿美元，资金缺口来源以私人资本为主、政府资金为辅。第三阶段，2030—2050 年，全球 CCS 全行业投资规模将高达 5.6 万亿美元，CCS 产业完成商业化。

26.5.2 展望与建议

（1）强减排情景下，未来 CCS 应用主要集中在排放大国，发达国家与发展中国家 CCS 减排量占全球 CCS 减排量的比重将发生重大改变：2020 年为各占 50%，2050 年则变为发达国家占 30%，发展中国家占 70%。在 2 ℃目标下，中国需在 2030—2040 年间实现排放峰值并开始绝对量减排，2015—2050 年期间，中国 CCS 累积减排量接近欧美水平，约为（12～20）Gt，中国将成为世界位居前列的 CCS 应用大国。中国应及早谋划，加大政策扶持力度，参与国际规则和标准制定，占领 CCS 技术和市场的战略高地，从而在未来 CCS 商业化大潮中成为领导者。

（2）从长远看，CCS 技术成熟度和成本竞争力都不会是 CCS 发展的最大障碍，其最大障碍是是否能够尽快实现全球和各国碳排放峰值，为 CCS 提供发展空间。实现 2 ℃目标，要求各国尽快达成减排承诺并实现峰值，中国也需在 2030 年前后达峰并开始绝对量减排。

（3）投融资渠道是 CCS 发展的瓶颈。政府可以通过各种政策和机制，为 CCS 商业化创造良好的发展环境，吸引私人资本进入。短期国际组织、多边开发银行等金融机构及发达国家应对发展中国家提供资金与技术援助，以缩短发展中国家能力建设的周期；中长期应通过明晰的政策确立 CCS 的地位及市场竞争力，使企业资金、碳交易市场、金融与证券市场等资本可以共同为 CCS 项目投融资助力。

27 结论与建议

27.1 主要结论

根据本篇中对 CCS 商业化的技术与需求、影响因素、不同减排情景下的驱动因素以及不同地区优选路径的分析，得出如下核心结论：

（1）CCS 技术的广义价值体现在能源安全、气候与环境安全、化石能源资产安全，商业价值体现在 CO_2 利用和 CO_2 减排。在气候变化背景下，CCS 技术广义上的价值主要体现在：一是确保能源安全，在未来较长一段时期内通过“化石能源＋CCS”的方法满足人类发展所必需的能源需求；二是确保气候与环境安全，通过 CO_2 的捕集、运输、利用和封存技术，实现 CO_2 以及其他污染物的大规模减排。从传统化石能源产业角度来看，CCS 技术的价值体现在：能确保传统化石能源产业以低碳、环境友好和可持续的方式继续发展，避免因减排而造成的化石能源资产“贬值”。CCS 技术的商业价值则体现在：一方面是 CO_2 利用的商业价值，可以为产业链下游市场供应具有成本竞争力且有足够规模的碳源；另一方面是 CO_2 的减排价值，相比其他减排方式（新能源、能效改进技术），具有很大的减排潜力，且能以较低的成本实现大规模的减排。

（2）CCS 商业化是 CCS 技术落地的重要途径，CCS 商业化受内部和外部多方面因素的影响。当前 CCS 项目发展远远落后于减排需求和国际社会的期待，影响 CCS 技术商业化的外部因素：国际气候变化谈判、投融资机制、相关政策法规体系、区域性联盟及国际合作、公众参与和宣传，以及风险的监控与管理等；内部因素：CCS 技术可行性、成本竞争力。其中，国际气候变化谈判的进展对 CCS 项目商业化的进展起着决定性的作用；CCS 技术本身的发展是商业化能否成功的关键因素；如何解决 CCS 商业化巨额的资金需求是 CCS 商业化战略必须解决的挑战。

（3）在缺乏全球减排约束机制背景下，CCS 商业化可以总结为市场导向型路径，将由政策环境与经济效益共同驱动，表现为利用优先，封存次之，各区域、国家将依托自身特点和优势，发展各具特色的 CCS 技术与产业。美国将依赖于其成熟的 CO_2 – EOR 创造经济价值，不断推进 CCS 商业化，并在 2035 年之后逐渐向封存阶段过渡；欧盟依托欧洲 CCS 示范项目网络，加速安全、大规模以及具有商业化可能性的 CCS 项目的应用将成为 2020 年之前欧盟 CCS 商业化的优选路线；中国将更加注重经济、环境和社会的协同效益，抓住最具有成本有效性的早期机会促进 CCS 技术的成熟，由早期阶段稳步迈向商业化阶段。

（4）CCS 技术真正发挥其减排潜力必须在国际气候变化谈判形成具有强减排约束机制的外部环境之下，这种情景下的商业化可以概括为战略导向型商业化路径，将侧重于应对气候变化全球战略目标的实现，CCS 将在全球范围内得到更广泛的重视，并得到更为积极的集体行动推进。实现 2 ℃温升目标，CCS 将是不可或缺的一个选项，不仅有助于实现人类维护气候安全的目标，而且还可以作为保护各国化石能源产业资产价值的一个重要潜在风险对冲工具。2 ℃目标情景下 CCS 商业化路径分为到 2020 年的准备和起步阶段、2020—2030 年的推广阶段、2030—2050 年为大规模商业化阶段。2015—2050 年，全球将有 120 Gt CO_2 会被捕集、运输和封存，CCS 可贡献 14% 的累计减排量；到 2050 年全球将建成 3400 个 CCS 项目；当前至 2050 年全球未折现的 CCS 产业总投资将达 3.6 万亿美元。其中，第一阶段（2015—2020 年），全球 CCS 全行业投资规模将达到 280 亿美元，资金缺口来源以政府资金为主。第二阶段（2020—2030 年），全球 CCS 全行业投资规模将达到 7870 亿美元，资金缺口来源以私人资本为主、政府资金为辅。第三阶段（2030—2050 年），全球 CCS 全行业投资规模将高达 5.6 万亿美元，CCS 产业完成商业化。

（5）上述两种路径相互结合，更符合现实的 CCS 商业化路径，将是从短期利用迈向长期封存。分析来看，现实中，未来国际气候谈判结果更可能介于强减排情景与弱减排情景之间，我们对 CCS 商业化发展前景持谨慎乐观态度。CCS 商业化的最佳应对战略应是“利用（CCU）带动封存（CCS），政策驱动商业；技术研发做储备，运输网络是基础”。短期内（目前至 2030 年），CCS 的商业化主要还是以市场驱动为主，通过 CO_2 资源化利用的经济收益抵消部分增量成本，通过技术研发提高效益，降低成本；增加管道网络基础设施建设，为 2020 年和 2030 年两个关键时间节点的两次“飞跃”做好充分的准备——在 2020 年前后实现技术和成本突破，2030 年前后实现运输网络和完全市场化突破（图 27 – 1）。长期（2030—2050 年）来看，依靠经济效益驱动、以封存为主、产业化和市场化运作的 CCS 发展将为全球减排的主要手段和方式之一。

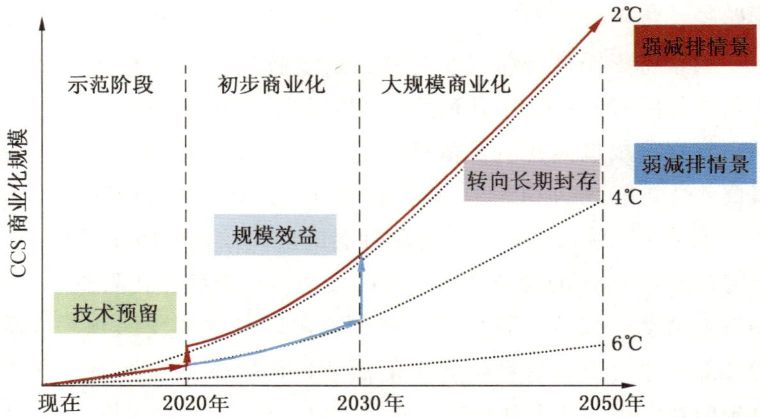

图27－1　CCS技术商业化路径

27.2　建议

27.2.1　国际层面

一是促进国际气候谈判进程，尽早确定各国排放峰值时间表，明确CCS技术的减排潜力；二是加强南北合作，积极促成相关知识产权转让机制，促进发达国家向发展中国家的技术扩散和资金支持，通过各种国际多边、双边合作机制尽快加强主要发展中国家排放大国（中国、印度）的能力建设。

实现2℃的气候目标要求各国在2020年前尽快实现《坎昆协议》达成的减排承诺。发达国家率先进行减排，发展中国家的排放大国，也需要尽快实现峰值并开始绝对量减排。具有法律约束力的国际气候协定将进一步释放CCS技术的发展潜力。CCS技术商业化应用的最终目的是减少温室气体排放，保障气候安全，受益者是全人类。因此，《京都议定书》建立的三种灵活减排机制（即JI、CDM和ET）同样适用于CCS技术，尤其是被大多数发达国家所看好的CDM，是发达国家和发展中国家之间最容易达到双赢的机制，具有广阔的应用前景。拥有先进CCS技术的国家大多是发达国家，可通过针对CCS技术的CDM项目以远远低于其国内成本的价格实现减排承诺，也有助于发展中国家获取先进的技术和资金，促进CCS技术发展。从更长的时间尺度来看，何时能够达成一份更具雄心的全球气候协议，将是CCS技术发展的最关键影响因素。

27.2.2　国家层面

从法律法规和财税政策两方面加强立法保障和创新融资机制，从战略高度将

CCS 技术纳入低碳技术组合。

美国、欧盟、加拿大等国家是制定和实施 CCS 法律法规的较早行动者，CCS 技术商业化发展需要对现有立法进行修正。亚太地区、中东、非洲以及美洲的大部分发展中国家扮演着“第二代法规制定者”的角色。一些国家基于已有的基础将 CCS 纳入已有的法律框架之内，另一些国家则更加依赖于现有的或未来预期的气候政策为立法和监管活动提供动力。需要特别强调的是，环境法规相对不健全的发展中国家容易成为发达国家降低成本、转移风险的目的地，更需要提高国内法律体制适应、监管 CCS 技术的能力。此外，CCS 技术是目前唯一的能够实现工业领域大规模减排技术，是实现国家低碳发展战略不可或缺的选择之一，需要政府创造良好的发展环境和创新融资渠道。除了建立碳市场、制定排放标准强制推行 CCS 技术之外，还需对 CCS 项目进行财政补贴或税收减免，提供政策性贷款等政策支持，还可以公私合资示范项目、CCS 信托基金等方式吸引更多私人资本。此外，CCS 属于跨部门、跨行业的新兴产业，涉及能源、环境等多个部门，需要政府层面通过新的环境与气候政策、能源与产业政策等保障其健康发展。

27.2.3 行业和企业层面

首先应该强化对 CCS 的认识，提前布局，创新商业模式，培育和增强自身竞争力；其次注重 CCS 产业与空间上的规模经济效应和集聚经济效应，协同创新、分担风险、减低成本，形成具备商业规模的新型产业联盟。

CCS 利用技术大多尚未实现商业化，经济效益并不显著。行业和企业应该借鉴美国具有成功经验的 CO_2 – EOR 模式，将 CCS 的资源化利用放在早期阶段的突出位置，用经济效益推动技术发展成熟的同时，为面向封存阶段的过渡做准备，兼顾了经济效益和减排效果。另外，随着利用技术的发展成熟，其经济效益潜力将快速彰显，各种地质利用、化工利用、生物利用技术可能达到或接近商业化应用水平，CCS 产业将会呈现出更加多样化的产业形态。利用技术之间的集成，可以形成相互依存的产业园，具有规模经济的“产业联盟”可以让 CCS 技术更加具有商业化可行性。在新兴经济体和发达国家，油气开采、炼油、生物质转化和生物燃料生产、某些水泥和钢铁工艺等产业构成的主要产业聚集体，通常都位于具有良好水路和公路运输网络的地方，这些大型产业聚集体都可进行 CCS 产业集群建设。

参考文献

[1] Carey, W. K., Gürcan, G., Stuart, M. C., and Vanessa, N. - L. The system - wide economics of a carbon dioxide capture, utilization, and storage network: Texas Gulf Coast with pure CO_2 - EOR flood [J]. Environmental Research Letters, 2012, 8 (3).

[2] International Energy Agency (IEA). Technology Roadmap: Carbon Capture and Storage 2013 [R]. Paris: 2013.

[3] 李琦，陈征澳，张九天，等．中国CCUS技术路线图未来版的（更新）启示—基于对世界CCS路线图透视分析［J］．低碳世界，2014，(13)．

[4] 王建秀，吴远斌，于海鹏．二氧化碳封存技术研究进展［J］．地下空间与工程学报，2013，(01)．

[5] 黄斌，许世森，郜时旺，等．燃煤电厂CO_2捕集系统的技术与经济分析［J］．动力工程，2009，29（9）．

[6] International Energy Agency (IEA). Energy Technology Perspectives 2014 [R]. Paris: 2014.

[7] 刘胜强，毛显强，邢有凯．中国新能源发电生命周期温室气体减排潜力比较和分析［J］．气候变化研究进展，2012，(01)．

[8] 王宝群，李会泉，包炜军．燃煤电厂CO_2捕集与咸水层封存全过程经济性模型．化工学报，2012，63（3）．

[9] 王云，赵永椿，张军营，等．基于全生命周期的O_2/CO_2循环燃烧电厂的技术—经济评价［J］．中国科学：技术科学，2011，41（1）．

[10] 谢泽琼，马晓茜，黄泽浩，等．太阳能光伏发电全生命周期评价［J］．环境污染与防治，2013，(12)．

[11] 张建府．碳捕集与封存技术（CCS）成本及政策分析［J］．中外能源，2011，16（3）．

[12] 熊杰，赵海波，柳朝晖，等．基于热经济学的O_2/CO_2循环燃烧系统和MEA吸附系统的技术—经济评价［J］．工程热物理学报，2008，29（10）．

[13] 邢晓娜．600 MW微富氧燃烧煤粉锅炉技术经济性分析［D］．保定：华北电力大学，2011.

[14] 晏水平，方梦祥，张卫风．基于膜吸收技术的烟气CO_2分离工艺设计与经济性分析［J］．动力工程，2007，27（3）．

[15] 张东杰．发电工业CCS技术及经济性建模及发展路线优化［D］．北京：清华大学，2012.

[16] IPCC. Climate change 2013: The Physical Science Basis [M]. Cambridge: Cambridge University Press, 2014.

[17] 汤姆·蒂坦伯格，琳恩·刘易斯．环境与自然资源经济学（第八版）［M］．北京：中国人民大学出版社，2011.

[18] International Energy Agency (IEA). Technology Roadmap: Carbon Capture and Storage 2009 [R]. Paris: 2010.

[19] IPCC. Fifth Assessment Report Climate change 2014: Mitigation of Climate Change [M]. Cam-

bridge: Cambridge University Press, 2015.

[20] 何璇，黄莹，廖翠萍．国外CCS政策法规体系的形成及对我国的启示［J］．新能源进展，2014，(02)．

[21] 汤道路，苏小云．美国“碳捕捉与封存”（CCS）法律制度研究［J］．郑州航空工业管理学院学报：社会科学版，2011，(05)．

[22] IPCC. Climate Change 2014: Mitigation of Climate Change [M]. Cambridge: Cambridge University Press, 2015.

[23] 陈敏鹏，林而达．代表性浓度路径情景下的全球温室气体减排和对中国的挑战［J］．气候变化研究进展，2010，(06)．

[24] U. S. Energy Information Administration. Energy Market and Economic Impacts of the American Power Act of 2010 [R]. Washington: 2010.

[25] IPCC. Climate Change 2013: the Physical Science Basis [M]. Cambridge: Cambridge University Press, 2014.

本册主要编著者

聂立功 1962年生，黑龙江绥棱人，高级工程师，现任神华研究院发展战略研究所国际室主任。辽宁工程技术大学采矿专业本科毕业，曾就职同煤集团和山煤集团，期间被全国青联和国家能源部选派两次赴日本研修，历任同煤集团设计院副总工程师，山煤集团驻日本代表处首席代表、日本公司总经理等职。曾参与完成多项国家和国际组织重大研究项目，其中国家科技支撑计划项目“矿井工业智能化作业控制与管理信息系统集成技术开发与应用示范”1项、世界煤炭协会“未来世界煤炭工业发展趋势研究”项目2项、国家能源局煤炭“十三五”重大课题研究“生态文明矿区标准与政策研究”及能源软科学研究“CCUS技术与中国煤基能源体系可持续发展的关系研究”“经济新常态下能源与气候战略的协同路径及政策研究”项目3项、中国工程院重点咨询项目“我国煤炭资源高效回收战略”等2项，神华集团科技创新项目1项。荣获省部级成果奖4项，其中国家能源局“软科学研究优秀成果奖”二等奖1项、中国煤炭协会“中国煤炭工业科学技术奖”二等奖和“全国煤炭企业管理现代化创新成果奖”二等奖等2项、神华集团科技进步奖二等奖1项。发表多篇学术论文。

研究方向：煤炭清洁高效，能源与环境，气候变化与碳减排。

姜大霖 1981年生，辽宁人，神华研究院战略研究所国际室项目主管。中国社会科学院研究生院城市发展与环境研究所在职博士研究生。2012年10月起在神华研究院战略研究所工作。曾参与撰写《能源外交概论》等学术专著，参与国家能源局《国外煤炭开发战略研究》《CCUS技术与中国煤基能源体系可持续发展的关系研究》等多项省部级课题研究，获得国家能源局软课题研究成果二等奖两项，发表学术论文多篇。

研究方向：可持续发展经济学、能源与气候变化经济学。